Judith Kc
DAS FLUC

DAS FLUCHT PARADOX

Über unseren widersprüchlichen Umgang mit Vertreibung und Vertriebenen

JUDITH KOHLENBERGER

KREMAYR & SCHERIAU

INHALT

Equal rights, fair play, justice, are all like the air;
we all have it or none of us has it.

Maya Angelou

We move because of environmental stresses and physical
dangers and the small-mindedness of our neighbors –
and to be who we wish to be, to seek what we wish to seek.

Mohsin Hamid

VORWORT: ALLE ODER NIEMAND

„If you're not outraged, you're not paying attention", besagt ein geflügeltes Wort aus den Vereinigten Staaten, das von Klimaaktivist*innen, Feminist*innen und Kongressabgeordneten gleichermaßen als Losung vor sich hergetragen wird. Dieses Buch ist dazu gedacht, unsere Aufmerksamkeit auf ein Thema zu lenken, welches genau diese *outrage* (dt. Wut) schon längst verdient hätte, sie aber trotzdem viel zu selten hervorruft: Das anhaltende, allgegenwärtige und mittlerweile bereits systemimmanente Untergraben von Grund- und Freiheitsrechten Schutzsuchender an unseren Außengrenzen und ihr konsequentes, unwidersprochenes Fremdermachen innerhalb dieser.

Die Aufmerksamkeit darauf und in weiterer Folge die daraus resultierende *outrage* fehlen wohl auch deshalb, weil „uns" (sprich: weiße Europäer*innen) das vermeintlich nichts angeht, sind wir uns doch unserer Menschen- und Bürger*innenrechte innerhalb der Europäischen Union gewiss. In regelmäßigen Abständen versichern uns freie Wahlen, dass wir der Souverän sind und die Kontrolle über unsere Regierenden haben. Unabhängige Gerichte bis hinauf zum Europäischen Gerichtshof für Menschenrechte stehen für die Einhaltung der Menschenrechtskonvention und ahnden ihre Verletzung ohne Ausnahme. Darüber hinaus sorgen ein engmaschiges Sozialsystem und institutionelle Solidarität für die Sicherstellung unserer

Grundbedürfnisse, vom Wohnen über die Nahrung bis hin zu Gesundheits- und Altersvorsorge. Die Demokratie ist für uns eine gut geölte, reibungslos funktionierende Maschine, die zwar manchmal Ermüdungserscheinungen zeigt (die österreichische Wirtschafts- und Korruptionsstaatsanwaltschaft kann ein Lied davon singen), aber im Großen und Ganzen das aufrechterhält, was uns versprochen wurde: Dass wir in Würde und Gleichheit geboren und unsere Grundrechte unveräußerlich und unantastbar sind. Mag die Unzufriedenheit mit den und die Empörung über die Regierenden noch so groß sein, insgeheim lässt uns eine essenzielle Überzeugung dann doch Nacht für Nacht gut schlafen: Dass uns Europäer*innen das, was in Moria, in Belarus, in Bosnien, in Ceuta oder im Mittelmeer geschieht, nämlich eine wissentlich und willentlich herbeigeführte Rechtlosigkeit, nicht passieren kann.

Diese Grundannahme möchte ich mit diesem Buch nachhaltig erschüttern. Grundrechte kann man nicht einfach für die einen abstellen, während sie für die anderen weiter gelten. Sie sind, wie es die amerikanische Schriftstellerin und Ikone der Bürgerrechtsbewegung Maya Angelou so treffend formulierte, wie Luft: Entweder alle haben sie oder niemand hat sie. Schutzsuchende, Marginalisierte und Minderheiten erfüllen in westlichen Demokratien deshalb die Funktion eines Kanarienvogels in der Kohlemine, der Bergleute vor einem drohenden Sauerstoffverlust warnte: Bleibt ihnen die Luft weg, weil man ihnen Grund- und Menschenrechte verwehrt, so wird es auch für uns bald brenzlig werden.[1] Man muss weder tief in die Geschichte zurückgehen noch geografisch weite Distanzen überbrücken, um die Beschneidung der Rechte von Marginalisierten und Ausgegrenzten, den *poor and huddled masses yearning to be free*,[2] als Einfallstor für illegitime Tendenzen und Verletzungen der Grund- und Freiheitsrechte zu erkennen. Nicht von ungefähr werden die Rechte von Asylsuchenden in Ländern wie Polen und Ungarn mit Füßen getreten, also genau dort, wo die Rechtsstaatlichkeit generell oft nur mehr wie eine vage Empfehlung statt wie ein grundlegendes demokratisches Prinzip wirkt. Symptomatisch dafür mag der Umstand stehen, dass ausgerechnet der Begriff „Pushback", also das völkerrechtswidrige Zurückweisen von Schutzsuchenden an der Grenze, häufig durch Einsatz von Gewalt, zum deutschen Unwort des Jahres 2021 gewählt wurde[3] – wohlgemerkt in einem Jahr, das von Inzidenzen, Impfdurchbrüchen und Mutationen geprägt war.

Nicht erst seit dem Fluchtherbst 2015 wurde der Umgang mit Schutzsuchenden zum Lackmustest der europäischen Demokratie – den wir, so viel sei den folgenden Seiten vorweggenommen, oft mehr schlecht als recht bestehen. Manchmal fallen wir einfach durch. Dann wieder scheinen wir ihn bravouros zu meistern, etwa im Frühling 2022, als Millionen Flüchtlinge aus der Ukraine in der EU Schutz suchten und diesen rasch, unbürokratisch und in seltener europäischer Einigkeit erhielten.

Doch halt!, mag man da rufen, handelt es sich bei ankommenden Menschen aus der Ukraine doch nicht um Flüchtlinge, zumindest nicht um „klassische", wie etwa der österreichische Bundeskanzler Karl Nehammer und nach ihm zahlreiche weitere Politiker*innen klarstellten, sondern um „Vertriebene". Und diese finden sich sogar, wie der aufmerksamen Leserin nicht entgangen sein wird, im Untertitel dieses Buchs wieder. Das hat inhaltliche wie strategische Gründe, allen voran aber jene, die aus der eingangs erwähnten *outrage* geboren sind: „Vertriebene" sind nämlich alle, die ihr Land verlassen müssen, ohne es zu wollen – sei es aufgrund persönlicher Verfolgung, wegen (Bürger-)Kriegen oder repressiven Regimen, oder bedingt durch Naturkatastrophen und die Klimakrise, die ihre Heimat unbewohnbar machen. Vertreibung, im Englischen *displacement*, widerfährt allen, deren Welt verwüstet wurde, durch welche Umstände, Machthaber und geopolitischen Verwerfungen auch immer, und die nun gezwungen sind, anderswo Zuflucht zu suchen. Ob ihnen das gelingt, hängt auch davon ab, wie legitim das „Anderswo" diese ihre Suche sieht.

Vertrieben zu sein verdeutlicht in seiner passiven Form nämlich, dass man keine Wahl hat, dass man den Umständen, die zum Aufbruch zwingen, unterworfen ist. „Keine Wahl" haben Syrer*innen und Afghan*innen genauso wie Ukrainer*innen, in der Geschichte war die Flucht für Ungar*innen, für Jugoslaw*innen und für viele Österreicher*innen gleichsam alternativlos. Sie wurden verdrängt und versetzt, aber auch irgendwie „verlegt", also an einen Ort gebracht, an den man sich später nicht mehr erinnern kann, wie in der englischen Phrase *to displace an object*. Die pakistanische Aktivistin und Friedensnobelpreisträgerin Malala Yousafzai erzählt in ihrem Buch *We are Displaced: My Journey and Stories from Refugee Girls Around the World*[4] von genau dieser Erfahrung, nicht mehr dort hinzugehören, wo man war, aber auch nicht dort dazuzugehören, wo man hinkam.

Flucht passiert ausschließlich unter Zwang – was aber im täglichen Sprachgebrauch so wenig präsent zu sein scheint, dass man einen neuen Begriff für jene schaffen musste, die aus der Ukraine flohen. Der Flüchtling mag im politischen Diskurs zum Akteur, auch im zweifelhaften Sinne, geworden sein. Immerhin ist „flüchten" ein aktives Verb und ausschließlich positiv sind unsere Assoziationen mit dem Fliehen und Flüchten, dem Entschwinden, sich Entziehen und Weggehen, gar dem Abhauen nicht. Den Vertriebenen aber kann man jegliche *agency* oder gar Mitschuld an ihrer prekären Lage absprechen. Sie sind ganz und gar ihren Umständen unterworfen, nahezu ausgeliefert, passiv. Den Asyldiskurs der letzten Jahrzehnte quasi über Nacht zu drehen und die Bevölkerung auf diese Kehrtwende einzuschwören – das gelingt nur durch radikale sprachliche (und rechtliche) Trennung.

Ungeachtet der neuen Kategorie des „temporären Schutzes", die aus guten und nachvollziehbaren Gründen geschaffen wurde[5] und Ukrainer*innen (fürs Erste) langwierige Asylverfahren und damit rein rechtlich den „Flüchtlingsstatus" erspart (bzw., je nach Sichtweise, verwehrt), lässt sich aber inhaltlich nur eines konstatieren: „Flüchtlinge" wurden aus Syrien vertrieben und „Vertriebene" sind aus der Ukraine geflohen – oder wahlweise umgekehrt, denn die Bedingungen ihrer Ausreise sind in beiden Fällen solche der Unfreiheit, der Unfreiwilligkeit und des Zwangs. Nicht von ungefähr war ich im Jahr 2015 an einer Studie beteiligt, die den Titel „Displaced Persons in Austria Survey" trug – und damit ankommende Menschen aus Syrien, Afghanistan und dem Irak meinte.[6] Und dass bereits 2015 die Massenzustromrichtlinie aus dem Jahr 2001 hätte aktiviert werden sollen, die Ukrainer*innen nun spezielle Rechte als ebensolche Vertriebene zuerkennt und gleichzeitig die Asylsysteme der Aufnahmeländer entlastet, ist eine verbreitete Expert*innenmeinung.[7]

Es geht also nicht nur bei der Zuerkennung universaler Rechte und dem Zugeständnis internationalen Schutzes, sondern auch mit Blick auf Begrifflichkeiten wie jener der „Vertriebenen" immer um Maya Angelous Losung: *Alle oder niemand.*

Denn hinter Begrifflichkeiten und Rhetorik stehen auch grundlegende Annahmen über unseren Umgang mit den Folgen von Vertreibung und Verdrängung: Soll Flüchtlingsschutz „universal" gelten (für „alle"), oder sollen anlassbezogen spezielle Schutzkategorien (wie etwa jene des „temporären Schutzes") für bestimmte Gruppen, ohne vorherige Einzelfallprüfung, geschaffen werden? Letzteres betont die humanitäre „Notlage", in denen sich diese Gruppe befindet, und ermöglicht eine beispiellose Reaktion auf einen „Ausnahmezustand". Damit wird die Universalität des internationalen Schutzes aber zunehmend von *speziellen* Rechten für *spezifische* Gruppen abgelöst.

Die europäische Aufnahmepolitik angesichts des Kriegs in der Ukraine erinnerte damit an die politisierte Flüchtlingspolitik des Kalten Kriegs, als Europa die Aufnahme von Geflüchteten an seinen politischen Interessen ausrichtete: Der Antrieb, Dissident*innen und Deserteur*innen aus der Sowjetunion Zuflucht zu gewähren, entsprang nicht (nur) einem universalen Schutzgedanken, sondern war (auch) der eigenen Ideologie geschuldet, Oppositionelle und in weiterer Folge „den Westen“ stärken zu wollen. In seiner krassesten Ausprägung würde durch eine solche interessengeleitete Aufnahmepolitik das universale Asylrecht ausgehebelt, wie der deutsche Fluchtforscher J. Olaf Kleist mit Blick auf die Aktivierung der Massenzustromrichtlinie für ukrainische Ankommende argumentiert.[8] Aus dieser Perspektive heraus ist auch die Differenzierung zwischen ukrainischen Staatsangehörigen und Drittstaatsangehörigen in der Ukraine zu erklären, die vor allem aus dem Globalen Süden stammen. Laut Medien- und Betroffenenberichten wurden Letztere immer wieder an Grenzübergängen zurückgewiesen oder ihnen wurde, wenn sie es doch bis in die EU geschafft hatten, im Ankunftsland der Reisepass abgenommen, um sie abzuschieben. All das verwundert angesichts der europäischen 3A-Asylpolitik der letzten Jahre *(Abschottung, Abschreckung und Auslagerung)* kaum.

Dabei ist diese differenzierte Form der Solidarität eine höchst fragile, selbst für jene, die eben noch in ihren vollen Genuss kommen. Was, wenn ukrainische Männer nachkommen? Was, wenn Schutzsuchende nicht so „schutzbedürftig“ daherkommen, wie wir sie uns vorstellen, sondern im SUV oder „im Bentley mit Ledersitzen“ über die Grenze fliehen (siehe Kapitel 3 – „Sicherheit“)? Was, wenn einer oder mehrere von ihnen straffällig werden (wie Österreicher*innen auch)? Dann sind es immer noch Menschen, die vor Verfolgung oder einem Krieg fliehen und die aufgrund der gesetzlichen Rahmenbedingungen, denen wir uns verpflichtet haben, Anspruch auf Schutz haben. Eine Hilfs- und Aufnahmebereitschaft, die auf dem Geschlecht, der Kultur oder der Hautfarbe der Schutzsuchenden basiert, steht auf tönernen Füßen.

Doch vielleicht, und nun versuche ich mich im berufsbedingten Zweckoptimismus, eröffnet der paradoxe Umgang Europas mit den Folgen des Krieges in der Ukraine auch einen Möglichkeitsraum. Denn möglicherweise steht hinter all den verblüfften Kommentaren, die nun Flüchtenden sähen aus „wie wir", hinter der schrillen Betonung ihrer geografischen und kulturellen Nähe, hinter den wortreichen Bekundungen einer unmittelbaren Betroffenheit und historischen Verbundenheit, die unheimliche wie unbewusste europäische Erkenntnis, dass uns die Idee des internationalen Schutzes, wie er in der Genfer Flüchtlingskonvention und der Menschenrechtskonvention verbrieft ist, doch etwas angehen könnte. Dass es vielleicht doch ganz gut ist, wenn Flüchtenden bedingungslos Zuflucht geboten und Schutz gewährt wird – denn würden Putins Bomben nur einige Kilometer weiter westlich fallen, wären wir diejenigen, die um ihn ansuchen müssten. Und darauf hoffen, dass uns dann nicht die Luft wegbleibt, so wie den Zigtausenden, die im Mittelmeer ertrunken oder im Sumpfgebiet vor Polen erfroren sind.

„Alle oder niemand" bedeutet nämlich genau das. Welche Wahl ich getroffen habe, beschreibt dieses Buch.

Wien, im Mai 2022

1. LAGER

„Und, waren Sie auch schon einmal in so einem Flüchtlingslager?" Gar nicht so selten, wie man meinen (oder hoffen) möchte, wurde mir diese Frage in den letzten Jahren in verschiedenen öffentlichen und semi-öffentlichen Situationen gestellt. Bei Interviews, auf Podien oder nach Vorträgen – immer wieder besteht der Wunsch, unmittelbar berichtet zu bekommen, „wie es den Menschen dort wirklich geht". Gemeint ist damit meistens, wie *schlimm* es ihnen wirklich geht, um dadurch meine davor gehörten, aber leider nur theoretischen Ausführungen zum internationalen Flüchtlingsschutz, zur europäischen Migrationspolitik oder zur Dynamik globaler Migrationsbewegungen zu legitimieren und zu untermauern. Wenn Kinder in Schlamm, Kälte und Dreck ausharren müssen, wenn Schwangere so verzweifelt ob ihrer aussichtlosen Lage sind, dass sie ins Wasser gehen, wenn Menschen monatelang in gefängnisähnlichen Komplexen hausen müssen, ohne auch nur im Verdacht zu stehen, ein Verbrechen begangen zu haben, dann wird so richtig offenkundig, dass das bestehende Flüchtlingsregime an allen Ecken und Enden ächzt und kracht.

Je nach Verfassung und aktueller Stimmungslage antworte ich entweder gar nicht darauf, lächle die Frage souverän weg, oder aber – und diese Variante möchte ich für die geschätzte Leserin, den geschätzten Leser wählen – ich erkläre, warum sie mich im Kern grantig macht, und zwar sowas von.

Denn im Vordergrund des Interesses steht selbst bei jenen Fragenden, denen man nichts als gute Absichten unterstellen kann, die konkrete Ausgestaltung (und damit das Elend) der

Lager, nicht aber das ihnen zugrunde liegende System. Es ist aber genau jenes System, das die interdisziplinäre Fluchtforschung ins Zentrum stellt, das jedoch, so schwant mir, seltener gesehen wird (werden möchte?) als unmittelbare und ja, gerade auch hässliche[9] Bilder. Jene, die sich schon lange mit internationaler Asylpolitik beschäftigen, werden nicht müde, auf die bewusste Systematik hinter diesen Bildern hinzuweisen: Dass eben Bilder wie jene der desaströsen sanitären Bedingungen im ehemaligen Lager Moria auf der griechischen Insel Lesbos nicht nur willentlich in Kauf genommen, sondern wissentlich produziert werden. Die regelmäßig wiederkehrenden humanitären „Katastrophen" an den EU-Außengrenzen wirken in der politmedialen Aufbereitung oft wie eine Naturgewalt, die ungehemmt und völlig überraschend auf das schutzlose Europa hereinstürzt, sind aber tatsächlich das Endprodukt einer bewussten, jahrelang verfolgten Strategie der Abschottung, Abschreckung und Auslagerung von Asylverantwortung.

Die Frage nach dem Lagerbesuch bringt somit auf den Punkt, wie das Gros der „europäischen Flüchtlingsfrage" medial wie gesellschaftlich verhandelt wird: Mit Blick auf tragische Einzelschicksale, auf die Rettung von Kindern und Frauen, oder am besten in Personalunion kleiner Mädchen (bei gleichzeitiger Unteilbarkeit der Menschenrechte und Solidarität), auf die Linderung der Lage „vor Ort" (als wäre Europa nicht schon längst „vor Ort" gewesen, ob auf eigenem Boden oder durch koloniale Herrschaft) oder als „Nachbarschaftshilfe", nicht aber auf die rezidivierende Produktion und Verfestigung solcher Zustände. Die in der Forschung bewusst als „Lagerhaltung" (engl. *warehousing*)[10] bezeichnete „Routine-Lösung des Aufenthaltsproblems"[11] von Geflüchteten ist das Resultat einer Asylpolitik, die sich nicht erst seit 2015 vorrangig als Sicherheitspolitik geriert – ironischerweise bisher aber, wie der tatsächliche und symbolische Brennpunkt Moria veranschaulichte, nur chronische Unsicherheit für die eigentlich Betroffenen und damit nur eine trügerische Sicherheit für

Europäerinnen und Europäer erzeugt hat. Das vermeintliche „subjektive Sicherheitsempfinden"[12] hierzulande, für welches sinkende Asylantragszahlen und Investitionen in den Grenzschutz herhalten müssen, ist teuer erkauft. Laut der *Internationalen Organisation für Migration (IOM)* ist das Mittelmeer die tödlichste Grenze der Welt, noch vor der stark militarisierten Grenze der USA zu Mexiko.[13] Nicht von ungefähr bezeichnete es Papst Franziskus als den größten Friedhof Europas. Während uns Lagerbesuche also meist nur die unmittelbare Katastrophe vergegenwärtigen können, haben wir es de facto mit einer chronischen Krisensituation zu tun, die weit über zerfledderte Zelte und gesunkene Schlauchboote als ihre augenscheinlichsten und zugleich tragischsten Ausprägungen hinausgeht.

Dazu kommt noch erschwerend die Funktion der Adressatin solch einer Frage nach Lagerbesuchen hinzu. Nonchalant dahingesagt klingt sie fast so, als würde sich der oder die Fragende nach einer Reisedestination oder dem letzten Wochenende erkundigen. Denn wenn man als weiße, mitteleuropäische Fluchtforscherin diese Frage gestellt bekommt, ist natürlich klar, dass man nur aus einer ganz bestimmten Position heraus in „so einem Flüchtlingslager" gewesen sein kann, und das ist dezidiert nicht die eines Flüchtlings. Eher ist es jene einer Journalistin, einer Aktivistin, einer UN-Sonderberichterstatterin, einer Angelina Jolie oder Cate Blanchett: als stille, aber empathische Beobachterin, die das Leid vor Ort sieht, dokumentiert, der Welt berichtet und es gleichzeitig zumindest im Kleinen zu lindern versucht, sei es durch Zuspruch, Spenden oder (tatsächliche, statt nur symbolischer) Hilfe vor Ort.

Nichts davon möchte ich in Abrede stellen oder kritisieren, im Gegenteil: Meine Ausführungen sind keinesfalls dazu gedacht, die Arbeit der wichtigen Organisationen vor Ort, von *Ärzte ohne Grenzen* über *UNHCR* bis hin zu mutigen Einzelinitiativen, zu schmälern.[14] Sie alle leisten Übermenschliches unter widrigsten Umständen, und damit sind nicht nur die Zustände vor Ort gemeint, sondern auch die Anfeindungen zuhause, on- wie offline. Selbst die Bewusstseinsbildungskampagnen der zahlreichen UNHCR-Sonderberichterstatter*innen tragen – bei aller berechtigten Kritik aus Wissenschaft und Aktivist*innenkreisen[15] – ihren Teil dazu bei, dass das willentlich in Kauf genommene Leid an der Peripherie des Globalen Nordens nicht in Vergessenheit gerät und zumindest Einzelschicksale verbessert werden können. Und weil eben jedes einzelne dieser Schicksale wertvoll ist, ist es auch jeder einzelne dieser Einsätze vor Ort wert, durchgeführt und unterstützt zu werden, ob monetär oder ideell. *Nicht alle retten zu können, bedeutet im Umkehrschluss nämlich nicht, gar niemanden zu retten.* Das ist kein „NGO-Wahnsinn",[16] wie es manche Nationalpolitiker haben wollen, im Gegenteil, das gebieten Vernunft und Humanität gleichermaßen.

Dennoch, und daraus speist sich mein Unbehagen an der Frage nach meinen Lagerbesuchen, können diese humanitären Bemühungen im gegenwärtigen Regime wenig mehr als Symptombekämpfung sein. Denn das Drängen auf den Vor-Ort-Bericht trägt immer auch zur Individualisierung struktureller Problemlagen bei, indem Einzelschicksale gesehen und (zu Recht) beklagt werden, nicht aber ihrer Ursache nachgespürt wird. Würden wir die nämlich vehement und unbeirrt angehen, bräuchte es gar keine Bilder von weinenden, halbnackten Kindern auf Lesbos, die das harte europäische Herz erweichen sollen, damit zumindest die unmittelbare Not gelindert wird.

Dann würde auch deutlich, dass das brennende Moria, der gestürmte Grenzzaun in Ceuta, die gestrandeten Menschen im polnisch-belarussischen Grenzgebiet, die regelmäßigen Drohgebärden Erdoğans, die Friedhöfe auf Lampedusa, der „Dschungel" in Calais, die vermummte, prügelnde Grenzpolizei in Kroatien, der Lieferwagen bei Parndorf, so heftig das auch klingen mag, reine *Symptome* sind. Symptome eines fehlgeleiteten, inkonsistenten, inhumanen und vor allem widersprüchlichen Asyl- und Migrationsregimes. Genau solche inhärenten

Widersprüche will dieses Buch aufspüren, offenlegen und, so die damit verbundene Hoffnung, womöglich den Weg zu einem anderen, politischen wie persönlichen, Umgang mit diesen Fragen bereiten.

Denn aus Sicht der interdisziplinären Flucht- und Flüchtlingsforschung, aus welcher dieses Buch verfasst ist, verstellt die Frage nach Flüchtlingslagerbesuchen auch den Blick darauf, worum es in der Asyl- und Migrationsfrage eigentlich gehen sollte: nicht um Almosen, um Akte der Barmherzigkeit und Nächstenliebe, zu der wir uns durch Bilder von Leid, Elend und absoluter Verzweiflung bemüßigt fühlen, sondern um *Rechte*. Rechte, die genau deshalb mit zähem Ringen, mit Blut, Schweiß und Tränen erkämpft wurden und aus den Wirren der beiden Weltkriege hervorgegangen sind, damit Menschen eben nicht mehr monate- oder gar jahrelang ohne Perspektive unter widrigsten Bedingungen ausharren müssen; damit sie eben nicht mehr zum Spielball diplomatischer Auseinandersetzungen werden; damit sie eben nicht mehr an Grenzen abgewiesen werden können, sondern innerhalb dieser angehört werden. Doch genau das passiert an den Grenzen Europas und darüber hinaus. Es geht also um Rechte, die Menschen zuerst systematisch aberkannt wurden, und deren erst durch ihre *Rechtlosigkeit* erzeugtes Leid nun durch Spenden gelindert werden soll.

Das liegt nicht zuletzt daran, so die These dieses Buches, dass der Themenkomplex Flucht und Asyl von zentralen Paradoxien geprägt ist, die eine Lösung der sogenannten „Flüchtlingsfrage" schon *a priori* verunmöglichen. Eben weil wir von grundfalschen, vor allem aber in sich widersprüchlichen Grundannahmen ausgehen, was Flucht und Asyl im Europa des 21. Jahrhunderts betrifft. In der aktuellen Situation sind diese Widersprüche unauflösbar, weil dem System immanent, sie erhalten es aufrecht, obwohl uns die ins System eingespeisten Sollbruchstellen, von Moria bis Ceuta, von Parndorf bis Calais, immer deutlicher vor Augen führen, dass sich das alles wohl nicht mehr lange ausgehen wird, und zwar für niemanden der

Beteiligten, ob Ankommende oder Aufnehmende. Innerhalb der bestehenden Paradoxien, deren Dénouement schon allein deshalb verhindert werden muss, um die Festung Europa aufrechtzuerhalten und ihre Mauern weiter zu verstärken,[17] können die Flüchtlingsfrage nicht beantwortet, das Asylregime und damit die vielen Schicksale nicht verbessert, der Kampf nicht gewonnen werden. Im Folgenden möchte ich alle drei Paradoxien darlegen, beschreiben und aufschlüsseln, damit sie den Zweck erfüllen können, für den sie eigentlich gedacht sind: zu mehr Verständnis und einer tieferen Wahrheit zu führen.

Vorab noch ein Wort zu den Begrifflichkeiten: Sie werden hier immer wieder von „Regimen" lesen. Die Begriffe des Migrations-, Asyl- und Flüchtlingsregimes, die ineinander übergehen und ineinandergreifen, entstammen der Regimetheorie. Im Gegensatz zum „Asylsystem" wird damit nicht ein konkretes, nationales Regelwerk mit einer zentralen Instanz (der nationalstaatlichen Regierung) beschrieben, sondern implizite sowie explizite Prinzipien, Normen, Regeln und Verhaltenskodizes.[18] In einem weiter gefassten Verständnis werden darin auch sozioökonomische Bedingungen für die unterschiedlichen Mobilitätsformen sowie ihre soziale Organisation miteinbezogen.[19] Die Idee des „internationalen Flüchtlingsregimes" geht zurück auf das Jahr 1921, als der aus der Pariser Friedenskonferenz hervorgegangene Völkerbund den Begriff des „Flüchtlings" prägte und in weiterer Folge eine internationale Rechtsordnung für Verfolgung und Vertreibung schuf.[20] Das Flüchtlingsregime beschreibt im Wesentlichen ein „national-internationale[s] Institutionengefüge"[21] und regelt die Rechte, Verpflichtungen und Verantwortlichkeiten von Herkunfts- und Aufnahmeländern (in neueren Ausprägungen auch von Transitländern) von Asylsuchenden und Asylberechtigten. Das Kernstück des Flüchtlingsregimes ist und bleibt die 1951 verabschiedete Genfer Flüchtlingskonvention, die definiert, wer ein Flüchtling ist – nämlich jemand, der bzw. die aufgrund von Herkunft, Religion, Nationalität, Zugehörigkeit zu einer bestimmten sozialen Gruppe oder politischer Überzeugung verfolgt wird. Als wesentliches Element regelt die Konvention auch das Non-Refoulement-Prinzip, also den Grundsatz der Nichtzurückweisung: Menschen dürfen nicht in Staaten deportiert werden, in denen ihnen Folter oder andere schwere Menschenrechtsverletzungen drohen.[22]

Während in der Fluchtforschung klassischerweise unterschieden wird zwischen dem Asylregime, das auf das nationalstaatliche Asylrecht fokussiert (mit dem Staat als schutzgewährender Institution), und dem Flüchtlingsregime, das die Wahrung der universalen Menschenrechte von Schutzsuchenden auch abseits des Asylanspruchs ins Zentrum stellt, ist diese Unterscheidung für die Zwecke dieses Buches zweitrangig.[23] In der Realität wie in der öffentlichen Debatte gehen diese Begriffe nämlich fließend ineinander über. Auch deshalb hat sich in der neueren Fluchtforschung ab der zweiten Hälfte des vergangenen Jahrhunderts der Begriff des *refugee regime complex*[24] herausgebildet, der der Überlappung des internationalen Flüchtlingsregimes mit Regimen, die andere Formen menschlicher Mobilität reglementieren (etwa Tourismus und Arbeitsmigration), sowie mit nicht-mobilitätsbezogenen Regimen im Bereich der Menschenrechte, der Entwicklungszusammenarbeit, der humanitären Hilfe und der Sicherheit, gerecht werden möchte. In seiner inhaltlichen Breite folgt der in diesem Buch verwendete Regimebegriff dieser Konzeption, zur leichteren Verständlichkeit wird aber im Folgenden immer wieder abwechselnd von Asyl-, Flüchtlings- und Integrationsregimen gesprochen, je nachdem, welcher Aspekt der Fluchtmobilität und welche Station auf dem Weg von Geflüchteten, vom Aufbruch bis zum Ankommen, im Vordergrund steht.

Taxativ geht meine Verwendung von „Regime" aber noch darüber hinaus und schließt neben rechtlichen Normen und Institutionen, wie es der klassischen Definition entspricht, auch Wertvorstellungen, Narrative, (die Herstellung von) Bedeutungen und politische, soziale und kulturelle Positionierungen mit ein, also alles, was dem diskursiven Spektrum zuzuordnen ist. Es soll nicht nur darum gehen, welchen rechtlichen und faktischen Realitäten sich Geflüchtete und Schutzsuchende gegenübersehen, sondern auch darum, wie über Flucht, Migration und Asyl „gedacht" wird und welche Zuschreibungen geflüchtete Menschen erfahren. Völkerrechtliche und nationalstaatliche Bestimmungen sind ein Teil davon, decken aber nicht die Ganzheit eines Asyl-, Flüchtlings- und Integrationsregimes ab. Im kulturwissenschaftlichen Sinne sollen die *signifying* (oder *meaning-making) practices*, also sinnstiftende oder bedeutungserzeugende Praktiken, wie der britische Soziologe Stuart Hall sie nannte, aufgespürt und offengelegt werden.[25] Es geht mir also vielfach um die Art und Weise, wie im herrschenden Regime über Flucht und Geflüchtete, über Vertreibung und Vertriebene gedacht, geschrieben und in weiterer Folge gehandelt wird, welche Bedeutungszuschreibungen durch soziale Praxis erzeugt, zirkuliert und verfestigt werden. Diese Bedeutungszuschreibungen sind in vielen Fällen so sehr sedimentiert, dass sie als normalisiert oder „natürlich" wahrgenommen werden und nicht als das, was sie eigentlich sind: sozial, historisch und kulturell bedingt und damit „produziert". In ihrer abstraktesten Form sind Asyl-, Flüchtlings- und Integrationsregime deshalb auch Netze von Bedeutungen, die durch nationale und internationale Institutionen, Regelungen, Normen, Diskurse und Bilder generiert werden. Sie mögen damit „unausweichlich" erscheinen, sind es aber nie. Und genau darin besteht die Macht des Paradoxen, so es denn als solches erkannt wird: Ist seine Absurdität erst einmal offenbar, werden Alternativen denkbar – und machbar.

Übrigens, ich war noch nie in einem Flüchtlingslager, und beabsichtige auch in Zukunft nicht, dort zu leben – und auch nicht, eines zu besichtigen. Das Einsatzgebiet der Fluchtforscherin liegt in der Offenlegung jener Strukturen, die solche Lager erst notwendig machen.

2. PARADOXES

In der Literatur, ob Epik, Lyrik oder Dramatik, hat das Paradox die Funktion, durch einen vermeintlichen Widerspruch schlussendlich zu mehr Klarheit zu führen. Es soll Aufmerksamkeit schaffen, zu neuen Gedankengängen anregen, eine scheinbar ausweglose Situation neu in den Blick nehmen. Das alles gelingt aber nur dann, wenn das Paradox auch als solches wahrgenommen wird, wenn sein inhärenter Widerspruch von der Leserin entlarvt wird und Erstaunen, Verwirrung und Innehalten auslöst. Paradoxien unterbrechen den Lese- und den Denkfluss gleichermaßen, lassen uns stolpern, wenn wir das erste Mal auf sie stoßen. So können sie durch das Zusammentreffen und die gedankliche Gleichzeitigkeit zweier unvereinbarer Ideen eine darunterliegende Logik offenbaren, der gesellschaftliche, politische, soziale Strukturen gehorchen. Dadurch werden Situationen wie Konzepte auf eine innovative Art verstanden, und zwar im Wortsinne „begriffen". Wenn also Sokrates (so man Überlieferungen Glauben schenkt) sinniert, er wisse, dass er nichts wisse, dann klingt dies zunächst widersprüchlich und lässt uns innehalten. Bei näherer (wenn man so will: bei philosophischer) Betrachtung offenbart seine Aussage aber eine tiefere Wahrheit, einen doppelten Sinn.

Wenn Shakespeares Hamlet proklamiert, er müsse „grausam sein, doch nur, um liebevoll zu sein", so sind wir als Publikum zuerst irritiert, befremdet, vielleicht sogar peinlich berührt ob der fehlenden Logik. Wir schütteln womöglich sogar innerlich den Kopf, sträuben uns gegen diese Widersinnigkeit und diesen semantischen Zirkelschluss. Im Laufe des Stückes offenbart sich jedoch, was Hamlet damit meint und wie er dadurch seine (Un-)Tätigkeit begründet, ja, was er durch den Widerspruch auf den Punkt bringt, den er durch eine widerspruchsfreie Feststellung wohl gar nicht getroffen hätte – zumindest nicht in dieser Kürze und Prägnanz. Die paradoxe Aussage ist damit Hinweisgeberin und „Auflösung" zugleich, fasst sie doch den Antrieb des Protagonisten und den Kern des Stückes zusammen und kündigt dessen Kulmination an.

Paradoxien in der Literatur eignen sich also gut dazu, die Leserin zu aktivieren, sie aufmerksam zu machen und gedanklich anzuregen: Durch den vermeintlichen Widerspruch ins Wanken gebracht, soll sie nun selbst diesen Konflikt zwischen widersprüchlichen Konzepten, Werte(-haltungen) oder Ideen einer Klärung zuführen, um somit, einem Sokrates ähnlich, zu einem tieferen Verständnis zu gelangen. „Der angemessene Umgang mit Paradoxien besteht dann weniger darin, sie aufzulösen, als sie vielmehr zu entfalten", so der Philosoph Daniel Kersting.[26] Damit können Paradoxien zum Motor der Fortentwicklung werden, weil sie zu vertiefter Betrachtung und damit letztendlich zu einem erweiterten Verständnis führen.

Denn nur dieses Verständnis kann wiederum zu einer Entwirrung eines Sachverhalts führen, der sich dadurch als doppeldeutig, unhaltbar oder schlicht unlogisch zeigt. Damit solch ein Durchdringen und Zerlegen gelingt, muss der dem Paradox zugrundeliegende Widerspruch aber erst als solcher erkannt werden. Nehmen wir eine Situation nicht als paradox wahr, ist uns der inhärente Widerspruch nicht zugänglich, so kann das Paradox auch nicht seine angedachte Wirkung entfalten, nämlich schlussendlich zu mehr Klarheit, Verständnis und womöglich Veränderung führen – zumindest in Form einer alternativen Sicht auf Althergebrachtes und Naturalisiertes.

Und genau in diesem Aufzeigen von alternativen Sicht-, Denk- und Handlungsweisen liegt die Macht des Paradoxen: Bereits seit Langem normalisierte Wesenszustände werden dadurch ihrer eingebauten Absurdität überführt. Ein Paradox als solches zu erkennen bedeutet, gleichzeitig gewahr zu werden, dass der beschriebene Zustand eben nicht „logischerweise" und „unausweichlich" so sein muss, weil er ja im Kern widersinnig ist. Nun mag dies nicht sofort folgerichtig zur Auflösung oder gar zu Alternativen führen, jedoch zu einer Art De-Naturalisierung dessen, was lange naturalisiert, also als vermeintlich natürlich, unerlässlich, alternativlos gesehen wurde. Wenn Sokrates weiß, dass er nichts weiß, so kann er zumindest genau dort ansetzen, um vielleicht irgendwann zu (mehr) Wissen zu gelangen, und gleichzeitig die darunterliegende Dynamik jeglichen Erkenntnisgewinns im Blick behalten. Wenn Hamlet vermeint, grausam handeln zu müssen, um liebevoll zu sein, so erkennt er, dass ihn die paradoxen Bedingungen seiner unglücklichen Lage als Thronfolger, der den Mord an seinem Vater sühnen soll, indem er ehemals Vertraute tötet oder seine Mutter bedroht, in diese Bredouille gebracht haben. Ändern sich die Bedingungen dieser Situation, dann löst sich die gedankliche Pattstellung, sind Alternativen zum Paradox denkbar und wird Liebe ohne Grausamkeit greifbar.

Das Fluchtparadox nun eröffnet sich entlang der tatsächlichen wie symbolischen Reise, die ein flüchtender Mensch im derzeitigen internationalen wie nationalen Asylregime durchläuft, vom Moment der Ausreise bzw. versuchten Einreise zwecks Asylantragstellung im Aufnahmeland, über seine Aufnahme und Konstitution als „Flüchtling" in der *Gast*gesellschaft [sic!] bis hin zur teils implizit, teils vehement eingeforderten „Integration" in das soziale, ökonomische und kulturelle Gefüge eben dieser aufnehmenden Gesellschaft. Den drei Zwischenzielen auf dieser Reise entspricht jeweils ein konkretes paradoxes Moment, das ich wie folgt zusammenfassen möchte: Erstens das *Asylparadox*, oder auch die Unmöglichkeit legaler Zugangswege zum Recht auf Asylantragstellung, wodurch Flüchtende „Recht brechen" müssen, um zu ihrem Recht zu gelangen; zweitens das *Flüchtlingsparadox*, oder auch der vulnerable, aber gleichzeitig leistungsbereite Schutzsuchende, der schutzbedürftig *und* selbstständig sein soll; und drittens das *Integrationsparadox*, oder auch das gesellschaftliche Konfliktpotenzial, das der Figur des Flüchtlings immanent ist, befeuert doch gerade seine erfolgreiche, vehement eingeforderte „Integration“ in die Aufnahmegesellschaft erst Debatten um Verteilung, Aufstieg und Sichtbarkeit in ebendieser.

Dazwischen offenbaren sich viele paradoxe Momente im Kleinen, die im Wesentlichen auf diese drei Momente zurückzuführen sind und sie wiederum verstärken. Während Vieles an diesen Paradoxien nicht neu ist und Teilaspekte wie die zunehmende Unzugänglichkeit des Menschenrechts auf Asylbeantragung gut dokumentiert sind, werden andere, wie etwa die Gleichzeitigkeit der Forderungen nach Schutzbedürftigkeit und Leistungsbereitschaft, kaum wahrgenommen oder erforscht. Vor allem aber ist es die Zusammenschau dieser drei zentralen Paradoxien, die in Summe die Widersprüchlichkeit des gegenwärtigen Asyl- und Migrationsregimes auf den Punkt bringen, indem sie sich gegenseitig potenzieren. Jede Handlung innerhalb des Paradoxes erhält nur das Paradox aufrecht und verfestigt es weiter. „Im Rahmen der Möglichkeiten“, eine häufig gehörte Floskel im Asyl- und Fluchtwesen, hat wenig Aussage- und noch weniger Wirkmacht, wenn eben dieser (absurde) *Rahmen* das Problem ist.

Die symbolische Reise durch die Paradoxien findet die geschätzte Leserin, der geschätzte Leser auch in der Kapitelabfolge dieses Buches wieder. Vom „Lager“ über „Sicherheit“, „Schutz“ und „Grenzen“ bis hin zu „Ankunft“, „Aufstieg“ und dem (vermeintlichen?) Ziel, der „Verantwortung“, wird der Bogen gespannt. Eine Perspektive will ich im Folgenden in den Vordergrund stellen: Wie wirkt das Fluchtparadox auf Geflüchtete und auf den (nur scheinbar alternativlosen) Umgang mit ihnen in Recht, Gesellschaft und Nation? Welche Konsequenzen zieht das Fluchtparadox auf den einzelnen Stationen der Reise, von Aufbruch bis Aufstieg, nach sich?

Während alle drei Paradoxien im Wesentlichen auf rechtlichen Widersprüchen oder zumindest Überschneidungen fußen, wurden und werden sie im gegenwärtigen Regime konsequent moralisch wie symbolisch aufgeladen. Es ist eben diese diskursive Aufladung und *Bedeutungszuschreibung*, die mich als Kulturwissenschaftlerin im Besonderen interessiert. Wie kommt es, dass ausgerechnet diese Paradoxien solch eine semantische Strahlkraft entwickeln, dass man ihren Effekt nur als Verblendung der Betrachterin beschreiben kann? Wodurch sind sie bedingt, welche diskursiven wie rechtlichen Rahmenbedingungen des Ein- und Ausschlusses von Schutzsuchenden brauchen sie und erhalten sie gleichzeitig aufrecht? Und vor allem: Welchen übergeordneten Zweck erfüllen diese Paradoxien im europäischen wie nationalen Asylregime? Die genannten Paradoxien sind somit im Weitesten auch *Legitimationspraktiken*, eben weil sie nicht als paradox erkennbar, sondern naturalisiert sind. Es wird als gegeben hingenommen, dass der Status quo „einfach so ist", wie er eben ist, weil es die Notwendigkeit oder Dringlichkeit des Asylsystems erfordert und die Sicherheit, der Wohlstand und die kulturelle Unversehrtheit des Aufnahmelandes es gebieten.[27] Durch ihre moralische Aufladung werden diese Paradoxien verschleiert und gleichzeitig mit quasirationalen Argumenten aufrechterhalten und perpetuiert.[28] Bestehende Interventionen, seien es Hilfe vor Ort, humanitäre Versorgung oder Aktivismus, bewegen sich notgedrungen in den engen Grenzen (*no pun intended*) des Fluchtparadoxes und sind deshalb von vornherein nicht dazu in der Lage, wenig mehr als die oben erwähnte Symptombekämpfung zu bewerkstelligen.

Deshalb ist es unerlässlich, gerade im Umgang mit dem politisch und ethisch sensiblen Bereich von Flucht und Vertreibung, die Tatsachen offenzulegen und sich immer wieder vor Augen zu führen, dass systemisch-politische wie persönlich-individuelle Entscheidungen *unter grundlegenden Bedingungen von Widersprüchlichkeit* getroffen werden. Dadurch fällt es aber umso schwerer, wie im politischen Alltag der Asyl- und Fluchtdebatte unschwer zu erkennen ist, *Verantwortung* für ebendiese Entscheidungen zu übernehmen, die auf Basis inkonsistenter, paradoxer Grundlagen und hoher Unsicherheit getroffen wurden. Genau diese Verantwortung muss aber immer und konsequent eingefordert werden, gerade wegen der inhärenten Widersprüchlichkeit des Asylregimes. Denn das zugrundeliegende Spannungsverhältnis unterschiedlicher, teils widersprüchlicher oder zumindest konträr ausgerichteter Interessen führt nicht zur Entbindung von Verantwortung, sondern zur potenzierten Aufforderung zur Verantwortungsübernahme.

Folgerichtig argumentiert der deutsche Soziologe Alfred Scherr, „dass es sich bei Positionierungen zu Fragen der Flüchtlingspolitik und des Flüchtlingsrechts gerade deshalb um *zu verantwortende Entscheidungen* handelt, weil diese *nicht zwingend und eindeutig* aus widerspruchsfreien und rational begründbaren Prinzipien abgeleitet werden können".[29] Je uneindeutiger, je widersprüchlicher, je arbiträrer sie sind, desto mehr politische, aber auch moralische Begründung brauchen Entscheidungen im geltenden Asyl- und Flüchtlingsregime. Dies gelingt nur mit konsequent durchgehaltener und nie abstumpfender Humanisierung des vermeintlich „Anderen" – das Gegenüber immer Mensch sein lassen, denn nur dann ist „Hineinversetzen" im Sinne Arendts möglich. Das wird auch die Handlungsmaxime sein, die ich den Leserinnen und Lesern am Ende unserer gemeinsamen Reise mitgeben möchte.

Denn es wäre wohl so naiv wie gefährlich zu meinen, jetzt geltende Normen im Bereich des globalen Flüchtlingsschutzes oder der universellen Menschenrechte wären „ein nicht hintergehbarer Referenzrahmen".[30] Rückschritte hinter das bereits Erreichte sind eine stets vorhandene und sich immer wieder materialisierende Möglichkeit, wie man mit Blick auf die zahllosen Brennpunkte an europäischen Außengrenzen feststellen muss. Nicht von ungefähr warnen selbst erfahrene Asylexpert*innen regelmäßig davor, die Genfer Flüchtlingskonvention „aufzuschnüren“, um neue Fluchtgründe wie etwa die Klimakrise hineinzuverhandeln. Zu groß und real erscheint die Sorge, dass der Minimalkonsens, der nach den Wirren des Zweiten Weltkriegs mühevoll erreicht wurde, noch weiter nach unten nivelliert werden könnte.

3. SICHERHEIT

Das bekannteste und am besten dokumentierte Paradox im geltenden Asylregime ist wohl das Asylparadox. Genau genommen beschreibt es mehrere eng miteinander verwandte Phänomene. Das erste, dem wir uns an dieser Stelle genauer widmen wollen, bezieht sich auf die inhärente Illegalisierung von Schutzsuchenden: Um überhaupt erst in die Lage zu kommen, ihr Recht auf Asylantragstellung in Anspruch nehmen zu können, müssen sie zuerst „illegal" (also ohne gültiges Visum, ohne vorhandenen Aufenthaltsstatus, ohne Einreisegenehmigung) die Grenze passieren.[31] Anders ausgedrückt: *Flüchtende müssen Recht brechen, um zu ihrem Recht zu gelangen.*

Das klingt nicht nur absurd, sondern ist es auch, und noch dazu mit einer perfiden Wirkweise, weil in weiterer Folge die allerorts zu beobachtende Kriminalisierung von Migration (auch als *crimmigration* bezeichnet) ermöglicht wird – so sehr, dass man für ukrainische Schutzsuchende einen neuen Begriff brauchte, den man in den letzten Jahren noch nicht ins Kriminal gerückt hatte.[32] Beim Thema Flucht von „illegaler Migration" zu sprechen ist nämlich insofern richtig, als im aktuellen Asylregime Grenzen von der Mehrheit der Ankommenden gar nicht anders als „illegal" überschritten werden *können*, weil ja der legale Aufenthaltstitel (jener eines Asylberechtigten) erst innerhalb dieser Grenzen beantragt und bewilligt werden kann. Dieser Akt des „illegalen" Grenzübertritts liegt im Fehlen legaler, sicherer Fluchtwege begründet und ist somit nicht nur geduldet, sondern *gewollt*. Es ist der Dreh- und Angelpunkt des gegenwärtigen Asylregimes, egal wie lautstark Aktivist*innen,

Wissenschaftler*innen und Oppositionspolitiker*innen legale Zugangswege fordern, von Resettlement-Kontingenten bis Botschaftsasyl. „Es gehört zu den Aporien moderner Erfahrung, dass es leichter zu sein scheint, einen völlig Unschuldigen seiner Legalität zu berauben als einen Mann, der eine politisch feindselige Handlung verübt oder ein gewöhnliches Verbrechen begangen hat", stellte schon Hannah Arendt mit Blick auf das damalige Asylrecht trocken fest.[33] Nur dort stand der Verlust des legalen Status in keinem Zusammenhang mit einem konkreten Vergehen.

Dieses Asylparadox führt zu der wiederum paradoxen Situation, dass durch mehr Kontrolle im Bereich des (Zugangs zum) Asylrecht(s) auch die wahrgenommene und tatsächliche Illegalität, konkret die Zahl sogenannter „illegaler" Aufgriffe, steigt. Zu beobachten ist dies seit dem Sommer 2021, als Expert*innen nach dem covidbedingten Rückgang globaler Migrationsbewegungen und aufgrund der sich verschärfenden Sicherheitslage in (unter anderem) Afghanistan auf das voraussichtliche Zurückpendeln der Asylanträge auf ein Vor-Krisen-Niveau hinwiesen. Ein nicht unerheblicher Anteil dieser Anträge sei der „Sekundärmigration" aus Transitländern wie Jordanien, Libanon, Türkei, Serbien beziehungsweise generell dem Westbalkan und Griechenland zuzurechnen. Der damalige österreichische Innenminister Karl Nehammer stockte daraufhin den Grenzschutz um vierhundert zusätzliche Soldaten auf, um „dem zunehmenden Migrationsdruck", dem die EU-Kommission nichts entgegenzusetzen hätte, mit nationaler Machtdemonstration zu begegnen.

Ein mir bekannter leitender Polizeiwachebeamter an der österreichisch-ungarischen Grenze berichtete damals von der absurden Lage, in die seine Mitarbeiter dadurch gebracht wurden. Er erzählte, hörbar gestresst und unter hohem Arbeitsdruck, dass zwar tatsächlich wesentlich mehr „Aufgriffe" von afghanischen, syrischen, irakischen, pakistanischen Staatsangehörigen erfolgten als in den Monaten davor, die Polizei aber gleichzeitig nichts weiter tun konnte, als deren Asylanträge aufzunehmen bzw. sie in die Landeshauptstadt weiterzuschicken, wo es größere Erstaufnahmestellen gab. In weiterer Folge wurden die Asylwerbenden dann auf Unterkünfte in ganz Österreich verteilt, wo sie den Ausgang ihres Verfahrens abwarteten (oder es heute noch tun). Die „Grenzsicherung" bestand also im Kern darin, Schutzsuchenden freies Geleit in die nächstgelegene Asylunterkunft zu bieten – was ja (völker-)rechtlich so vorgesehen ist. Für die Polizisten an Österreichs Grenzen bedeutete das, dass sie im Sommer 2021 wieder einmal im Dauereinsatz waren (zusätzlich zu allen anderen Aufgaben, die weiter anfielen), dadurch aber die Ankunftszahlen nicht nach unten drückten, sondern im Gegenteil zu deren Anstieg beitrugen. Viele der Aufgegriffenen, so der Polizeichef, hätten nämlich ursprünglich nach Deutschland weiterziehen wollen. Das ist jedoch ab dem Moment des Aufgriffs dank Dubliner Abkommen rechtlich unmöglich – entweder Asylantragstellung im Inland (um damit in den Status einen Asylwerbenden zu gelangen) oder Abschiebung als Eingereister ohne gültigen Aufenthaltsstatus. An ein „Weiterwinken" wie im Jahr 2015 war also aufgrund des klaren Handlungsauftrags des Innenministeriums nicht zu denken.

Das österreichische Bundesheer, welches mehrere hundert zusätzliche Grundwehrdiener und Kräfte des Jägerbataillons für den Grenzeinsatz bereitstellte, hatte hier übrigens noch weit weniger Handhabe, mussten die Soldaten doch jeden Aufgegriffenen, der „Asyl" sagte, an die nächste Polizeidienststelle übergeben, die den Asylantrag offiziell aufnehmen kann. So gebietet es das Völkerrecht (und dessen Umsetzung im nationalen und im EU-Recht), und das wissen glücklicherweise auch die österreichischen Grenzwachebeamten – meistens.[34] All das hinderte aber den zuständigen Minister nicht, mit den steigenden Ankunftszahlen innenpolitisch Stimmung zu machen und postwendend für *law and order* an Österreichs angeblich wieder „überrannten" Grenzübergängen zu plädieren. Dass der Anstieg dieser Zahlen eben genau auf die Politik vermehrter Kontrollen und Grenzpatrouillen zurückzuführen ist, wird dabei geflissentlich verschwiegen. Selten klaffen Rhetorik und Realität so weit auseinander wie bei Asyl- und Migrationsfragen.[35]

Der paradoxe, weil genau konträr zur Intention laufende Effekt einer repressiven Migrationspolitik bei erhöhter Grenzsicherung lässt sich auch losgelöst vom konkreten Anlassfall eines „sicherheitsorientierten" österreichischen Innenministers beobachten. Tatsächlich zeigt die Migrationsforschung deutlich, dass steigende Versicherheitlichung und Fortifizierung von Grenzen nur bedingt zu einem Rückgang „illegaler" Migration führen kann. In manchen Grenzsituationen tritt das Gegenteil ein: Durch vermehrte Grenzkontrolle kommt es zu einem Anstieg der illegalisierten Wohnbevölkerung ohne gültigen Aufenthaltsstatus.

Am deutlichsten lässt sich das an der Grenze der USA zu Mexiko beobachten, die seit Jahren zu den am stärksten militarisierten und versicherheitlichten Grenzen der Welt zählt und nicht umsonst oft als *the iconic border* (dt. „die ikonische Grenze") bezeichnet wird.[36] Nicht erst seit Ex-Präsident Donald Trumps Rufen nach einem Mauerbau (der bis heute nicht lückenlos umgesetzt und schon gar nicht von Mexiko bezahlt wurde) ist die amerikanisch-mexikanische Grenze hoch technologisiert. Unter anderem wird sie mit Bewegungssensoren, Drohnen und Überwachungskameras gesichert.[37] Auch der aktuelle Präsident Joe Biden lässt bis jetzt keine Trendwende in der Grenzpolitik erkennen, im Gegenteil. Im Jahr 2021 mehrten sich die Berichte, dass das nun demokratisch geführte Justizministerium trotz eines von Biden verhängten Baustopps weiterhin Land für die Mauer erwerbe.

Noch schwerer aber wiegt der voranschreitende Mauerbau auf anderer Ebene. Nach dem Wahlkampf stellte sich nämlich heraus, dass dreizehn verschiedene Anbieter von Grenzüberwachungssystemen für die Kampagnen des Demokraten gespendet hatten, und zwar wesentlich höhere Beträge als anno dazumal an die Trump-Kampagne.[38] Die Interessen dieser Großspender*innen müssen, so der Verdacht, nach der Wahl nun auch bedient werden. Während es Trump also vor allem um nationale Symbolik und Machtdemonstration ging, scheint Biden wie auch schon Barack Obama einen subtileren Weg mittels abschreckender Grenzinfrastrukturen zu verfolgen. Durch den Einsatz von Drohnen, Wärmebildkameras, Sensoren und künstlicher Intelligenz sollte eine – wie in US-Medien kolportiert wurde – „virtuelle Mauer" errichtet werden, die grundrechtlich als problematisch einzustufen ist.[39]

Diese Strategie resultiert wohl aus dem generellen Trend zur Technologisierung und Digitalisierung von Grenzen, aber eben auch aus den beträchtlichen Wahlkampfspenden der Sicherheitsindustrie. Sie können nun mit hochdotierten und langjährigen Aufträgen rechnen, denn so eine Mauer ist nicht billig: Laut dem US-amerikanischen *Government Accountability Office* lag der Preis für eine Meile Mauer (rund 1,6 Kilometer) zwischen 2,8 und 3,9 Millionen US-Dollar, und zwar nur im ebenen Gelände.[40] Die Erhaltungskosten über mehrere Jahrzehnte hinweg sind da noch nicht inkludiert.

Ob sich diese Investitionen rechnen werden, bleibt fraglich. Denn die Forschung zeigt seit Jahren, dass vermehrte Grenzkontrolle und -sicherung nicht gleichbedeutend mit sinkenden Antragszahlen und dem Rückgang „illegaler" Migration sind. Da der Grenzübertritt im Falle einer maximal bewachten Grenze ungleich schwieriger und das Risiko einer Entdeckung und in weiterer Folge einer Deportation ungleich höher ist als bei einer nicht oder kaum bewachten Grenze, steht für jene Migrant*innen, die es ins Zielland „geschafft" haben, viel zu viel auf dem Spiel, als dass sie wieder ins Herkunftsland zurückkehren. Letzteres war in den USA im Laufe des 20. Jahrhunderts immer wieder dann der Fall, wenn es weniger Arbeit in den Vereinigten Staaten gab oder sich die Situation in den mittel- und südamerikanischen Herkunftsländern entspannte.

So kam es im Laufe der Zeit zu beobachtbaren Pendelbewegungen zwischen den USA und Ländern wie Mexiko, je nach konjunktureller und Sicherheitslage. Zwischen 2006 bis 2010 ging die Zahl der „illegalen“ Grenzübertritte gar um rund 60% zurück, vor allem aufgrund besserer Lebensbedingungen in Mexiko und eines durch die Finanzkrise gebeutelten und damit aufnahmeschwachen amerikanischen US-Arbeitsmarkts.[41] Die Forschung bezeichnet das Phänomen der freiwilligen Rückkehr nach einem temporären Aufenthalt im Zielland als „zirkuläre“ Migration, also als wiederholte Wanderung zwischen Herkunfts- und Zielland.[42] Diese Form der Migration birgt einige Vorteile, und zwar für beide Länder. Herkunftsländer profitieren unter anderem von den Remittances, also den finanziellen Unterstützungen, die Migrant*innen ihren Angehörigen nachhause schicken, und dem Humankapital, das sie sich im Zielland aneignen und nach ihrer Rückkehr zuhause einsetzen können. Ein befürchteter Braindrain wird dadurch verhindert. Zielländer wiederum können durch zirkuläre Migration auf Arbeitskräftebedarf reagieren, müssen aber gleichzeitig keine national aufgeladene Debatte zu „Überfremdung“ führen.[43]

Durch die fortschreitende Fortifizierung von Grenzen wird zirkuläre Migration aber immer seltener, vor allem dann, wenn sie nicht mit legaler Einreise zusammenfällt, was auf viele lateinamerikanische Migrant*innen zutrifft. Die Aufstockung von Kontrollen kann einen anfangs als temporär intendierten Aufenthalt in einen permanenten kehren, eben weil eine wiederholte Einreise unsicherer und riskanter ist. Zu viel steht auf dem Spiel, das man durch eine Rückkehr ins Herkunftsland nicht gefährden möchte. Somit führt mehr und härterer Grenzschutz nicht zu einer Reduktion der „illegalen“ Einwanderung, sondern im Fall der USA nachgewiesener Weise dazu, dass die Zahl der Menschen, die die Politik als „illegale“ Migrant*innen (also Menschen ohne gültigen Aufenthaltstitel) stigmatisiert, in der Wohnbevölkerung steigt, weil sie auf Dauer bleiben und nicht (wiederholt) in ihre Heimat zurückkehren. Auch dann nicht, wenn es ökonomische oder Sicherheitsfragen zulassen würden.

Was für das Einzelbeispiel USA-Mexiko gilt, zeigen der Migrationsforscher Mathias Czaika und der Politikwissenschaftler Mogens Hobolth auch für Europa: Asyl-Ablehnungen verringern die Zahl der (künftigen) Asylanträge, erhöhen aber die Zahl der irregulären Migrant*innen *on territory*, also der im Inland aufhältigen Menschen ohne gültigen Titel.[44] Als mit dem Schengener Abkommen Visabestimmungen der EU für die Außengrenze eingeführt wurden, stiegen die irregulären Ankünfte und permanenten Niederlassungen von marokkanischen Saison- und Gastarbeiter*innen, die davor frei nach Spanien einwandern und somit auch leichter zurückkehren konnten. Dadurch wuchs die marokkanische Bevölkerung in Spanien innerhalb kürzester Zeit auf über 700.000 Personen an.[45]

Diese geografisch wie zeitlich breit gestreuten Episoden sind nicht nur illustrative Beispiele dafür, wie der Zuwachs an Bewegungsfreiheit für die einen (Schengen) auf weniger Freiheit für die anderen (Drittstaaten) beruht (siehe Kapitel 5 – „Grenzen"), sondern lassen auch zwei zentrale Schlussfolgerungen für die politische Migrationssteuerung zu: Je strenger die Einwanderungspolitik eines Landes, desto eher wollen Migrant*innen für immer bleiben. Und: Mehr Restriktion und Kontrolle führen nicht zu weniger, sondern zu mehr Illegalität. Das Asylregime ist also nicht nur in sich paradox, sondern führt auch zu paradoxen Sekundäreffekten, die mitunter genau das Gegenteil dessen bewirken, wofür sie gedacht sind.

Zusätzlich bedeutet mehr Überwachung aber auch, dass Menschen auf immer gefährlichere Routen und Instrumente zurückgreifen, oder aber, weil sie selbst nicht über dieses Wissen und die Möglichkeiten verfügen, die Hilfe von Schleppern suchen. In vielen Grenzgebieten kann man eine so simple wie gefährliche Faustregel beobachten: Je bewachter die Grenze und je schwieriger der Übergang, desto kreativer werden Grenzgänger*innen und Schlepper. „Zeig' mir einen 50 Fuß hohen Zaun, und ich zeige dir eine 51 Fuß hohe Leiter", sagte die ehemalige Gouverneurin des Bundestaats Arizona Janet Napolitano, die unter Barack Obama zur *Secretary for Homeland Security* wurde.[46]

Sie trifft damit den Kern dessen, was als „Grenzen der Migrationssteuerung" bezeichnet wird. Tatsächlich belegt die Forschung, dass es bei restriktiver Migrationspolitik zu unterschiedlichen „Substitutionseffekten" kommen kann.[47] Werden auf der einen Seite Kontrollen verstärkt oder physische wie symbolische Mauern errichtet, kommt es an anderen Stellen zu einem Anstieg von Grenzübertritten, also einer sogenannten räumlichen Ablenkung. Als man in den Nullerjahren einen befestigten Zaun an der amerikanisch-mexikanischen Grenze errichtete, wurde unversehens von Migrant*innen berichtet, die Tunnel unter Grenzzäunen durchbuddelten.[48] Doch die räumliche Umlenkung geht nicht nur mit kreativeren, sondern vor allem auch mit immer riskanteren Manövern einher. Der Frachtenzug *La Bestia* (dt. „Die Bestie") ist berühmt-berüchtigt für den Transport von Migrant*innen aus Lateinamerika und sorgt jedes Jahr für hunderte Todesopfer und zahlreiche Verletzte. Sie springen auf fahrende Züge auf, fallen vor Erschöpfung von Waggons oder landen auf den Gleisen – das alles nur, um den zahlreichen Checkpoints und Deportationszentren zu entgehen. „Räumliche Umlenkung" bedeutet für sie Umlenkung in den sicheren Tod.

Ebenfalls zu beobachten sind intertemporale Effekte, nach der Hypothese „Jetzt oder nie". Zeichnet sich ab, dass ein Staat, zumindest bei entsprechender Vorankündigung, seine Einreisegesetzgebung zu verschärfen droht, kann unmittelbar davor häufig noch ein sprunghafter Anstieg von Visa- wie auch Asylanträgen beobachtet werden. Denken Sie an Ihre lokale Einkaufsstraße am Vorabend eines Lockdowns.

Und dann gibt es da noch (gar nicht so seltene) Umlenkungseffekte in Richtung einer anderen Einwanderungskategorie. So wurde deutlich, dass eine strengere Einreisepolitik in Form einer niedrigeren Visa-Anerkennungsquote zwar die Zahl künftiger Anträge senkt, gleichzeitig aber „illegale" Migration ansteigen lässt, also mehr Menschen den Grenzübertritt ohne Visum wagen. Das erhöht in weiterer Folge auch die Zahl der Asylanträge, die im Land gestellt werden. Verkürzt gesagt: Wenn reguläre Migration sinkt, steigt Asylmigration an. Denn Asyl- und Migrationsregime sind zwei unmittelbar miteinander kommunizierende Gefäße, sodass der vielzitierte Appell, man müsse „Asyl und Migration streng voneinander trennen", politisch zwar seine Wirkung erzielen mag, in der Realität aber viel zu kurz greift. Warum es einem Staat zwar möglich sein soll, legale Migration zu beschränken und damit (wissentlich und willentlich) in Kauf zu nehmen, Menschen auf die Asylschiene umzulenken, er umgekehrt aber integrations- und arbeitswillige Asylwerbende aus eben dieser Asylschiene nicht in einen legalen Aufenthaltstitel überführen kann, erschließt sich in Anbetracht solcher Erfahrungen nicht (siehe Kapitel 7 – „Ankunft"). Es gehört gerade zur paradoxen Wirkweise des geltenden Asylregimes, dass dieser inhärente Widerspruch nicht offen gelegt (und damit womöglich aufgelöst) wird. Zumindest die deutsche Bundesregierung hat sich nun für die rechtliche Möglichkeit eines solchen „Spurwechsels" ausgesprochen, um, so das im Herbst 2021 geschlossene Koalitionsabkommen, „Geduldeten in der Ausbildung und ihren Betrieben mehr Rechtssicherheit durch eine Aufenthaltserlaubnis [...] [zu] verleihen." Es bleibt zu hoffen, dass andere europäische Länder diesem Beispiel folgen werden.

Auch die politische Losung „mehr Kontrolle unterbindet illegale Migration und führt zu weniger Toten durch Schmuggler" ist in dieser Form nicht haltbar. In vielen Kontexten führt mehr Kontrolle zu mehr Schlepperei und zu mehr Toten, wenn nämlich Migrant*innen auf immer gefährlichere Wege oder weitere Distanzen ausweichen müssen, wodurch die Wahrscheinlichkeit, dass sie dafür die (kostspielige) Hilfe von Schleppern in Anspruch nehmen, ungleich höher wird. Auch paramilitärische

Gruppen und selbsternannte „Bürgerwehren" fühlen sich durch die Fortifizierung und das militarisierte Grenztheater, das von Frontex und anderen Akteuren veranstaltet wird, dazu ermächtigt, den Grenzschutz in ihre eigenen Hände zu nehmen,[49] wodurch Migrant*innen wiederum und immer weitläufiger ausweichen müssen. Der populäre Anspruch zahlreicher europäischer Regierungschef*innen und Innenminister*innen, durch Aufstockung der Grenzschutzagentur Frontex,[50] Schließung von Routen oder mittels Abkommen mit Drittstaaten „das Schleuserwesen stoppen" zu wollen, hat sich seit dem Jahr 2015 als Großteils wirkungslos erwiesen. Seit damals setzt man auf genau diese (untauglichen) Instrumente, um die „europäische Flüchtlingsfrage" zu lösen. Nun, im verflixten siebten Jahr seit dem „Langen Sommer der Migration", sollte es endlich allen dämmern: Mit dem präferierten europäischen Rezept für Migrationsfragen – *Abschottung, Abschreckung, Auslagerung* – konnte man weder Ankunftszahlen nachhaltig senken noch Leid und Elend an Europas Außengrenzen beenden. Höchstens werden damit diese und weitere migrationsbedingte Problemlagen kurzfristig zeitlich und räumlich verlagert, langfristig aber immer größer und drängender.

Denn Flucht- und Migrationsursachen, ob politisch, wirtschaftlich oder familiär, bleiben bestehen, egal wie viele symbolische oder tatsächliche Mauern man aufzieht und mit aller Gewalt verteidigt. Dennoch wird der Ruf nach einer „Festung Europa" nicht leiser, auch vermeintlich liberale Stimmen treten für Auslagerung von Asylverantwortlichkeit oder Verfahrenszentren außerhalb Europas ein.[51] Zuletzt ließ die britische Regierung verlauten, dass sie plane, ihre Asylverfahren künftig im 6500 Kilometer entfernten Ruanda durchführen zu lassen. Dafür soll das ostafrikanische Land, das bereits jetzt zu einem der am dichtesten besiedelten des Kontinents zählt und immer wieder wegen Menschenrechtsverletzungen in der Kritik steht, in den nächsten fünf Jahren fast 150 Millionen Euro erhalten. Ungeachtet der Vereinbarungsfragen mit völkerrechtlichen

Grundlagen, denen sich das Vereinigte Königreich – das wie kaum ein anderes Land vom Kolonialismus profitierte – verpflichtet hat, bleibt fraglich, welchen langfristigen Effekt diese krasse Maßnahme haben wird, und zwar auf beiden Seiten. Sie macht aber den paradoxen Effekt deutlich, dass mit der sinkenden Möglichkeit, Migration zu kontrollieren, gleichzeitig der Wunsch nach Kontrolle gestiegen sei, wie der US-amerikanische Ökonomen Jagdish Bhagwati lapidar feststellt.[52]

Das trifft selbst auf Instrumente zu, die man der *indirekten* Migrationssteuerung zurechnen muss, da ihr Effekt auf Wanderbewegungen nur ein sekundärer (wenn auch in vielen Fällen gewollter) ist. Dazu zählt das österreichweit beliebteste Instrument, um auf sich offenbarende Sollbruchstellen des Fluchtparadoxes zu reagieren: die viel gepriesene und selten ankommende „Hilfe vor Ort". Diese gelangt sowohl in unmittelbaren humanitären Notsituationen zum Einsatz, die ja erst durch europäische Grenzpraktiken hervorgebracht werden, als auch mit Blick auf längerfristige Ziele, seien sie sicherheits- oder klimapolitischer Natur. So werden im Rahmen des *EU Emergency Trust Fund for Africa* (EUTFA) fünf Milliarden Euro für die Reduktion von Fluchtursachen in afrikanischen Herkunftsländern bereitgestellt. Das sei, so der deutsche Politikanalyst Lucas Rasche, eine deutlich erkennbare Ausrichtung der EU-Außen- und Entwicklungspolitik an (engen) migrationspolitischen Interessen.[53] Bisheriges Monitoring der durch den EUTFA finanzierten Programme lieferte keine Erkenntnisse zu deren Wirkung.

Und dann gibt es da noch die womöglich feigste Lösung, auf humanitäre Krisen zu reagieren, die auf fehlende legale Fluchtwege zurückzuführen sind: Decken schicken. Leider kam die im Herbst 2020 zugesagte Hilfslieferung der österreichischen Bundesregierung ins griechische Lager Moria, bestehend aus Decken, Heizstrahlern und winterfesten Zelten (also mehr und bessere Ausstattung, um in der Perspektivlosigkeit eines *temporären Erst*aufnahmezentrums verharren zu können), bei den

Schutzsuchenden nicht an. Wochenlang lagerten die 55 Tonnen Hilfsgüter, welche unter erheblichem PR-Aufwand und in Begleitung des Innenministers nach Griechenland geschickt wurden, am Flughafen in Athen. Auch die Zusage der Errichtung einer Kindertagesbetreuungsstätte im neu errichteten Lager Kara Tepe harrt noch ihrer Einlösung.[54]

Während diese unglückliche Episode rasch als PR-Stunt entlarvt wurde und entsprechende zivilgesellschaftliche Proteste zur Folge hatte,[55] ist die argumentative Zusammenziehung, man müsse vor Ort helfen, „damit die Menschen nicht zu uns kommen", trotzdem auch in liberalen und aktivistischen Kreisen sehr beliebt. Das trifft auf das populäre Narrativ, Massen [sic] afrikanischer *climate refugees* würden sich auf den Weg nach Europa machen, wenn wir nicht endlich ernst machten mit progressiver Klimapolitik, genauso zu wie auf mannigfaltige diplomatische Reaktionen auf Entwicklungen in den Krisenhotspots dieser Welt. So mehrten sich nach dem Truppenabzug der USA im August 2021 Stimmen, die trotz Machtübernahme der Taliban für weitere Entwicklungszusammenarbeit mit Afghanistan eintraten, auch über unmittelbare humanitäre Soforthilfe hinaus. Das sei, so der allgemeine Tenor, durchaus im Eigeninteresse Europas (und der USA, wenn auch, aufgrund ihrer geografischen Lage, in geringerem Maße), weil damit weitere Fluchtbewegungen zu verhindern wären. Ein im Kern so absurder wie zynischer Gedanke, zu glauben, man könne die Rechtlosigkeit von Frauen und unmittelbare Lebensbedrohung zahlreicher Aktivist*innen und Journalist*innen durch Straßenbau und Bewässerungsanlagen ausgleichen. Bezeichnenderweise schlug angesichts der russischen Kriegsverbrechen in der Ukraine niemand vor, man müsse lediglich vor Ort helfen, damit sich Ukrainer*innen nicht auf den Weg in die EU machen würden.[56]

An dieser Stelle ein kurzer, aber wichtiger Disclaimer: Die Kritik am Lösungsnarrativ der „Hilfe vor Ort" soll keineswegs die Unabdingbarkeit von existenzsichernder Klimapolitik oder die Notwendigkeit nachhaltiger Entwicklungszusammenarbeit in Abrede stellen. Vielmehr geht es mir um die häufig anzutreffende Argumentationslinie, all das müsse vor allem deshalb passieren, damit Migration in den Globalen Norden unterbunden wird. Denn damit werden nicht nur Krisen gegeneinander ausgespielt und Migrant*innen und Schutzsuchende, die gewichtige Gründe für ihre Wanderung haben, für klima- oder entwicklungspolitische Ziele instrumentalisiert. Vor Klimaflüchtlingen zu warnen und sie zu einer Gefahr hochzustilisieren, vor der sich Europa durch Mehrwegpfand, Plastiksackerlverbot, aber vielleicht auch Grenzzäune schützen könne, ist ein gefährliches Spiel, trägt es doch weiter zum ohnehin schon defizitär geführten Asyldiskurs bei.

Bei näherer, das heißt wissenschaftlicher Betrachtung erweist sich die simple Gleichung, finanzielle und andere Formen der Hilfestellung würden dazu beitragen, dass sich Menschen gar nicht auf den Weg nach Europa machten, ohnehin als Trugschluss. Zeigen doch Studien, dass Wirtschaftswachstum durch Investition und Entwicklungszusammenarbeit tendenziell zuerst eher *mehr* als weniger Emigration aus den betroffenen Ländern bewirkt. Die Entwicklung von Emigrationsraten verläuft entlang einer umgekehrten U-Kurve: Während sie in einkommensschwachen Ländern wie etwa Staaten südlich der Sahara sehr gering sind, steigt mit wachsendem Pro-Kopf-Einkommen der Bevölkerung und einem zunehmenden Grad an Industrialisierung auch der Anteil der Emigrant*innen. So zählen *middle-income countries* wie die Türkei, Marokko und die Philippinen zu den emigrationsstärksten Ländern der Welt. Erst ab einem gewissen, relativ hohen Einkommensniveau, wie es in den USA, Kanada und Westeuropa vorzufinden ist, beginnt die Kurve wieder zu sinken, die Emigrationsraten fallen.[57] Wachsender Wohlstand, steigende Bildung und ein höherer Lebensstandard führen also zuerst einmal nicht zwingend dazu, dass die Abwanderung sinkt.[58] Während die Einwanderungskurve linear und intuitiv verläuft – Länder mit höherem Pro-Kopf-Einkommen haben (und brauchen) mehr Einwanderung –, ist der Zusammenhang zwischen Wirtschaftswachstum und Auswanderung scheinbar paradox, und zwar sowohl auf der Makro- als auch auf der Mikroebene. Länder mit mittlerem Einkommen haben tendenziell die meisten Emigrant*innen, und diese wiederum stammen eher aus den besser gestellten Schichten (mittlerer bis gehobener Mittelstand) der Bevölkerung.[59] Für Letzteres gilt eine wechselseitige Beziehung: Der eigene soziale Status bedingt die persönlichen Mobilitätsoptionen, die wiederum auf den sozialen Stand einwirken.[60]

Erklärt werden kann dieser sogenannte „Migrationsbuckel" (engl. *migration hump*) durch das „Aspirations-Capabilities-Framework",[61] übrigens ein wesentlich tauglicheres Modell zur Abbildung und Erklärung grenzüberschreitender Mobilität als das bei Politiker*innen so angesagte „Push-Pull-Modell". Das „Aspiration-Capabilities-Modell" besagt, dass Migrationsentscheidungen aus einem komplexen Zusammenwirken von *abstrakten Migrationswünschen* (engl. *aspirations*) und den *konkreten Möglichkeiten* (engl. *capabilities*), diese in die Tat umzusetzen, hervorgehen. Zu Letzteren zählen strukturelle Möglichkeiten wie Infrastruktur und Ausreisebestimmungen eines Landes, vor allem aber auch individuelle Ressourcen, wie Finanzen, Bildung sowie persönlicher Zugang zu (billigeren, bequemeren und weniger riskanten) Transportmöglichkeiten. Also allesamt Dinge, die mit steigendem Wirtschaftswachstum einer größeren Gruppe der Bevölkerung zugänglich werden, sei es durch steigende Einkommen, sinkende Geburtenzahlen[62] oder durch den Ausbau von und niederschwelligem Zugang zu Bildungseinrichtungen. Eine ähnliche Tendenz lässt sich im Bereich der Migrationswünsche beobachten: Informationen und Einblicke in andere Lebensrealitäten auf der Welt, die man etwa durch (höhere) Bildung und verbesserten Zugang zu (neuen) Medien erhält, können horizonterweiternd wirken und die Wahrnehmung, was ein „gutes Leben" anderswo bedeutet, verändern sowie materielle Ansprüche steigern.[63] Entwicklung führt tendenziell also dazu, anfänglich sowohl Migrationswünsche als auch Migrationsmöglichkeiten zu erhöhen, bevor sie dann wieder auf ein niedrigeres Niveau abfallen. Dazu trägt neben ökonomischer auch technologische Entwicklung bei, die hilft, größere Distanzen ohne Ortswechsel zu überbrücken – wie uns der Zoom-Boom durch die Coronakrise vor Augen führte.

Das *Aspirations-Capabilities*-Modell erklärt, warum Subsahara-Afrika[64] zu den emigrationsschwächsten Regionen der Welt zählt. Es liegt nicht (nur) an fehlenden Auswanderungswünschen (die sind auch in Ländern mit einem niedrigen Bruttoinlandsprodukt vorhanden, selbst wenn sie durch zunehmende Entwicklung ansteigen), sondern vor allem an fehlenden persönlichen wie strukturellen Möglichkeiten, diese Wünsche in die Tat umzusetzen. Tatsächlich lässt sich das empirisch belegen: Im Rahmen des *Gallup World Poll* (GWP) wird in zahlreichen Ländern der Welt abgefragt, ob Menschen, wenn sie denn die Möglichkeit dazu hätten, dauerhaft in ein anderes Land ziehen möchten („*Ideally, if you had the opportunity, would you like to move permanently to another country, or would you prefer to continue living in this country?*").[65] In Subsahara-Afrika äußern 32 % der Befragten einen abstrakten Wunsch nach Auswanderung, doch nur 4 % planen, dies im nächsten Jahr zu tun, und nur 1 % trifft bereits konkrete Vorbereitungen zur Auswanderung. Je konkreter die Emigration wird, desto weniger Menschen können oder wollen sie in die Tat umsetzen – eben auch wegen fehlender Möglichkeiten, dies zu tun. Noch deutlicher wird diese Lücke zwischen abstrakten Migrationswünschen und konkreten Möglichkeiten, wenn man den Anteil jener, die in Umfragen einen abstrakten Migrationswunsch angeben, einige Zeit später mit dem Anteil der Emigrant*innen in der Landesbevölkerung vergleicht. Wiederum ist hier die Lücke in Ländern mit niedrigsten Pro-Kopf-Einkommen am größten, während sie sich bei steigender wirtschaftlicher Entwicklung sukzessive verkleinert, wenn auch nie vollständig schließt.[66]

Auch auf der individuellen Ebene ist die generelle Tendenz, dass mehr Ressourcen zu höherer Mobilität führen, gut belegt. So zeigt sich, dass Migrant*innen im Schnitt finanziell bessergestellt und damit meistens auch gebildeter sind als die Durchschnittsbevölkerung im Herkunftsland – ein Effekt, der sowohl bei Arbeitsmigration als auch in Fluchtkontexten zu beobachten ist. Was eigentlich gute Nachrichten für das Aufnahmeland sein sollten, wird den Betroffenen oft negativ ausgelegt. Man erinnere sich an den März 2022, als ukrainische SUVs in der Wiener Innenstadt für die versierte Fluchtforscherin wenig überraschend, für die lokale Bevölkerung aber maximal irritierend waren. Die Vorstellung, Kriegsvertriebene könnten hochgebildet und sogar vermögend sein, statt arm, bedürftig und Analphabet*innen, geht kaum mit unserem Bild des klassischen Flüchtlings zusammen, ist aber mit Blick auf globale Emigrationsdynamiken nur logisch.

Denn dass reiche, gebildete Menschen eher über weite Distanzen migrieren als arme, liegt an den hohen Kosten, die mit transnationaler Mobilität verbunden sind, vor allem aus dem Globalen Süden und/oder aus Zwangssituationen heraus, wo legale Migrationswege fehlen. So zeigte eine unserer Studien aus dem Herbst 2015, dass syrische Geflüchtete, die nach Österreich gekommen waren, im Schnitt zwischen 2000 und 4000 US-Dollar für ihren Weg von Damaskus nach Wien bezahlten.[67] Das entspricht einem durchschnittlichen Jahreseinkommen in Syrien noch vor Ausbruch des Bürgerkriegs. Durch Letzteren kam es zu starker Inflation, wodurch die De-facto-Belastung für eine einzige Person, sich die gefährliche Reise nach Europa leisten zu können, noch wesentlich höher lag, von der gesamten Familie ganz zu schweigen. Oft veräußerten Menschen ihr gesamtes Hab und Gut oder verschuldeten sich schwer, um dem Kampfgeschehen zu entkommen. Für die Ärmsten der Armen war dies oft nur innerhalb der Grenzen des Landes möglich (sogenannte „Binnenmigration"), oder aber sie flüchteten in direkte Nachbarländer wie Jordanien und den Libanon, wo derzeit schätzungsweise jeder vierte bis sechste Mensch ein syrischer Flüchtling ist – bei weit geringeren Kapazitäten, als westliche Aufnahmeländer sie hätten. Eine dauerhafte Lösung sind solche Zeltdörfer wie etwa Zaatari, zeitweise sogar die viertgrößte „Stadt" Jordaniens, natürlich nicht (siehe Kapitel 7 – „Ankunft"), bieten sie doch nur sehr eingeschränkt Bildungs- und Erwerbsmöglichkeiten, von Perspektiven ganz zu schweigen.

Die Zentralität von *capabilities* für die Flucht erklärt auch, warum anfangs häufig nur einer Person die Ausreise ermöglicht wird, oft unter Zusammenlegung sämtlicher in der (Groß-) familie noch vorhandener Mittel. Dass das Los dann meist auf die (in Aufnahmeländern mit viel Sorge betrachteten) „jungen Männer" der Familie fällt, liegt an den Risiken des Land- und Wasserwegs nach Europa, aber auch an der Wehrpflicht und an den Foltergefängnissen, die Männer im tauglichen Alter oft als Erste die politische Veränderung spüren lassen. Tatsächlich berichteten viele männliche Befragte in der oben erwähnten Studie, ganz bewusst die letzte Prüfung ihres Studiums aufgeschoben zu haben, um der Wehrpflicht so lange wie möglich zu entgehen. Zu desertieren bedeutete aber, sich dem Zorn des repressiven (von Russland unterstützten) Assad-Regimes auszusetzen, das zahllose Männer foltern und töten ließ, weshalb Flucht für viele die einzige Option darstellte. Auf junge Frauen trafen diese Aspekte kaum zu – dafür viele andere, geschlechtsspezifische.

Vulnerabilität im Fluchtkontext ist also nicht so intuitiv, wie man meinen mag, und verläuft je nach Land und politischer Situation entlang unterschiedlicher Trennlinien des Alters, des Geschlechts, des Einkommens und der ethnischen Zugehörigkeit.[68] Im Fall der Ukrainer*innen, die bereits vor Aktivierung der Massenzustromrichtlinie visafreie Einreise in die EU genossen, stellte sich die Frage der „illegalen" Flucht mangels fehlender legaler Alternativen nicht. Die Ausreise und Weiterfahrt durch mehrere europäische Länder war für die vielen Frauen, Kinder und älteren Menschen immer noch mit zahlreichen Risiken verbunden, aber zumindest liefen sie nicht Gefahr, bei der Überfahrt über ein Meer zu ertrinken oder in einem Lastwagen zu ersticken – waren sie doch, anders als syrische und afghanische Schutzsuchende, nicht auf die zweifelhafte Hilfe von Schleppern angewiesen. Wer also 2015 mehr Frauen und Kinder unter den Geflüchteten hätte sehen wollen, der hätte sich folgerichtig für legale Fluchtrouten aus den betroffenen Ländern, darunter Resettlement oder Botschaftsasyl (siehe Kapitel 6 – „Ausschluss"), einsetzen müssen. Abschrecken, Abschotten, Auslagern, und sich dann beklagen, dass keine „vulnerablen" Gruppen den Weg nach Europa finden, sondern nur die Fittesten und die Reichsten durchkommen (siehe Kapitel 3 – „Sicherheit") – das geht sich nicht aus.

Aus all diesen Erkenntnissen, wie weltweit Flucht- und Migrationsentscheidungen zustande kommen, lassen sich mehrere Schlüsse ziehen, die mit Blick auf den herrschenden Migrationsdiskurs zeigen, wie unaufrichtig und gleichzeitig paradox er geführt wird. Erstens kann keine Rede sein von *Africa as a continent on the move*, also von einer erwartbaren „Massenzuwanderung" aus afrikanischen Herkunftsländern, die immer wieder als Drohkulisse aufgebaut wird. Weiterhin finden afrikanische Wanderbewegungen zum überwiegenden Teil innerhalb des Kontinents, zwischen benachbarten Regionen, statt, während transnationale Migration noch immer eine Ausnahme darstellt.[69] Zwar sind abstrakte Migrationswünsche in West- und Zentralafrika sowie in Mittelamerika und auf den karibischen Inseln mitunter am höchsten, aber den Menschen dort fehlt es weiterhin an Ressourcen auch tatsächlich auszuwandern, vor allem über weite Distanzen – nicht zuletzt, weil dies aufgrund fehlender legaler Einreisemöglichkeiten nach Europa mit hohen Risiken verbunden ist. Zweitens zeigen alle verfügbaren Studien, dass Migrationsursachen und -treiber „komplex, multikausal, meist strukturell und daher kurzfristig schwer beeinflussbar" sind, wie der deutsche Migrationsforscher Mathias Czaika festhält,[70] während unser derzeitiges Migrationsregime aber eher darauf ausgelegt ist, Migrationsentscheidungen als monokausal bzw. binär (*push* oder *pull*) darzustellen, als simplistisch, individualisierend und durch einzelne Abschreckungs- oder Eingrenzungsmaßnahmen frei steuerbar.

Aber genau das ist, drittens, nicht oder nur sehr bedingt der Fall. Flucht- und Migrationsbewegungen nach Europa durch das metaphorische wie tatsächliche Errichten von Mauern vollkommen eindämmen zu wollen, ist (vor allem langfristig betrachtet) eben wirkungslos, wenn die darunterliegenden Ursachen, und damit die Migrationswünsche, bestehen bleiben. Deshalb greifen „Pull"-Erklärungen viel zu kurz bzw. können daran orientierte Maßnahmen, wenn überhaupt, nur sehr kurzfristige Effekte erzielen, erfreuen sich aber paradoxerweise größter Beliebtheit, wenn es um die Ausgestaltung nationaler wie europäischer Migrationspolitik geht.

Gleichzeitig wäre ein reines Unterbinden der *capabilities* verfehlt, weil Ressourcen für Mobilität vielfach eine Überlebensfrage sind. Die hohen Fluchtkosten bei gleichzeitig fehlenden Alternativen verdeutlichen, dass Sicherheit eine teure Ware ist. Umso zynischer mutet es da an, dass der hierzulande geführte Sicherheitsdiskurs beim Thema Asyl genau diese Sicherheit, die sich viele Geflüchtete wünschen, noch teurer zu erstehen macht, indem nämlich legale (und kostenneutrale bzw. billigere) Fluchtwege versperrt werden. Das gilt für den unmittelbaren Konfliktkontext im Falle eines (Bürger-)Kriegs, trifft aber auch auf weiter gefasste Bedrohungssituationen, etwa eine Hungersnot oder Dürre zu.

Nicht zuletzt deshalb spricht auch die Klimafolgenforschung zunehmend von Migration als einer „Adaptionsstrategie", die es Menschen ermöglicht, anderswo ihr Einkommen zu generieren, wenn fruchtbarer Boden rar wird oder Fischbestände schwinden.[71] Binnenmigration in die nächstgelegene Stadt kann helfen, neue Einkommensquellen zu erschließen (etwa im Dienstleistungssektor statt in der Landwirtschaft), genauso wie transnationale Migration als Folge von Ressourcenknappheit oder wegen steigender Meeresspiegel manchmal die einzige Alternative darstellen wird.[72] Aufgrund der Klimakrise rarer werdende Ressourcen können aber auch dazu führen, dass das Konfliktpotenzial innerhalb eines Landes steigt, etwa entlang ethnischer Trennlinien, was wiederum erneute, transnationale Fluchtbewegungen auslösen kann.[73] Alles das passiert in Ländern wie Mali oder Somalia bereits. Eine strenge Unterscheidung in „Flucht" auf der einen Seite und „Migration" auf der anderen ist hier kaum mehr möglich, vor allem, weil das vermeintliche Unterscheidungsmerkmal der „Freiwilligkeit" im Fall von Hungersnot oder Überschwemmungen nicht mehr greift.

In der Forschung ist man deshalb dazu übergegangen, vor allem afrikanische Wanderung als *gemischte Migration* (engl. *mixed migration*) zu klassifizieren, weil in vielen Kontexten (erzwungene) Flucht und (freiwillige) Migration fließend ineinander übergehen, sich gegenseitig bedingen oder auch individuell während der Reise und längeren Aufenthalten in Transitländern mehrfach umschlagen kann. Intuitiv scheinen wir Menschen, die vor klimabedingter Dürre, Tornados und Murenabgängen fliehen, sehr wohl als Vertriebene wahrzunehmen und anzuerkennen. Wie viel mehr kann ein Mensch den Umständen ausgesetzt und ausgeliefert sein als wütenden Stürmen oder sengender Glut? In seinem Roman *Früchte des Zorns* (1939) über das Schicksal amerikanischer Familien während der Weltwirtschaftskrise beschreibt der Literaturnobelpreisträger John Steinbeck diese ganz selbstverständlich als „[e]in Volk auf der Flucht, jene, die vor dem Staub flüchten, vor dem Donner der Traktoren, vor dem schrumpfenden Land, vor dem langsamen Einbruch des Ödlandes von Norden, vor den Wirbelwinden, die aus Texas gestürmt kommen, vor den Überschwemmungen, die dem Land keinen Reichtum bringen und ihm das bißchen Reichtum, das es besitzt, noch stehlen."[74]

In der Realität des 21. Jahrhunderts aber haben diese Menschen selten einen Anspruch auf die rechtliche Sicherheit, die ein Flüchtlingsstatus verleiht, ist doch Klimawandel bis dato nicht als Fluchtgrund anerkannt. Das bedeutet keinen Schutz für Klimavertriebene, obwohl sie im Kern genau das sind: Schutzsuchende.

4. SCHUTZ

Im ursprünglichen Wortsinn meint das altgriechische *asylos*, „unberaubt" oder sicher zu sein. Asyl zu erhalten war gleichbedeutend damit, nicht „geraubt" oder „beschlagnahmt" werden zu können. Das *asylon* in der griechischen Welt war ein heiliger Ort, an dem Menschen Schutz erhielten, weil sie unter der Herrschaft der Götter standen, gegen die Angreifer nicht ankamen.[75] Niemand war den Göttern näher als der Vertriebene, nur ihm wurde ihr besonderer, unumstößlicher Schutz zuteil. Später folgte auch das Christentum dieser Schutzgewährung, die bis heute im Kirchenasyl weiterlebt und wiederum den besonderen Schutz durch das Göttliche verdeutlicht.[76] Auch der räumliche Charakter des Asyls als ein spezieller, von der allgemeinen Bevölkerung abgesonderter Ort blieb bis heute erhalten. Flüchtlinge waren somit von jeher Ausgezeichnete und Ausgegrenzte zugleich. Ja, es ist erst ihr Status als Schutzsuchende, der sie besonders aus-zeichnet (im Sinne von „markiert") und damit auch als Besondere erkennbar macht. Außerhalb der Gesellschaft zu stehen bedeutet nicht nur abgesondert, sondern auch *be*sonders zu sein, und das war im altgriechischen Wortsinn noch rein positiv gemeint.

Das heutige Recht auf Asyl hat sich insofern diesen sakralen Charakter bewahrt, als es weiterhin als hohes Gut gilt. Daraus wird in der derzeitigen Debatte oft abgeleitet, dass es auch besonders schwer zugänglich sein sollte – um es quasi nicht durch ungebührliche Ausweitung und Ausdehnung zu „entweihen". Konkret bedeutet das, dass der Einschluss in das Asylrecht von manchen den Ausschluss von anderen bedingt: *Saying yes to some means saying no to others.*[77] Damit haben sich im Laufe der Jahrzehnte zahlreiche Philosoph*innen und Kulturwissenschaftler*innen (interessanterweise allesamt keine Jurist*innen) beschäftigt, von Jacques Derrida über Michel Foucault bis hin zu Judith Butler: Manche in einer Kategorie, einem Schutzanspruch, einer Nation einzuschließen, geht notwendigerweise damit einher, andere auszuschließen. Das klingt paradox und ist es auch.

Tatsächlich trifft diese Form des exkludierenden oder differenzierten Einschlusses, im Englischen bekannt als *differential inclusion*, den Kern der paradoxen Wirkweise von Grenz- und Asylregimen. In ihrem Standardwerk *Border as Method* (2013) beschreiben der Politiktheoretiker Sandro Mezzadra und der Kulturwissenschaftler Brett Neilson diese Dynamik als den doppelten und im Kern widersprüchlichen Effekt, den Grenzen und Grenzstrategien haben, indem sie zu unterschiedlichen Subjektpositionierungen führen.[78] Grenzpraktiken sind in diesem Sinn nicht statisch, sondern dynamisch und reichen über die rein physische Grenze hinaus, etwa wenn sie ihre Fortsetzung in *internal bordering practices* wie beschränktem Arbeitsmarktzugang für gewisse Einwanderer*innengruppen (siehe Kapitel 7 - „Ankunft") oder erhöhter Polizeikontrolle für migrantisch gelesene Menschen finden[79] (siehe Kapitel 8 - „Aufstieg"). Somit können Grenzpraktiken sowohl als „Bremse für Gerechtigkeit" als auch als „Kanal zur Ungerechtigkeit" fungieren.[80] Sie beschränken (den Zugang zu) Recht(en), ermöglichen aber gleichzeitig auch erst die praktische Zuerkennung von Rechten. Manche werden hineingelassen, manche müssen draußen bleiben, und das nicht unbedingt nach logisch oder rechtlich nachvollziehbaren Kriterien, würden doch auch zunehmend „illegale" Migrant*innen insofern inkludiert, als ihre Arbeitskraft benötigt werde.[81] Damit sei die Grenze, aber auch das Recht, das sie zu repräsentieren und exekutieren vorgibt, gleichermaßen ein Instrument des Einschlusses und Ausschlusses.[82]

Besonders augenscheinlich wird diese Gleichzeitigkeit im Flüchtlingsschutz: Im Kern ist die Genfer Flüchtlingskonvention ein Unterscheidungskatalog, der nach (mehr oder weniger) klaren Kriterien festlegt, wer „hineindarf" (sowohl rechtlich in die Schutzkategorie des „Flüchtlings" als auch räumlich in das aufnehmende Staatsgefüge) und wer „draußen" bleiben muss. Das traf im Kern schon auf das griechische *asylon* zu: Hätte jeder Anspruch auf die besondere Schutzherrschaft der Götter, würde die ausgezeichnete Stellung des Asylsuchenden als jemand, der den Göttern *besonders* nahestand, obsolet werden. Schließlich wären dann alle den Göttern *gleich* nah, womit auch die Existenz eines heiligen (also nicht alltäglichen) Orts wie des *asylons* redundant würde. Umgelegt auf die moderne Kodifizierung dieses Asylanspruchs in der Genfer Flüchtlingskonvention muss festgehalten werden, dass diese „zwar Schutz für eine sehr eng umrissene Gruppe von Menschen [schafft], damit aber zwangsläufig andere vom internationalen Schutz aus[schließt]", so die deutsche Politikwissenschaftlerin Nele Kortendiek.[83] Paradoxerweise sorgt also erst die Existenz der verbrieften Flüchtlingsrechte durch die Genfer Flüchtlingskonvention dafür, dass es (grob) zwei Kategorien von Verfolgten gibt: jene, die als „Flüchtlinge" anerkannt werden und einen Schutzstatus zuerkannt bekommen, und jene, die abgewiesen werden. „Universell" sind Flüchtlingsrechte also nur in ihrer Abstraktion, aber niemals in der Konkretisierung.

Diese grundsätzlich richtige Feststellung scheint im Europa des 21. Jahrhunderts aber eine extreme Form der Auslegung gefunden zu haben: Vermutlich, um das teure, sakrosankte Recht auf Asyl so hehr und wertvoll wie besonders zu erhalten, wird der Zugang zu diesem Recht immer weiter erschwert. Europa im Allgemeinen und die EU im Besonderen halten weiterhin offiziell das Recht auf Asyl hoch, unternehmen aber gleichzeitig wirklich alles, damit der Zugang zu diesem Recht immer schwieriger bis komplett unmöglich wird. Nicht von ungefähr nennt die Asylexpertin Pauline Endres de Oliveira den legalen Zugang zu internationalem Schutz die „Gretchenfrage" im Flüchtlingsrecht.[84]

Selbst die Aktivierung der Massenzustromrichtlinie für ukrainische Geflüchtete könnte man mit Blick auf die Ein- und Ausschlussdynamik des sakrosankten Asylrechts als gefährlich, zumindest aber als zu kurz greifend werten: Während kurzfristig betrachtet die Gewährung von temporärem Schutz für Ukrainer*innen als sinnvoll auf der gesellschaftlichen und hilfreich auf der individuellen Ebene zu werten ist, so bleibt der Schutzstatus, wie sein Name schon besagt, *vorübergehend*. Nicht nur, dass er unter Einbeziehung der aktuellen Lage im Herkunftsland regelmäßig erneuert werden muss, er räumt Ankommenden auch weniger umfassende (aber dafür von den politischen Interessen der EU abhängige) Rechte ein, als das ein Asylstatus tun würde, und ist je nach Mitgliedstaat unterschiedlich ausgestaltet. Vor allem bedeutet temporärer Schutz, wie die Politikwissenschaftlerin Zeynep Şahin-Mencütek argumentiert, eine „dauerhafte Ambiguität" für Betroffene, weil sie nicht sicher sein können, wie lange dieser gelten wird.[85] Die Bewertung, wann das Herkunftsland wieder als sicher genug für eine Rückkehr gilt, obliegt den Aufnahmestaaten beziehungsweise der Europäischen Kommission. Nicht von ungefähr wurde die Schaffung des (meist schwächeren) *temporären* Schutzes für die *dauerhafte* Unterbringung von Vertriebenen, wie er etwa in der Türkei im Rahmen des EU-Türkei-Abkommens geschaffen wurde, in der Vergangenheit immer wieder heftig kritisiert – schon allein die Begriffe verdeutlichen die Absurdität einer solchen Konstruktion.[86] Erst die Zeit wird zeigen, wie rasch und pragmatisch die EU und ihre Mitgliedstaaten den Umstieg von vorübergehendem auf dauerhaften Schutz ermöglichen werden, sollten ukrainische Flüchtlinge länger im Exil bleiben (müssen).

Die Über-Nacht-Aktivierung einer speziellen Schutzkategorie für ukrainische Ankommende birgt aber nicht nur gegenüber dem klassischen Asylstatus, sondern auch in sich selbst eine perfide Logik des Ein- und Ausschlusses, vor allem für aus anderen Ländern und Vertreibungskontexten Stammende. Letztere standen zwar wie die ukrainischen Flüchtlinge an der polnischen Grenze, wenn auch an einem anderen Grenzübergang, doch galt für sie kein temporärer Schutz, ebenso wenig wie der Zugang zur Asylantragstellung. Diese zum Teil völkerrechtswidrigen Vorgänge im Herbst und Winter 2021 verdeutlichten das Asylparadox in all seiner schauderhaften Pracht.

Denn während in Österreich der bundesweit vierte Lockdown ausgerufen worden war, herrschte einige tausend Kilometer entfernt an der polnisch-belarussischen Grenze ein ganz anderer Ausnahmezustand, ohne dass weite Teile der EU groß Notiz davon nahmen. Mehrere Tausend Menschen, darunter auch Kinder und Kleinkinder, mussten wochenlang im sumpfigen Grenzgebiet Polens bei eisigen Temperaturen und mangelhafter Versorgung ausharren. Vom belarussischen Machthaber Alexander Lukaschenko, oft als „letzter Diktator Europas" bezeichnet, wurden sie unter größter nationaler Kraftanstrengung in diese Lage gebracht. Gerüchteweise verlangte das belarussische Regime bis zu 10.000 Euro von Schutzsuchenden, um sie durch gezielt geöffnete Fluglinien einzufliegen, zunächst in inländischen Hostels unterzubringen und in weiterer Folge an die Grenze zu Polen, Lettland oder Litauen zu transportieren, wo sie den Übertritt versuchten. Im offenen Bruch geltenden Völkerrechts verwehrten ihnen EU-Staaten, allen voran Polen, den Grenzübertritt und drängten Ankommende sogar gewaltsam zurück – teilweise mit Tränengas, Panzern und Schlagstöcken.

Nachdem Belarus sie nicht zurücknahm und sie erst recht nicht in ihre Herkunftsländer mit prekärer Sicherheitslage (allen voran Syrien, Afghanistan und Irak) zurückkehren konnten, waren Schutzsuchende in dieser Pattstellung zwischen zwei Großmächten – der EU auf der einen Seite und Belarus mit Rückendeckung Russlands auf der anderen Seite – gefangen. Für sie gab es monatelang kein Vor und kein Zurück. Mehrere Menschen kamen durch Erfrieren oder weil ihre akuten oder chronischen Erkrankungen nicht behandelt werden konnten, zu Tode, darunter ein einjähriger Bub.[87] Verlässliche Berichte über Tragödien wie diese zu erhalten war nicht zuletzt deshalb schwierig, weil Polen sein Grenzgebiet zur Ausnahmezone erklärt hatte und weder Journalist*innen noch Hilfsorganisationen vorließ. Um die Jahreswende lag der vermutete *death count* bei 19 Menschen. Nur Wochen später nahm Polen innerhalb kürzester Zeit über zwei Millionen (!) Schutzsuchende aus der Ukraine auf. An entsprechenden Kapazitäten schien es also nicht zu mangeln, umso mehr aber am politischen Willen.

Denn die Bewertung der im polnisch-belarussischen Grenzgebiet Gestrandeten fiel gänzlich anders aus als die der Flüchtlinge aus der Ukraine. Medial wie politisch wurde die Pattstellung zwischen Polen und Belarus zum „hybriden Krieg" hochstilisiert, was in Anbetracht des kurz darauf tatsächlich ausbrechenden Krieges nur mehr zynisch wirkt. Es wurde von einer „aussichtslosen" Lage gesprochen und davon, dass Schutzsuchende als „Waffen" gegen Polen bzw. die EU eingesetzt würden. Die Kommission erfand eiligst neue Rechtsinstrumente, um die Lage an der Grenze zu „entschärfen", und redete auf Polen ein, doch zumindest die Grenzschutzagentur Frontex, die ihren Sitz ausgerechnet in Warschau hat, ins Grenzgebiet vorzulassen, um die Situation zu entschärfen und die Wahrung völkerrechtlicher Vorgaben sicherzustellen. Ein besonders geschichtsvergessenes, noch dazu bundesdeutsches Medium titelte sogar: „Polen darf nicht fallen!" Da war man hierzulande fast dankbar für die typisch österreichische Reaktion auf globale Konfliktherde: Stehen die Flüchtlinge nicht gerade vor der *eigenen* Grenze, reagiert man von jeher mit Schulterzucken oder gar kompletter Negation des Themas, war man doch gerade auch mit wichtigeren, hausgemachten Brennpunkten befasst, von Inseratenkorruption bis Impfgegner*innen.

Von denjenigen, auf die eingeprügelt, auf die mit Schlagstöcken und Tränengas geschossen wird, als „Waffen" zu sprechen, ist an sich schon absurd. Mit Blick auf die russischen Bomben, die wenig später nur dreißig Kilometer von der polnischen Grenze entfernt fielen, ist es politisch gesehen fast dummdreist. Wesentlich ist aber: Solche Narrative der *weaponisation* von Geflüchteten und der vermeintlichen Ausweglosigkeit dieser Situation („Was soll die arme EU auch sonst machen?") sind nur möglich, weil das darunterliegende Fluchtparadox, das die nationale wie europäische Flüchtlingspolitik kennzeichnet, nicht als solches kenntlich gemacht, sondern normalisiert wird.

Denn trat man einen Schritt zurück, so mutete die ganze Situation bizarr an, weil die EU ja *genau dafür* erprobte und taugliche Instrumente zur Verfügung hätte, um die Lage zu entschärfen, vor allem aber, um Lukaschenkos Drohgebärden ins Leere laufen zu lassen: Die gestrandeten Menschen zu evakuieren, ihr Asylansuchen aufzunehmen und in einem dafür vorgesehenen rechtsstaatlichen Verfahren entscheiden zu lassen, und schließlich all jene mit positivem Ausgang dauerhaft aufzunehmen. Tatsächlich wurde die Genfer Flüchtlingskonvention mit Blick auf ebensolche Instrumentalisierung Geflüchteter, die fast so alt ist wie moderne Massenfluchtbewegungen selbst, ins Leben gerufen. Ähnlich wie die österreichische Verfassung in ihrer Eleganz, wie man hierzulande spätestens seit der Ibiza-Affäre weiß, für jede noch so (un-)mögliche innenpolitische Entwicklung das richtige Prozedere vorgibt, ist die Genfer Flüchtlingskonvention darauf ausgelegt, solcherlei Pattstellungen durch aufnahmeverweigernde Zielländer zu verhindern.

Als beispielsweise während des Zweiten Weltkriegs die Schweiz eine Einreisesperre für Ausländer*innen verhängte, die allein aus „rassischen" Gründen verfolgt wurden, waren jüdische Geflüchtete aus Deutschland in ähnlicher Weise zwischen den Staaten gefangen. In der Zeit des Nationalsozialismus versuchte das Deutsche Reich mehrmals, seine Nachbarstaaten durch Flüchtlingsströme zu destabilisieren und zu demoralisieren.[88] Immer wieder wurden Heimatvertriebene als Spielball und Schutzschild eingesetzt, um Instabilität und Chaos zu erzeugen oder sich am Gegner zu rächen. Als Recht-

und Staatenlose gerieten sie nur allzu rasch in die Schusslinie zweier sich feindlich gegenüberstehender Staaten(-gemeinschaften). Aus diesen und ähnlich unglücklich verlaufenen Episoden wollten die Unterzeichnenden der Genfer Flüchtlingskonvention lernen und schufen deshalb das Prinzip des Non-Refoulement, also das Verbot, Schutzsuchende nach Ankunft wieder zurückweisen, schon gar nicht durch Gewaltanwendung. Beides tat Polen in der Auseinandersetzung mit Belarus trotz gegenteiliger (Völker-)Rechtslage, und befand sich damit leider in schlechter Gesellschaft. Seit der Verabschiedung der Flüchtlingskonvention im Jahr 1951 lassen sich mehr als fünfzig Fälle rekonstruieren, in welchen Migrant*innen und Geflüchtete in zwischenstaatlichen Auseinandersetzungen als Druckmittel für die Durchsetzung unterschiedlichster Interessen instrumentalisiert wurden, von Kuba über Haiti bis in den Kosovo.[89]

In jüngerer Vergangenheit bewies vor allem der türkische Premier Recep Tayyip Erdoğan, dass er die Klaviatur solcher Instrumentalisierung meisterhaft beherrscht: Um seine machtpolitischen Interessen durchzusetzen, droht er immer wieder damit, syrische Geflüchtete in die EU zu schicken. Im Falle der Türkei ist es besonders augenscheinlich, dass die erpressbare Position Europas hausgemacht ist, wurde doch Erdoğan im Rahmen des EU-Türkei-Abkommens eben jenes „Druckmittel" (für viel Geld) von der EU anvertraut, das er einige Zeit später gegen sie einsetzte. Tausende syrische Geflüchtete an die Landgrenze zu Griechenland zu schicken war ihm nur möglich, weil sein Land seit 2016 schätzungsweise knapp vier Millionen Syrer*innen[90] untergebracht hatte. Mit diesem Rekordwert ist die Türkei seit Jahren und mit großem Abstand das Top-Aufnahmeland Geflüchteter weltweit, bei gleichzeitig fehlender Integrationsbegleitung, eingeschränkter Gesundheitsversorgung und einem möglichen, aber nicht garantierten Arbeitsmarktzugang für Aufgenommene.[91] Das führte unweigerlich zu Spannungen mit der lokalen Bevölkerung, verschärfte Ablehnungstendenzen und wurde zu einer innenpolitischen Belastung für Erdoğan. Der EU war das leidlich egal, solange niemand nach Europa kam, was Erdoğan sicherstellte. Aber eben nur, weil er in den syrischen Geflüchteten wertvolle Verhandlungsmasse sah.

Denn Schutzsuchende sind zu einem vielseitig einsetzbaren und damit attraktiven Hebel in politischen Auseinandersetzungen geworden: Ging es Erdoğan um die Gasvorkommen im Mittelmeer, so stand beim ähnlich gelagerten Fall in der spanischen Exklave Ceuta im Mai 2021, als Marokko die polizeiliche Bewachung der Grenze kurzfristig aussetzte und damit hunderte Menschen, darunter viele Minderjährige, nach Europa losschickte, ein diplomatischer Affront um die ehemalige spanische Kolonie Westsahara im Hintergrund.[92] Lukaschenko wiederum reagierte mit dem Ankarren tausender Geflüchteter an die polnische Grenze auf die empfindlichen Sanktionen, mit denen er von der EU seit dem Frühjahr belegt worden war – und im Hintergrund, so die Vermutung, zog bereits Wladimir Putin seine Fäden, zu dessen Handlanger der belarussische Präsident längst geworden war. Umso bizarrer wirkt da ein Vorschlag aus dem November 2021, man solle doch die im Grenzgebiet gestrandeten Geflüchteten ausgerechnet in die Ukraine externalisieren.[93] Was nach Ausbruch des Krieges geschehen wäre, wenn man nur wenige Wochen davor tatsächlich mehrere tausend Syrer*innen, Afghan*innen und andere Schutzsuchende nach Kiew gebracht und von dort mit EU-Geldern verteilt und untergebracht hätte, möge sich die geschätzte Leserin, der geschätzte Leser selbst ausmalen.

Putins Hebel gegenüber dem Westen wäre jedenfalls noch wesentlich größer ausgefallen als sein jetziger in Form von Erdgaslieferungen, hat der russische Präsident mit dem türkischen und belarussischen doch gemein, dass er mit wenig Aufwand die Sollbruchstelle der EU aufspürte. Denn aus der EU-Asylpolitik der letzten Jahre (man erinnere sich: *Abschottung, Abgrenzung, Auslagerung*) lässt sich aus Perspektive all dieser Machthaber wohl folgerichtig ableiten, dass sich die Europäer*innen vor nichts mehr fürchten als vor der Ankunft Schutzsuchender. Der Politikwissenschaftler Johannes Siegmund nennt dies treffend die „Zerbrechlichkeit der Sesshaften", deren Panik durch die Begegnung mit Flüchtenden getriggert werde.[94]

Im Fall der zwischen Polen und Belarus Gestrandeten führt dies dazu, dass ein paar hundert Schutzsuchende dazu geeignet sind, das europäische Wertefundament und seine Rechtsstaatlichkeit ins Wanken zu bringen. Denn die versuchte Instrumentalisierung von Flüchtenden gelingt nur dann – wie es die Völkerrechtlerin Dana Schmalz auf den Punkt bringt –, „wenn die andere Seite tatsächlich die Ankunft von Schutzsuchenden als Aggression zu betrachten gewillt ist. Das ‚Verwaffentlichen' von Personen erfordert also beide Seiten. [...] Menschen einreisen zu lassen oder zur Grenze zu bringen, [wird] bedeutsam erst in Kombination mit einem begleitenden Diskurs, welcher diese Menschen zu einer bewusst gesteuerten Gefahr oder Last erklärt."[95]

Dass es auch anders geht, zeigte der Umgang Europas mit Schutzsuchenden aus der Ukraine im Frühjahr 2022: Auch hier bestand die reale Gefahr, wie viele Kommentator*innen anmerkten, dass in Putins Kalkulation des Angriffskriegs gegen die Ukraine auch die damit ausgelöste Fluchtbewegung miteingerechnet sei.[96] Es wäre nicht das erste Mal gewesen, dass der russische Präsident die Angst Europas vor Schutzsuchenden zu nutzen wusste. Flüchtende sind kein „Designfehler" solcher Aggressionen, sondern Teil einer größeren Strategie: Ihre massenhafte Ankunft in Nachbarländern soll zu deren Überlastung, Destabilisierung und innenpolitschem Aufruhr führen. Denn solange Zielländer die Ankunft von Schutzsuchenden wahlweise als Belastung und/oder Bedrohung wahrnehmen und diese Lesart auch noch aktiv (nämlich nach innen hin) verstärken, so lange bleiben asylsuchende Menschen tatsächlich „Massenmigrationswaffen", wie es die US-amerikanische Politikwissenschaftlerin Kelly Greenhill schon vor mehr als zehn

Jahren nannte.[97] Dass sich Europa, allen voran ausgerechnet die bis dato aufnahmeskeptischen Visegrád-Staaten, geeint und solidarisch gegenüber ukrainischen Geflüchteten zeigte, dürfte nur eine der zahlreichen Fehlkalkulationen Putins in diesem Krieg gewesen sein. Mit Blick auf globale Flüchtlingsdynamiken hätte ihm das nicht passieren dürfen, denn 72 % der Geflüchteten weltweit sind in Nachbarstaaten untergebracht.[98] Was Polen, Ungarn, Moldau und die Slowakei nach Kriegsausbruch machten, war also nur folgerichtig: Flüchtlingsaufnahme wurde Teil des aktiven *war efforts* solidarischer Nachbarstaaten.

Daraus lässt sich auf gut Österreichisch folgern: Es geht ja, wenn man nur will. Auch angesichts der Situation in Polen und Belarus wäre es möglich gewesen, den Druck herauszunehmen und Geflüchtete nicht zum Spielball zweier Machtblöcke werden zu lassen. Weder bräuchte es einen neuen „Flüchtlingsdeal", der die EU nur wieder erpressbar macht und private Sicherheitsfirmen an Einfluss gewinnen lässt, noch ein neues Migrationspaket oder gar eine Aufweichung geltender Asyl-Regelungen. Im Gegenteil, es müsste einfach nur geltendes Recht umgesetzt werden: Das Recht, auf europäischem Boden einen Asylantrag stellen zu dürfen. Nicht mehr und nicht weniger wollten die im sumpfigen Grenzgebiet zwischen Polen und Belarus Gestrandeten. Und genau das würde den wiederholten Erpressungsversuchen durch Drittstaaten den Stachel ziehen, weil bei Aufnahme und Verteilung von Flüchtlingen die vermeintliche „Waffe" wirkungslos bliebe, und somit am Ende keine wäre. Wenn Europa zeigt, dass es zu seinen in Rechte gegossenen Werten steht, wie etwa zur Internationalen Menschenrechtscharta, dann läuft jede Drohgebärde ins Leere. Aber genau diesen Lösungsweg – sowohl für Europas Werte als auch für die gestrandeten Menschen – will die EU immer seltener beschreiten, sondern setzt stattdessen auf Fortifizierung und Militarisierung ihrer Grenzen zur Abwehr von Schutzsuchenden.

Europa reagiert damit genauso, wie es sich beleidigte Machthaber mit ihren plumpen Instrumentalisierungsversuchen wünschen, entfalten ihre Provokationen doch erst dann ihre Wirkung, wenn die Gegenseite tatsächlich darauf einsteigt. Europäische Mitgliedstaaten (mit oder ohne Außengrenzen) taten das in der Vergangenheit nur allzu bereitwillig – Hauptsache, es kommen keine Flüchtlinge mehr an. Für dieses primäre Ziel nimmt man schon mal eine Aufrüstung seiner Grenzen oder die Aufgabe rechtlicher Grundlagen und Werte in Kauf. Wobei, Letzteres ist nicht ganz korrekt: Nach *innen hin* beruft sich die EU weiterhin auf ihre rechtlichen Grundlagen und ihren Wertekanon. Und tatsächlich muss man den meisten Mitgliedstaaten zugutehalten: Das Non-Refoulement-Prinzip wird, so denn Menschen einmal die Grenze passieren konnten, in den meisten Fällen eingehalten. Nur soll das eben so selten wie möglich nötig sein, weshalb *nach außen hin* fortifiziert, militarisiert und abgewehrt wird.

Die immer häufiger werdende Instrumentalisierung von Schutzsuchenden verdeutlicht damit den Kern des Asylparadoxes: Rechtliche Grundlagen wie die Genfer Flüchtlingskonvention, die Europäische Menschenrechtskonvention und die Europäische Grundrechtecharta bleiben (im Großen und Ganzen) aufrecht, aber der Zugang zu diesen Rechten wird immer schwieriger. In Europa hat das Recht, einen Asylantrag zu stellen, weiterhin Gültigkeit, während die EU aber fast alles unternimmt, damit Menschen gar nicht erst in die Lage (nämlich auf europäisches Territorium) kommen, dies zu tun. Indem das Recht, die eigenen Grenzen zu schützen, weil etwa „die öffentliche Ordnung bedroht" wäre, immer öfter und konsequenter (und weit über den akuten Anlassfall hinaus) über den Flüchtlingsschutz gestellt wird, höhlt es diesen sukzessive aus. Gefährlicher Endpunkt von immer mehr Grenzsicherung und Einwanderungsbeschränkungen wäre, wie es sich an den europäischen Außengrenzen immer öfter bereits im Keim erkennen lässt, eine vollkommene Verweigerung des Zugangs zu internationalem Schutz. Das ist das paradoxe Fundament des unsäglichen Schauspiels im polnisch-belarussischen Grenzgebiet genauso wie im Mittelmeer und auf dem Westbalkan.

Das ganze Gewicht dieses Paradoxes als eine im Wesentlichen untragbare, weil in sich widersprüchliche Situation bekommen aber nicht nur Flüchtlinge, sondern auch EU-Mitgliedstaaten zu spüren – nämlich vor allem dann, wenn sie meinen, beiden in diesem Dilemma enthaltenen Ansprüchen gerecht werden zu müssen. So fiel Kroatien, das auf einen baldigen Beitritt zum Schengenraum hofft, in den letzten Jahren immer wieder durch Berichte über gewaltsame Pushbacks von Schutzsuchenden auf. Im Herbst 2021 wurde gar von vermummten Polizisten berichtet, die eben nicht als solche erkennbar sein wollten, weil sie mit Schlagstöcken auf ankommende Migranten eingeprügelt oder sie gefesselt in einen Fluss geworfen haben sollen. Finanziert wird der Grenzeinsatz der kroatischen Polizei, vor allem ihre Überstunden, Ausrüstung und Unterkünfte, durch EU-Steuergeld: Seit 2014 hat die Kommission dem Land rund 177 Millionen Euro aus dem Asyl-, Migrations- und Integrationsfonds und dem Inneren Sicherheitsfonds zugewiesen.[99]

Doch nicht nur materiell, auch ideell scheint eine gewisse Unterstützung seitens der EU vorhanden. Eben weil man sich als Schengen-Beitrittskandidat möglichst mustergültig zeigen wollte, legte Kroatien, wie man zynisch formulieren könnte, besonderen Fleiß bei der Sicherung der Außengrenzen an den Tag. Dass diese das erklärte prioritäre Ziel der Europäischen Union darstellt, stand für den Mitgliedstaat spätestens seit 2015 außer Frage. Nachdem aber im Dezember 2021 der Anti-Folter-Bericht des Europarates öffentlich wurde,[100] den Kroatien bis zuletzt zurückzuhalten versucht hatte, war auch die Kommission gefordert, das kroatische Vorgehen an der Grenze zu verurteilen: Von zahlreichen Rückweisungen nach Bosnien und schweren Misshandlungen durch Schlagstöcke und andere harte Gegenstände war zu lesen.[101] Das führte dann doch zu scharfer Kritik zahlreicher anderer Mitgliedstaaten und entfachte Diskussionen über den Schengen-Beitritt, solle doch dieser, so besagt es zumindest das Koalitionsabkommen der neuen deutschen Bundesregierung, das fast zeitgleich mit dem Anti-Folter-Bericht veröffentlicht wurde, nur bei „Einhaltung von Rechtsstaatlichkeit und humanitären Standards" erfolgen.[102]

Kroatien fand sich somit im Asylparadox gefangen, und trägt gleichzeitig noch weiter zu dessen Sedimentierung bei: Einerseits signalisiert die EU immer wieder, wie wichtig ihr undurchlässige, fortifizierte Grenzen sind. Andererseits pocht sie auf die Einhaltung ihrer Werte und Grundrechte. Irgendwann, so musste Kroatien lernen und müssen viele Flüchtlinge am eigenen Leib erfahren, geht sich das alles nicht mehr aus. Selbst Polen, so lässt sich argumentieren, war Adressat widersprüchlicher Ansprüche der Union: Die systematische Rechtsmissachtung durch Verweigerung des Zugangs zum Asylrecht wurde vom Europäischen Gerichtshof für Menschenrechte immer wieder festgestellt und eine entsprechende Kurskorrektur mit Blick auf den allgemeinen Zustand seiner Rechtsstaatlichkeit eingefordert.[103] Dennoch stellte sich die EU im Herbst 2021 geschlossen hinter das Land und bekräftigte, dass es „attackiert" würde und damit das Recht auf „Selbstverteidigung" gegen die Ankunft Schutzsuchender hätte.

Europäische Ankunftsstaaten wie Polen und Griechenland sind Betroffene und systemerhaltender Teil des Asylparadoxes gleichermaßen. Der inhärenten Widersprüchlichkeit können sie nicht gerecht werden, diese einer Auflösung zuführen können (und wollen) sie aber auch nicht. Als Konsequenz wird diese Widersprüchlichkeit an die schwächsten Glieder in der Kette, nämlich Schutzsuchende, weitergegeben: Für sie verkörpert die EU das Recht auf Asyl, aber zugleich auch die (gewaltsame) Abwehr, dieses in Anspruch zu nehmen. Ankunftsstaaten sind somit höchst ambivalent für Geflüchtete: „Sie sind Lösung und Problem zugleich", so der Philosoph Daniel Kersting.[104]

Einerseits verheißt eine Aufnahme im jeweiligen Staatsgefüge Schutz und damit Sicherheit, Rechtsstaatlichkeit und Freiheit (und damit ganz allgemein bessere Lebenschancen) für Geflüchtete, andererseits aber geht mit dieser Schutzmacht des Staates eben auch einher, dass er Nicht-Aufnahmeberechtigte (die nach ebendiesen rechtsstaatlichen Prinzipen als solche identifiziert wurden) ausschließen darf. Es braucht auch im Zeitalter des universellen Anspruchs der Menschenrechte weiterhin den Staat, um abstrakte Grundrechte zu konkretisieren und zur Anwendung zu bringen. Die Praxis des europäischen Asylwesens bringt das noch deutlicher auf den Punkt: Die Anerkennung eines Asylansuchens gilt weiterhin nur für den jeweiligen Mitgliedstaat, in dem dieses Ansuchen gestellt wurde, allen Bemühungen um ein harmonisiertes gemeinsames Europäisches Asylsystem (GEAS) und Plänen für eine neue Asylagentur zum Trotz.[105]

Neben der verkörperten Hoffnung auf Schutz hat der Staat also gleichzeitig auch das Gewaltmonopol inne und stellt damit auf mehreren Ebenen eine Bedrohung für Schutzsuchende dar. Im physischen Sinne durch Grenzgewalt, die sich an Europas Außen- wie Innengrenzen in Form von Tränengas, Wasserwerfern und prügelnder Bürgerwehr oder Grenzpolizei materialisiert. Das wurde in den letzten Jahren so sehr normalisiert, dass aufgedeckte Fälle oft gar keine umfassende Berichterstattung mehr wert sind, wirkt es doch nur noch wie *more of the same*. Journalist*innen, die seit Jahren akribische Recherche zu den Grenzpraktiken der EU betreiben, hadern merkbar damit, wie selten ihre Reportagen über vermummte kroatische Grenzpolizei oder an Hypothermie sterbende Kinder im sumpfigen Grenzgebiet Polens einen öffentlichen Aufschrei auslösen – allzu regelmäßig kehren solche Bilder wieder. Bei der Grenzgewalt, die Europa gegenüber Schutzsuchenden anwendet, kann keineswegs mehr von einem beklagenswerten Fehlverhalten Einzelner die Rede sein.

Doch Geflüchtete erleben nicht nur physische Gewalt durch den Staat, in dessen Obhut sie sich begeben wollen oder haben. Im übertragenen Sinne passiert Gewalt an Asylsuchenden auch durch Ausschluss, Verweigerung der Annahme eines Asylansuchens und Abschiebung sowie durch das langanhaltende Verwehren von Arbeitserlaubnis und die damit einhergehende Kriminalisierung Schutzsuchender, sowie durch die Verletzung ihrer grundlegendsten Bedürfnisse. Am augenscheinlichsten wird das im staatlichen Umgang mit den Schutzbedürftigsten unter ihnen, geflüchteten Kindern und Jugendlichen.

So etwa unterscheiden sich die Tagsätze, die für die Betreuung und Unterbringung von Fluchtwaisen in Österreich zur Verfügung gestellt werden, wesentlich von jenen, die für österreichische Kinder in Fremdbetreuung vorgesehen sind: Während die Tagsätze in der Kinder- und Jugendhilfe bedürfnisabhängig bestimmt werden und bei 120 Euro beginnen (sich jedoch, je nach Anlassfall, auf 800 Euro und darüber hinaus belaufen können), sind sie bei Fluchtwaisen mit 95 Euro pro Kind gedeckelt. Diese 95 Euro stellen den vom Bund vorgegebenen Höchstbetrag dar, manche Bundesländer wie etwa das Burgenland unterschreiten diese Grenze sogar noch.[106] Tatsächlich aber haben Kinder, egal welchen Aufenthaltsstatus sie besitzen, die gleichen Grundbedürfnisse – eine Feststellung, die fast banal wirkt, vor dem Gesetz aber nur bedingt Gültigkeit besitzt. Das kritisierte im Juli 2021 auch die von der Bundesregierung eingesetzte Kindeswohlkommission unter der Leitung der ehemaligen Präsidentin des Obersten Gerichtshofs und Nationalratsabgeordneten Irmgard Griss. Der Tagsatz sei „zu gering, um die notwendige qualitätsvolle Betreuungsarbeit sicherzustellen". Das diskriminiere asylsuchende Kinder, so die Kommission, und komme einer Ungleichbehandlung mit österreichischen Kindern gleich.[107]

Hier zeigt sich die Ambivalenz des Staates gegenüber schutzsuchenden Menschen in Reinform: Unbegleitete geflüchtete Kinder sind der jeweiligen Betreuungssituation, die der Staat (nicht) zur Verfügung stellt, alternativlos ausgesetzt, sodass zwar ihre Grundbedürfnisse, wie die Kindeswohlkommission festhält, nicht ausreichend erfüllt werden (können), sie aber gleichzeitig auf Schutz durch Asylgewährung hoffen dürfen. Der Staat verkörpert für die Kinder andauernde legitimierte Ungleichbehandlung, nicht zuletzt in Form institutioneller Gewalt durch mangelhafte, nicht kindgerechte Unterbringung, bei gleichzeitiger Aussicht auf dauerhafte Aufnahme, womit alle Rechte und Versorgungsleistungen für Waisenkinder mit gültigem Aufenthaltsstatus einhergehen.[108] Zusätzlich zum demokratischen Paradox (siehe Kapitel 5 – „Grenzen") zeigt sich im Zusammenhang mit unbegleiteten minderjährigen Geflüchteten damit auch etwas, das die österreichischen Politikwissenschaftlerinnen Ayse Dursun und Birgit Sauer als *asylum-child welfare paradox* bezeichnen: Restriktive Asylgesetzgebung und -diskurse, die von Versicherheitlichung, Kontrolle und Bestrafung geprägt sind, treffen auf einen Fürsorgediskurs im Zusammenhang mit der Kinder- und Jugendhilfe.[109] Das geflüchtete Kind ist an der Schnittstelle dieser beiden, einander diametral gegenüberstehenden, Regime positioniert und trägt die gesamten Kosten einer widersprüchlichen Normenausgestaltung, sowohl innerstaatlich als auch im Konflikt mit universellen Rechten stehend.

Somit fügt sich die Rolle des Staates als ein weiterer Baustein in unseren paradoxen Umgang mit Flucht und Asyl. In seiner Verdichtung in Form der Staatsgrenze bedeutet er insgesamt ein hohes Risiko für Asylsuchende, eben weil sie nicht auf legale (das heißt: vom Staat anerkannte) Wege der Einreise zurückgreifen können. Erst dadurch kann das Asylparadox überhaupt aufrechterhalten und weiter zementiert werden. Der Staat ist Barriere und Möglichkeit zugleich, er bedeutet Verheißung (eines besseren Lebens) und Bedrohung (durch physische Gewalt an seinen Grenzen und rechtlichen Ausschluss) gleichermaßen.

Das christliche Credo, die Sünde und nicht den Sünder zu verachten, scheint Europa in sein Gegenteil verkehrt zu haben:

Europäische Staaten „continue to embrace asylum, but spurn the asylum seekers" (dt. „begrüßen weiterhin das Asylrecht, aber schmähen die Asylwerber*innen"), so die lapidare Feststellung des britischen Fluchtforschers Matthew Gibney.[110] Die Genfer Flüchtlingskonvention aufrechtzuerhalten ist für europäische Migrationspraktiken gleichbedeutend damit geworden, drastische Grenzsicherungsregime aufzuziehen, damit eben niemand zu Unrecht in den Genuss dieses hohen Guts kommt. Im Zweifelsfall lieber zu viele (Legitime) aus-, als einige wenige Illegimitierte einschließen. Daraus folgt paradoxerweise, dass die Aufrechterhaltung von globalen Flüchtlings- und Menschenrechten gleichzeitig auch das Bestehen (und Verstärken) von Migrationskontrollen und Grenzsicherung legitimiert.

Der Effekt an den Grenzen ist infolgedessen einer der moralischen Aufladung, wie der deutsche Soziologe Bastian Vollmer festhält. Was derzeit an Europas Außengrenzen stattfinde, sei eine „Moralisierung der Grenze", die den Balanceakt versuche, viele Menschen auszuschließen, aber gleichzeitig höchste moralische Standards aufrechtzuerhalten, für die die EU und ihre Mitgliedstaaten vermeintlich stünden. Dies werde durch politische Frames genauso aufrechterhalten, wie etwa die Debatte um sogenannte *deservingness*, also die Frage, wer es denn verdiene (häufig auch: wer leidend und/oder vulnerabel genug sei), in den Genuss des sakrosankten Asylrechts zu kommen, und wer davon ausgeschlossen werden müsse, um es nicht zu entwerten (dieser letzte Teil ist im Narrativ der *deservingness* nur implizit enthalten und wird selten artikuliert, Anm). Somit lässt sich auch erklären, warum Ukrainer*innen im März 2022 gleichzeitig als „nicht klassische Flüchtlinge", aber doch als „echte Flüchtlinge" gelten mussten: Nicht muslimisch, „kulturell fremd" und potenziell bedrohlich, aber mit „echtem" Schutzanspruch eben. Eine selten kreative sprachliche Verrenkung, die zur Abgrenzung von jenen notwendig schien, die diese Kriterien nicht erfüllten. Dies endet in dem von Vollmer definierten Grundsatz, nach welchem über Aufnahme oder Ablehnung entschieden werde: „[S]ome people do not deserve to be equally or treated in the way we (the ‚host' society) use to treat human beings" (dt. „[M]anche Menschen verdienen es nicht, gleichberechtigt oder so behandelt zu werden, wie wir (die Gesellschaft des ‚Aufnahmelandes') Menschen behandeln.")[111]

Die moralisierende Grenze mündet damit in eine *moral economy* („moralische Wirtschaft/lichkeit"), also eine Art moralisch aufgeladenes Tauschgeschäft, das sich sogar quantifizieren lässt: Sowohl in Frankreich als auch in Großbritannien ging die steigende Zahl von Asylwerbenden mit einem prozentuell niedrigeren Anteil von positiv beschiedenen Verfahren einher.[112] Mit dem wertvollen und höchst begehrten Gut „Asyl" muss eben möglichst sparsam und „wirtschaftlich" umgegangen werden. Je gefragter, desto teurer kommt es den Nachfragenden. In weiterer Folge erlaubt dies Politiker*innen zu argumentieren, sie würden erstens verantwortungsvoll, zweitens moralisch und drittens – und am wichtigsten – im Einklang mit rechtsstaatlichen Prinzipien und geltendem Völkerrecht agieren. „Wir können nicht alle aufnehmen", ist so faktisch richtig wie moralisch aufgeladen, baut es doch über die simple Feststellung tatsächlich gegebener Einschränkungen hinaus eine ganze Drohkulisse im Hintergrund auf, nämlich, dass vermeintlich auch „alle" aufgenommen werden wollten, ja dass „alle" auf ebendiese Aufnahme bereits an Europas Grenzen warten würden.

Grenzen sind somit auch in einem weiteren Sinn „moralisch" – nämlich dann, wenn Politiker*innen sie einsetzen, um „uns" gegen diese „alle" zu verteidigen und damit „unser" Sozialsystem, unsere „ethnonationale Solidarität",[113] unsere Wirtschaft und unseren Arbeitsmarkt.[114] Dieses Narrativ findet sich übrigens nicht nur bei Parteien rechts der Mitte: Wie oft verzweifeln Migrationsforscher*innen angesichts der glück- wie sinnlosen Argumentation linker Parteien, man müsse restriktive Einwanderungspolitik betreiben, um „Lohndumping" durch billige Arbeitskräfte aus dem Ausland zu verhindern und „unsere" Arbeiter*innen zu schützen. Dass nicht erst seit der Coronakrise genau diese Menschen eben „unsere" Arbeiter*innen *sind*, die „den Laden am Laufen halten", um die deutsche Altkanzlerin Angela Merkel zu zitieren, und damit multipler Prekarität, einer hohen Belastung, fehlender Anerkennung und gesundheitlichen Risiken ausgesetzt sind, übersieht das Narrativ des bösen Migranten, der „unsere" Arbeitsplätze stiehlt, geflissentlich (siehe Kapitel 9 – „Zugabe"). Dass genau hier ein riesiges Potenzial an politisch Heimatlosen und zu Mobilisierenden liegt, deren Interessen bisher niemand vertritt, wollen Parteien im linken Spektrum offenbar nicht sehen. Und dass es im 21. Jahrhundert eben vorrangig diese Menschen sind, die von klassischen sozialdemokratischen Versprechen wie Chancen- und Bildungsgerechtigkeit sowie sozialem Aufstieg profitieren würden, trauen sie sich offenbar nicht an- und aufzugreifen. Denn anders ist ihr konsequentes Ignorieren einer immer größer werdenden Gruppe der Wohnbevölkerung in Mittel- und Westeuropa (in Österreich hat fast ein Viertel der Einwohner*innen Migrationshintergrund) nicht zu erklären. Außer vielleicht mit ihrem fehlenden Wahlrecht – und genau dieses, oder noch weiter gefasst die höchste Form der Zugehörigkeit, nämlich die Staatsbürgerschaft, steht hinter dem Asylparadox, das in seiner reinsten Form nämlich ein demokratisches Paradox ist.

5. GRENZEN

Das wahrscheinlich folgenschwerste und grundlegendste Paradox, das dem Asylregime zugrunde liegt, besteht darin, dass „[d]ie, deren Menschenrechte verletzt werden, am seltensten in der Position [sind], sie einzuklagen.“[115] So formuliert es der Philosoph Daniel Kersting und verdeutlicht damit die Grundparadoxie, auf welcher das Asylparadox aufbaut: Das Spannungsverhältnis zwischen universellem Menschenrechtsanspruch auf der einen Seite und nationalstaatlicher Verfasstheit auf der anderen, welches von (post-)kolonialen und exilierten Autor*innen bis hin zu Hannah Arendt vielfältig thematisiert wurde.

Geflüchtete sind in zweifacher Weise nicht in der Position, ihre Rechte wahrzunehmen: Erstens wird ihnen, folgt man Hannah Arendts berühmter Formulierung, vielfach *das Recht, Rechte zu haben*, abgesprochen, anderseits fehlt es ihnen an materiellen und sozialen Ressourcen, dieses einzufordern. Denn in modernen Demokratien gilt der Grundsatz, dass alle, die von den geltenden Gesetzen betroffen sind, sich als deren Urheber*innen, als „Souverän“ verstehen können. Doch im Bereich Flucht und Migration kommt dieses Prinzip rasch an seine Grenzen: Sowohl Geflüchtete als auch Migrant*innen haben aufgrund fehlender Staatsbürgerschaft keine Möglichkeit, über Gesetze mitzuentscheiden, die sie ganz unmittelbar betreffen (und im Extremfall über den Verbleib im Land bis hin zum Überleben entscheiden). Sie gehören eben nicht zum *demos*, und somit nicht zum Souverän.

Damit ist das Asylparadox im Kern ein demokratisches Paradox, wie es unter anderem die französische Philosophin Chantal Mouffe in ihrem gleichnamigen Buch beschreibt.[116] Unausweichlich führe das Prinzip der demokratischen Gesetzgebung in einem Gemeinwesen dazu, dass manche darin eingeschlossen würden, während andere (nämlich Nicht-Staatsbürger*innen) ausgeschlossen blieben. Problematisch bzw. als paradox erkennbar wird dies nur insofern, als auch die Ausgeschlossenen von den Gesetzen betroffen sind, die die Eingeschlossenen unter sich ausmachen (zum Beispiel Einreise- und Visabestimmungen, Asylrichtlinien, Deportationen). Die Ausgeschlossenen haben auf demokratischem Weg keine Möglichkeit, auf diese Bestimmungen Einfluss zu nehmen, sind ihnen aber unterworfen. Ja noch mehr, sie sehen sich dem rechtlichen Zirkelschluss gegenüber, dass eben das Volk bestimmt, wer (perspektivisch) zum Volk gehören darf.[117]

Somit ergibt sich ein generelles Spannungsverhältnis zwischen partikularen, nationalgesellschaftlichen Interessen, zum Ausdruck gebracht durch die Bürgerin als Souverän, und universellen, moralisch begründeten Ansprüchen in Form der allgemein gültigen Menschenrechte, aber auch des globalen Flüchtlingsschutzes, wie er eben gerade *non-citizens* zukommt. Im Bereich der Grenzsicherung und der Einreisebestimmungen, aber auch bei wohlfahrtsstaatlichen Fragen wie dem Zugang zum Arbeitsmarkt und zu Sozialleistungen tritt das Dilemma, das aus diesem Spannungsverhältnis entsteht, deutlich zu Tage und findet sich in der Regel durch eine Kompromissfindung mehr schlecht als recht „aufgelöst". Der Soziologe Albert Scherr bringt es wie folgt auf den Punkt: „Zwischen dem, was als moralisch geboten gilt, sowie dem, was als vereinbar mit den eigenen Interessen (als Bürger*in eines der wohlhabenden Staaten des globalen Nordens, als Arbeitnehmer*in in einem rechtlich regulierten Arbeitsverhältnis, als Empfänger*in staatlicher Sozialleistungen etc.) gilt, sind Abwägungen nicht vermeidbar." Diese müssten jedoch

„im Sinne eines strikten Kosmopolitismus als unzulässig bzw. unter moralischen Gesichtspunkten als problematisch gelten."[118] Mit Rückgriff auf den kanadischen Politologen Joseph H. Carens, einem der bekanntesten Proponenten für offene Grenzen und ein universales Recht auf Freizügigkeit, lässt sich aus solch einer kosmopolitischen Haltung schlussfolgern, dass derartige Abwägungen in letzter Instanz irrelevant für die eigenen Überzeugungen sein müssten.[119] Tatsächlich verhält es sich aber so, dass eine echte Auflösung dieses grundlegenden Paradoxes bedeuten müsste, dass alle Menschenrechte in allen Staaten weltweit verwirklicht wären und damit niemand mehr einen Grund hätte zu fliehen. Diese Form einer „Weltgesellschaft" bleibt wohl auf absehbare Zeit und mit Blick auf die mannigfaltigen, konträr laufenden Entwicklungen allein in Europa reine Utopie.

Tatsächlich deutet die historische Entwicklung in die gegenteilige Richtung: Mehr Globalisierung heißt nämlich keineswegs weniger nationalstaatliche Interessensbekundung, etwa in Form von Mobilitätskontrolle. Die Herausbildung der Nationalstaaten im 18. und vor allem 19. Jahrhundert, parallel zur Entstehung und Kodifizierung allgemeiner Grund- und Menschenrechte, führte zu einer zunehmenden Grenzziehung nach außen. Mehr (öffentliche Diskussionen über) Menschenrechte gingen paradoxerweise mit mehr Abschottung und Einhegung im Nationalen einher. Der Menschenrechtsexperte Manfred Nowak spricht in diesem Zusammenhang von einer „negativen Wechselbeziehung zwischen Menschenrechten und der Aufnahmebereitschaft gegenüber Flüchtlingen".[120] Der universelle Anspruch von Menschenrechten steht und stand immer in einem Spannungsverhältnis mit den speziellen Rechten, die der Staatsbürgerin zuteilwerden.

Dieser paradoxe Wirkmechanismus des Nationalstaats auf Einhegungstendenzen ausgerechnet in Zeiten allgemeiner Öffnungstendenzen, rechtlich wie geografisch, geht über das Feld der Fluchtmigration und den Anspruch auf internationalen Schutz hinaus: In Zeitdokumenten lässt sich durch zunehmende Globalisierung und damit Mobilität von Kapital und Informationen, vor allem aber von Arbeitskräften Ende des 19. und Anfang des 20. Jahrhunderts ein gleichzeitiger Anstieg (versuchter) staatlicher Regulierung von Grenzen und Migration beobachten.[121] Durch die Ausweitung des Welthandels kam es auch zu einer Ausweitung und Kodifizierung der nationalstaatlichen Grenzkontrolle. Mit dem Aufkommen und der breiten Verfügbarkeit neuer Transportmittel reisten mehr und mehr Menschen über immer weitere Distanzen, zumindest im Globalen Norden.[122] Damit stieg auch das Interesse von Nationalstaaten, diese neu erwachte Mobilität erstens zu „begleiten" (sprich: zu überwachen) und zweitens zu steuern, indem Grenzübertritte und Aufenthalte durch Visavergabe, Melderegister und ähnliche Instrumente geregelt wurden. Auch die Entstehung des internationalen Reisepasses, wie wir ihn heute kennen und verwenden, geht auf diese Zeit zurück.[123] In stationären Gesellschaften, als Reisen bzw. dauerhafte Ortsveränderungen einer kleinen, vermögenden Elite vorbehalten waren, war dies nicht nötig. Mehr Mobilität ging also Hand in Hand mit mehr nationalstaatlichen Grenzen (und deren Kontrolle), über die sie sich erst hinwegsetzen muss. Das gilt für geografische, „grüne" Grenzen, noch mehr aber für die rechtlichen Regime im Hintergrund, die diese Grenzen verwalten und einhegen.

Der direkt proportionale Zusammenhang von steigender Mobilität mit steigender Kontrolle hat zur Konsequenz, dass die zunehmende Globalisierung im Verlauf des 19. und 20. Jahrhunderts für die einen mehr persönliche (wenn auch stärker reglementierte und bürokratisierte) Mobilität bedeutete, während andere in eine zunehmende Immobilität gedrängt wurden, etwa durch oben genannte Passsysteme, Visavergaben und andere Instrumente, die bis heute aufrecht sind. Denn auch das sogenannte „Zeitalter des Flüchtlings", beginnend am Ende des 19. Jahrhunderts, als ganze Populationen aus dem Habsburger-, dem Osmanischen und dem Russischen Reich vertrieben wurden, fällt mit der eintretenden Globalisierung (und der sich vollendenden Industrialisierung) zusammen.[124] Mobilität wurde immer mehr zu einer Verteilungsfrage. Der deutsche Soziologe Steffen Mau spricht in diesem Zusammenhang von Grenzen als „Sortiermaschinen", würden sie doch die Funktion der Selektion erfüllen: Erwünschte Personen, wie Geschäftsreisende, Tourist*innen, Studierende (kurz: globale Eliten) dürfen einreisen und als „Expats" gegebenenfalls auch dauerhaft bleiben, Unerwünschte müssen draußen bleiben.[125]

Diese grundsätzliche Tendenz hat sich durch die Schließungsmechanismen der Coronakrise noch verschärft (siehe Kapitel 9 – „Zugabe"). Während Europa im Lauf der Jahrhunderte immer mobiler wurde, ist Afrika durch eine stärkere örtliche Fixierung seiner Bevölkerung gekennzeichnet – vor dem Hintergrund von Migration als eines zentralen Anpassungs- und Schutzmechanismus angesichts der Klimakrise keine unproblematische Entwicklung (siehe Kapitel 3 – „Sicherheit"). In absoluten Zahlen ist die transnationale Mobilität in Europa zwanzigmal höher als in Afrika, trotz der Bevölkerungsgröße des südlichen Kontinents. Weiterhin findet der Großteil der afrikanischen Migration innerhalb des Kontinents und zwischen benachbarten Regionen statt;[126] transkontinentale afrikanische Migration stellt aufgrund fehlender Infrastruktur, Transportmöglichkeiten und finanzieller Ressourcen die (wenn auch medial viel beachtete) Ausnahme dar (siehe Kapitel 3 – „Sicherheit"). Dagegen zählen Europa und Nordamerika zu den mobilsten Regionen der Welt, mit den vielfältigsten und geografisch weitest gefassten Immigrations- und Emigrationsbewegungen. Doch auch hier sind die allermeisten Grenzüberschreitungen, die sich global erfassen lassen, nicht migrationsbezogen, sondern kurzfristigen Reisebewegungen zuzuschreiben: Schätzungsweise nur eine*r von tausend Reisenden ist Migrant*in, das heißt verändert den Aufenthaltsort dauerhaft. Während anerkannte Flüchtlinge und Asylwerbende mit rund 0,5 % nur einen kleinen Teil dieser Grenzüberschreitungen ausmachen, stellen Tourist*innen knapp ein Viertel.[127]

Dennoch befasst sich nationalstaatliche Rhetorik im 21. Jahrhundert fast obsessiv mit Fluchtmigration und deren Kontrolle. Das zeigt sich im Bereich der Fetischisierung der Grenzmauer, eines nur vermeintlich mittelalterlichen Instruments zur Abwehr von Fremden, genauso wie in der bereits erwähnten Lagerhaltung von Geflüchteten, die im Kern einen ähnlichen Zweck erfüllt. Waren in den 1980ern noch weniger als 5 % der nationalstaatlichen Grenzen Mauergrenzen, so sind es heute um die 20 %, Tendenz steigend.[128] So geografisch, ökonomisch und politisch unterschiedlich gelagerte Länder wie Ungarn, Südafrika, Botswana, Saudi-Arabien und die USA errichten und erhalten heute fortifizierte Grenzen durch Mauern. In einem hypermobilen und -vernetzten Zeitalter, in dem transnationale Logiken herrschen und der Nationalstaat seine „Macht, Dezision und Autonomie längst erodiert" sieht, eine doch bemerkenswerte Entwicklung.[129] Aber vielleicht sind die neuen Mauern als althergebrachte Insignien solcher Macht genau dazu da: um längst Verlorenes wieder zu vergegenwärtigen.

Dass eine solche Zunahme des Mauerbauens nicht nur humanitäre, sondern auch ökologische Katastrophen verursacht, zeigen neueste Forschungsansätze: Fortifizierte Grenzen zwischen Nationalstaaten bewirken nämlich auch, dass manche Tierarten die grüne Grenze nicht mehr passieren können, etwa um zu ihren Brunft- oder Brutplätzen zu kommen, Futter und Wasser zu finden oder sich mit anderen Herden zu paaren. So führte der Grenzzaun zwischen Slowenien und Kroatien, der 2015 errichtet wurde, dazu, dass Rehe nicht mehr queren konnten und viele von ihnen im Stacheldraht verendeten. Rehe sind aber eine Hauptnahrungsquelle für die vom Aussterben bedrohte Luchspopulation Osteuropas, die durch den Grenzzaun noch weiter dezimiert wurde.[130] Die neu errichtete Mauer zwischen Polen und Belarus führt direkt durch eines der ältesten Waldgebiete Europas, sodass gefährdete Arten wie

Wölfe, Luchse, Elche und Bären, die gerade erst mühevoll wieder angesiedelt werden, sich nicht mehr frei bewegen können und von Nahrungsquellen abgeschnitten werden.[131] In weiterer Folge verursacht dies Artenverlust und ein Schwinden der Biodiversität, wodurch das ohnehin schon fragile Gleichgewicht unseres Planeten noch weiter ins Wanken gerät. Die berühmt-berüchtigtste Mauer des Globalen Nordens, jene zwischen Mexiko und den USA, behindert den Transit zahlreicher Amphibien und kleinerer Säugetiere[132] und den Flug der Sperlingskäuze, für die die Mauer zu hoch ist.[133] Tatsächlich warnen Klimaforscher*innen und Biolog*innen bereits davor, dass transnationale Grenzsicherung das Artensterben und damit die Klimakrise befeuern könnte.[134]

Die Kosten von Grenzzäunen und -sicherung sind also hoch, egal für welche Spezies, aber die menschlichen Kosten bleiben am höchsten und bedrückendsten. Denn dies- wie jenseits solcher Mauern sind rund 40 % aller Geflüchteten weltweit in Lagern untergebracht, in ländlichen Gegenden laut Schätzungen des UNHCR sogar um die 80 %. Die Mehrheit dieser Lager befindet sich in den einkommensschwächsten Ländern der Welt, darunter Bangladesch, Uganda, Kenia und Jordanien, aber auch auf europäischem Boden erfreut sich das Konzept steigender Beliebtheit. In Lagern wie Moria oder dem nach dessen Ende errichteten, jedoch kaum verbesserten Kara Tepe, im „Dschungel" von Calais, auf der weiterhin belebten Balkanroute oder in der spanischen Exklave Ceuta leben Menschen nicht kurzfristig, sondern oft dauerhaft unter unwürdigen sanitären Umständen, mit mangelnder Versorgung und unzureichendem oder gar keinem Gesundheits-, Bildungs- und Arbeitsmarktzugang, mit unklarem rechtlichem Status. Häufig gibt es Einschränkungen zum Verlassen dieser Lager (nur zu bestimmten Tageszeiten oder in bestimmter Gruppengröße) und durchgehende (digitale) Überwachung, wodurch sie in der Forschung und von Aktivist*innen immer wieder mit Internierungslagern oder Gefängnissen verglichen werden.[135] Der Vergleich hinkt insofern, als ihre Bewohner*innen im Gegensatz zu inhaftierten Rechtsbrecher*innen weder eines Verbrechens bezichtigt werden noch eine konkrete Vorstellung vom Zeitpunkt ihrer „Entlassung“ haben.[136] Schätzungsweise leben heute etwa zehn Millionen Menschen weltweit in diesem Zwischenzustand, der sich für sie aber verstetigt hat. Sie können weder vor, ins Aufnahmeland, noch zurück, ins von Krieg, Dürre und anderen Katastrophen zerrüttete Herkunftsland, sondern sind auf Dauer immobilisiert.

Im Gegensatz zu den sogenannten Expats, die ganze Kontinente passieren können, ohne jemals eine Mauer oder ein Lager zu Gesicht zu bekommen, zeigt sich für Geflüchtete eine zunehmende Immobilisierung durch ein Potpourri an staatlichen Instrumenten, von gewaltfreien (im physischen Sinne) bürokratischen Konzepten wie Visabeschränkungen und Deportationen bis hin zu Mauern, Lagern und einer ganzen Abschreckungsmaschinerie. Immer deutlicher tritt die Abhängigkeit vom (potenziell aufnehmenden, aber womöglich abwehrenden) Nationalstaat zutage – bei gleichzeitiger und oft konstatierter „souveräner Impotenz“ desselben.[137] Doch nicht nur der Zugang zum Recht, einen Asylantrag zu stellen, ist in vielfacher Weise durch einzelstaatliche Ausgestaltung bedingt, auch auf der rechtlich-abstrakten Ebene bedarf es staatlichen Zutuns. International gültige Grund- und Flüchtlingsrechte müssen nämlich erst durch staatliche bzw. staatengemeinschaftliche (also EU-)Gesetzgebung konkretisiert werden. Erst nationale Gesetzgebung gestaltet den Geltungsbereich der Flüchtlingskonvention aus, was in weiterer Folge die Rechte Schutzsuchender stärken oder beschränken kann.[138]

Tatsächlich unterscheiden sich die vermeintlich universellen Rechte, die Geflüchteten weltweit aufgrund der Flüchtlingskonvention zugestanden werden, teils massiv. Als für Europa unmittelbar relevantes Beispiel sei die Türkei genannt, in die man seit 2016 Grenz- und Asylverantwortlichkeit auslagert. Zwar hat die Türkei die Genfer Flüchtlingskonvention und deren Zusatzprotokoll von 1967, welches den Geltungsbereich temporär und geografisch ausweitete, unterzeichnet, erkennt darunter aber nur europäische Flüchtlinge an. Das hat zur Folge, dass die geschätzt vier Millionen syrischen Flüchtlinge, die aufgrund des EU-Türkei-Abkommens im Land untergebracht sind (siehe Kapitel 4 – „Schutz“), im Grunde nicht durch die Genfer Flüchtlingskonvention geschützt sind. Rechtswissenschaftler*innen bezeichneten diesen Umstand als „anachronistisch“ und „diskriminierend“,[139] was die Europäische Union aber keineswegs davon abhielt, einen sechs Milliarden Euro schweren Deal mit der Türkei zu schließen, sich in einen Zustand perpetueller Erpressbarkeit zu begeben und diesen auch noch auf weitere Nationalitäten (afghanische Geflüchtete nach dem US-amerikanischen Truppenabzug und der Machtübernahme der Taliban im Sommer 2021) ausweiten zu wollen.

Zurückzuführen ist dies auf die nationale Auslegung bzw. Umsetzung des vermeintlich globalisierten Anspruchs universeller Grundrechte. Ihnen gegenüber stehen nämlich nationalstaatliche Einzelinteressen, darunter jene, die eigenen Grenzen „zur Wahrung der öffentlichen Ordnung“ zu schützen bzw. selbst auswählen zu dürfen, wer unter welchen Bedingungen dauerhaft im Land bleiben darf. Am Beispiel der Türkei, aber zunehmend auch in anderen Externalisierungskontexten lässt sich somit beobachten, inwiefern das Spannungsverhältnis zwischen nationalstaatlichen (Eigen-)interessen und universellen Ansprüchen (wie jenen der Menschen- und Flüchtlingsrechte) in letzter Konsequenz wiederum auf den Nationalstaat trifft. Und zwar dann, wenn sich Staaten(-gemeinschaften), getrieben vom Anspruch, die eigenen Ein- und Ausschlussinteressen aufrechtzuhalten und weiter zu verfestigen, in die Abhängigkeit von Drittstaaten begeben. Im Kern sollen nämlich Abkommen wie jenes mit der Türkei den EU-Mitgliedstaaten dabei helfen, ihre demokratisch legitimierten

Einzelinteressen (Grenzschutz, Einwanderung) zu wahren. Dadurch wird aber die Durchsetzung nationalstaatlicher bzw. europäischer Interessen auf anderer Ebene erheblich erschwert, wird doch Erdoğan, stellvertretend für andere Machthaber, damit weitestgehend immun gegen europäische Kritik, egal ob sie Fragen der Energieversorgung oder Einreisebestimmungen betrifft. Tatsächlich ist ein (wenn auch bis dato nur schleppend umgesetzter) Aspekt des Abkommens, dass türkische Staatsbürger*innen Visaerleichterungen für die EU erhalten, womit wieder andere nationalstaatliche Belange untergraben werden. Viel gravierender aber ist der perspektivische Umstand, dass die Mitgliedstaaten aufgrund des Deals auch weniger Handhabe zur Wahrung ihrer *künftigen*, wie auch immer gelagerten Interessen gegenüber der Türkei haben werden, kann diese doch jederzeit damit drohen, die „Grenze zu öffnen“ und syrische Geflüchtete loszuschicken – so geschehen im März 2020.[140]

Somit kommt dieses unaufgelöste Paradox auch die Nationalstaaten teuer zu stehen, nicht zuletzt durch die Aushöhlung bis hin zur Aufgabe grundlegender moralischer und politischer Maßstäbe auch in anderen Bereichen, die weit über das Flüchtlings- und Migrationsregime hinausgehen. Von den Defacto-Kosten, die die Wahrung (engerer) nationalstaatlicher Interessen gegen universelle Ansprüche sicherstellen sollen, ganz zu schweigen. Im Falle des EU-Türkei-Abkommens belaufen sie sich auf sechs Milliarden Euro, mit voraussichtlicher Aufstockung um mehrere weitere Milliarden. Zur Einordnung: Für die Aufnahme und Unterbringung von ukrainischen Geflüchteten, deren Zahl innerhalb weniger Wochen die Vier-Millionen-Marke überschritt, stellte die EU im April 2022 lediglich 3,5 Milliarden Euro zur Verfügung.

Recherchen der dänischen Plattform *Politiken and Danwatch* in Kooperation mit dem Netzwerk für Europäische Investigative Kollaborationen (*European Investigative Collaborations*, EIC) zeigten, dass das EU-Geld in der Türkei nicht nur in den Bildungszugang geflüchteter Kinder oder in die Gesundheitsversorgung fließt, sondern dass damit auch die Ausrüstung der türkischen Polizei zur Sicherung der Grenze nach Syrien bezahlt wird – also ganz konkret Waffen und Munition finanziert werden.[141] Im Falle des Drittstaats Marokko, der Migrant*innen von ihrer Ankunft auf europäischem Boden in Ceuta abhalten soll, sind es 346 Millionen Euro EU-Steuergeld, das für unterschiedliche Projekte vor Ort zur Verfügung gestellt wurde. Die hohen materiellen Kosten, mit denen sich die EU das „subjektive Sicherheitsgefühl" ihrer Bürger*innen erkauft, machen sich rasch bezahlt, da diese Form der Partnerschaften meist unmittelbar ihre Wirkung entfaltet – wenn auch mit unbeabsichtigten, die ursprüngliche Intention konterkarierenden Sekundäreffekten.

So erhielt Niger bis zum Jahr 2020 eine Milliarde an Entwicklungsgeldern, wovon ebenfalls ein großer Teil in die „Prävention von Migration" floss. Das Geld wurde etwa dazu verwendet, Schmuggel und Menschenhandel durch die Militärpolizei zu bekämpfen, Fahrzeuge zu konfiszieren und Fahrer zu inhaftieren. All dies erwies sich als höchst effektiv: Laut der *International Organisation for Migration* (IOM) änderte die Migrationsbewegung in nur drei Jahren ihre Richtung um 180 Grad, sodass mehr Migrant*innen aus Libyen nach Niger und zurück in ihre Herkunftsländer wanderten als umgekehrt. Doch neben diesen „Erfolgen" gibt es auch Rückschläge zu verzeichnen. Der gravierendste dieser Rückschläge ist eine direkte Folge der sich immer weiter nach Süden verlagernden Grenze Europas. Denn jene Migrant*innen, die nach wie vor nach Libyen und weiter in die EU einreisen wollen, müssen nun weitaus längere, kompliziertere und gefährlichere Anreisewege durch die Wüste auf sich nehmen, die teils durch vermintes Gebiet führen oder meilenweit von Wasserreserven entfernt sind. Naht eine Patrouille der Militärpolizei, werden sie von den Schleppern einfach ausgesetzt, was pro Jahr zu Dutzenden Toten durch Dehydrierung führt. Zynisch ausgedrückt wurde damit das Sterben im Mittelmeer vom Sterben in der Sahara abgelöst.[142]

Auch die Kriminalisierung der Schlepperei hat weitreichende Folgen. Die Schaffung eines Tatbestands der Schlepperei, die erst die „räumliche Expansion von Kontrolle" durch Europa möglich machte (sogenannte *carrier sanctions*), erschwert nämlich auch die seit Jahrzehnten bestehende regionale Wanderung in Grenzgebieten erheblich. Menschen, die von jeher über Grenzen hin- und herpendelten, werden nun plötzlich als „Schlepper" geahndet, wenn sie Beifahrer mitnehmen.[143] Was in Kriegskontexten wie in der Ukraine als Heldentat gilt, nämlich Schutzsuchenden über die Grenze in Sicherheit zu verhelfen, wird in anderen Regionen der Welt von einer weit entfernten EU kriminalisiert. Das macht Flucht nicht nur ungleich gefährlicher, sondern es kommt in den betroffenen afrikanischen Grenzregionen auch zu unbeabsichtigten ökonomischen Auswirkungen, was wiederum neue Sicherheitsrisiken bedingt. Durch die Schließung von Fluchtrouten lässt sich in vielen afrikanischen Ländern ein Anstieg der Arbeitslosigkeit und eine Zunahme anderer krimineller Aktivitäten wie Drogenhandel beobachten. Beides ist unter anderem auch durch rückkehrende Migrant*innen aus Libyen bedingt, die nicht nach Europa ausreisen können, aber weder in Libyen bleiben noch in ihre Heimatländer zurückgehen möchten. Städte entlang ehemals hoch frequentierter Routen müssen Schulen und Krankenhäuser schließen, die durch den Wegfall der Migrationsindustrie nicht mehr finanziert werden können. Gleichzeitig werden neue Transitrouten erschlossen, beispielsweise via Algerien und Marokko. Projekte, die alternative Lebensgrundlagen für ehemalige Schlepper schaffen sollen, befinden sich noch in der Pilotphase und können die entstehende Armut sowie Kriminalität selten ausreichend lindern.

Diese Kettenreaktion an Grenzschließungen, ausgelöst durch die europäische Externalisierungspolitik, lässt sich immer wieder beobachten: Bezahlt die EU die Türkei für Migrationskontrolle, so baut diese eine Mauer zum Iran, welcher wiederum seine Grenze nach Afghanistan hin sichert – mit dem Ergebnis, dass viele unmittelbar an Leib und Leben bedrohte afghanische Journalist*innen, Menschenrechtsaktivist*innen und Richter*innen nach der Machtübernahme der Taliban ihr Land gar nicht mehr verlassen konnten. Denn das Recht, das eigene Land zu verlassen, ist de facto nichts wert, wenn man in kein anderes Land einreisen kann. Das steht nämlich am Ende dieses Reigens, wenn die europäische „Außengrenze" irgendwann längst in Subsahara-Afrika und im Mittleren Osten liegt.[144] Nachdem die Erde aber bekanntlich rund ist, möchte man zynisch meinen, dass Europa, wenn es in diesem Tempo und mit diesen Distanzen weitermacht, wohl früher oder später Gefahr läuft, mit seinen Externalisierungsvorhaben wieder auf dem eigenen Territorium anzukommen.[145]

Am krassesten zeigt sich die Unvereinbarkeit der europäischen Externalisierungspolitik mit dem Grundsatz der Menschenwürde dann, wenn die EU oder ihre Mitgliedstaaten auch vor Deals mit zweifelhaften Partnern nicht zurückscheuen. Libyen muss hier wohl als Negativbeispiel *par excellence* genannt werden, auch wenn hochrangige EU-Vertreter*innen und Externalisierungsbefürworter*innen immer wieder verneinen, nachhaltige Kooperationen mit dem Land anzustreben. Doch mangels einer gewählten, stabilen Regierung und damit eines verbindlichen Ansprechpartners geht die EU zumindest auf bilateraler Ebene sehr wohl unheilige Allianzen mit Warlords, Milizen und Stammesführern ein.

So geschehen etwa im Fall Italiens, dessen Kooperation mit Libyen durch EU-Mittel finanziert und gestützt wird,[146] liegt doch die Wirkweise solcher Deals unmittelbar in Europas Interesse: Durch die Partnerschaft mit einem *failed state* wie Libyen erhält Europa für seinen „Krieg gegen Migration", wie es der amerikanische Journalist Ian Urbina in einer aufsehenerregenden Reportage bezeichnete, eine ganze Armada an Abwehrstrategien zur Seite gestellt.[147] Da wäre zuerst die Marine in Form der libyschen Küstenwache. Ausgestattet mit modernster Ausrüstung wie Satellitentelefonen und Schnellbooten, die von der EU bereitgestellt wurden, hat sie zur Aufgabe, das Ablegen von Migrantenbooten zu verhindern. Sobald diese nämlich internationale Gewässer erreicht haben, werden sie von NGOs und Rettungsmissionen aufgegriffen und nach Italien gebracht. Das soll nach Möglichkeit verhindert werden. Als hilfreich erweist sich da auch die hoch dotierte europäische Grenzschutzagentur Frontex,[148] die Urbina als die Luftwaffe im Krieg gegen Migration bezeichnet: Sie überwacht das Mittelmeer mittels Drohnen und Flugzeugen. Wird ein Migrantenboot gefunden, ergehen dessen Koordinaten auch an die libysche Küstenwache, die ihre Arbeit beginnt – idealerweise, bevor eine Rettungsmission auf das Boot aufmerksam wird. Hier zeigt sie sich nicht zimperlich: So deckte die Organisation *Sea-Watch* auf, dass Schiffe der Küstenwache die kleinen Gummiboote der Migrant*innen schneiden oder rammen und sogar Schüsse auf die Insass*innen abfeuern.[149] Kann das Boot abgefangen und zurückgebracht werden (falls es nicht zuvor versinkt), werden die Bodentruppen tätig, und zwar in Form inhumaner Foltergefängnisse in Tripoli. Schutzsuchende werden dort auf Dauer interniert, gequält, vergewaltigt und getötet; Frauen werden in die Prostitution verkauft, Männer müssen (meist unbezahlt) in der Landwirtschaft oder als Bedienstete in den Häusern reicher Libyer*innen arbeiten. Dieses „Schatteneinwanderungssystem", das hinter sinkenden Ankunftszahlen und weniger Überfahrten übers Mittelmeer steht, ist wohl die zynischste Folge der europäischen Auslagerungspolitik.[150]

Auf eine Anfrage des EVP-Abgeordneten und Vize-Kommissionspräsidenten Othmar Karas, wie die Kommission gegen diese „gefängnisähnlichen Einrichtungen" in Libyen vorzugehen gedenke, antwortete die zuständige Kommissarin für Inneres, Ylva Johansson, lapidar, die EU würde darauf hinwirken, „die schlimmsten Haftbedingungen abzumildern". Eine gesonderte Untersuchung des darauf aufbauenden Systems, an dem die EU zumindest in Form der bilateralen Abkommen ihrer

Mitgliedstaaten beteiligt ist, wurde nicht angedacht. Es scheint ganz so, als wolle sich die Kommission bewusst aus einer weiteren Einmischung in Systeme heraushalten, für die sie sich nicht verantwortlich sieht.[151]

Dabei ist Libyen bei Weitem nicht der einzige Schauplatz für derartige Parallelstrukturen: Ein ähnlicher Deal besteht mit Ägypten, was die EU in ihrer Kritik gegen das repressive Regime El-Sisis zahnlos werden lässt. Auch andernorts wurde das „erfolgreiche" Modell bereits übernommen – wobei dahingestellt sei, wer nun wen nachahmt. So betreibt Australien Kooperationen mit Papua-Neuguinea und Indonesien, und die USA lagern ihre Verantwortlichkeit für Migrant*innen in „sichere" Länder wie El Salvador, Guatemala, Honduras und Mexiko aus. Aus vielen dieser Drittstaaten wollen aber die Berichte über Menschenrechtsverletzungen, sowohl gegen Schutzsuchende als auch gegen die eigene Bevölkerung, nicht abreißen, ganz zu schweigen von der fehlenden Infrastruktur für nachhaltige Integration der Neuankommenden und von der Zuerkennung notwendiger Mittel zur Existenzsicherung, trotz hoher Fördersummen aus dem Globalen Norden.[152] Diese „Ökonomisierung von Geflüchteten", nämlich in Hinblick auf den Preis, den Europa bereit ist zu zahlen, um sie fernzuhalten, droht zunehmend, humanitäre Ansätze zu verdrängen und menschenrechtliche Standards zu untergraben.[153]

Externalisierung von Asylpraktiken und -verantwortlichkeit solidarisch, (menschen-)rechtskonform und zielgerichtet gestalten zu können, bleibt also ein Wunschtraum. Bezeichnend für den Diskurs um Auslagerung ist, dass im Gegensatz zu Foltergefängnissen und Mauerbau jene Instrumente, die das Gebot der Rechtskonformität erfüllen und die Würde Schutzsuchender wahren würden, wie etwa Botschaftsasyl in den Herkunftsländern, in der Externalisierungsdebatte kaum Erwähnung finden. Stattdessen beherrschen Werkzeuge zur Migrations*abwehr* in Form von Partnerschaften mit Drittstaaten die Diskussion. Doch auch diese stehen, so würde man meinen, nicht im rechtsfreien Raum und müssten an strenge menschenrechtliche Garantien geknüpft sein.

Dafür bedürfte es aber rechtlich bindender Verträge statt politischer Absichtserklärungen wie dem EU-Türkei-Abkommen, dessen rechtlicher Status genau genommen nicht über jenen einer Presseaussendung hinausgeht. Da wird es in weiterer Folge schwer, das Abkommen bzw. gewisse Teile davon einzufordern, wenn einer der Partner säumig bleibt.[154] So geschehen sowohl bei der Aufnahme und Verteilung jener syrischen Geflüchteten, die in der EU bleiben dürfen, als auch bei den zugestandenen Visaerleichterungen für türkische Staatsangehörige. Auch dass die Türkei mit einem Teil der Mittel aus dem Abkommen ihre Grenzpolizei mit Waffen ausrüstet, um damit „Migrationsprävention" durch militarisierten Grenzschutz gegen Schutzsuchende zu betreiben, kann keine menschenrechtskonforme Auslagerungspraxis darstellen. Denn wenn schon Drittstaaten für „Entwicklung vor Ort" (neudeutsch für Migrationskontrolle) bezahlt werden, so kann das nur in Verbindung mit einer strengen Zweckwidmung von Unterstützungsleistungen für bestimmte wirtschaftliche Sektoren geschehen, nicht zuletzt deshalb, um späterer Re-Migration durch zunehmende ökonomische Destabilisierung entgegenzuwirken. Andernfalls würden nämlich ironischerweise genau jene Flucht- und Migrationsursachen geschaffen werden, die die EU vorgibt, bekämpfen zu wollen. Doch destabilisierende Effekte auf Herkunfts- und Transitländer nimmt man scheinbar achselzuckend in Kauf. Und für die Seegrenze, die vor allem afrikanische Migrant*innen auf dem Weg von Libyen nach Italien oder Spanien überwinden müssen, bedeutet das auch, dass die reine Verhinderung von Überfahrten (mit mehr als zweifelhaften Mitteln) in jedem Fall zu kurz greift: Das vom Meer in die Wüste verlagerte Sterben als Folge von Externalisierungspraktiken ist nämlich im Kern eine europäische Verantwortung – auch wenn es leichter fällt, diese zu ignorieren.

Denn Externalisierung löst das grundlegende demokratische Paradox nicht auf, sondern verdichtet und verbirgt es nur, wodurch es außerhalb der Grenzen des Staats bzw. der eigenen Staatengemeinschaft verfestigt wird. Es verlagert sich von Europas Mitgliedstaaten an die Peripherie, was den (für Europa) angenehmen Nebeneffekt mit sich bringt, dass es hierzulande weitaus weniger sichtbar ist. Zumindest für einen Zeitraum, der je nach Kontext und Umstand der Externalisierung recht kurz ausfallen kann. Hätte man ernst gemacht mit den Vorschlägen, Flüchtlinge aus dem polnisch-belarussischen Grenzgebiet auf Kosten der EU in der Ukraine unterzubringen, so würden sie wohl bereits jetzt vor unseren Türen stehen – und aufgrund des Kriegszustands aufgenommen werden müssen. *The externalized strike back.*

Externalisierung ist aber nicht nur wenig nachhaltig, sondern bedeutet auch, dass sich die paradoxe Grundlage des herrschenden Asylregimes leichter der öffentlichen Kontrolle und Debatte entziehen kann. In letzter Konsequenz kommt das einer Ent-Demokratisierung gleich, weil es der Bürgerin ermöglicht, „eine Haltung der Indifferenz“ auszubilden.[155] *Aus den Augen, aus dem Sinn* – und damit auch aus der politischen Debatte: Das Sterben im Mittelmeer kann nun wirklich keine europäische Angelegenheit mehr sein, und noch viel weniger das Sterben in der Sahara.

Durch Auslagerung und Wegschieben über immer weitere Distanzen konstituiert die Grenze, die der Nationalstaat schafft, das Globale. Der Soziologe Steffen Mau hält in seinem vielbeachteten Buch *Sortiermaschinen* (2021) als Synonym für Grenzen fest, dass diese keine einzelstaatlichen und damit auf das nationale Territorium beschränkten Angelegenheiten mehr seien, sondern internationalisiert und globalisiert. Ausgelagerte Grenzen seien eine Form der Fernsteuerung, der *remote control*, wie die renommierte Migrationsforscherin Saskia Sassen es nennt und damit das „Paradox des Nationalen“ erklärt,[156] das gerade auch in internationalen Flucht- und

Migrationskontexten zu Tage tritt: Der Nationalstaat schaffe durch ausgelagerte Öffnungs- und Schließungstendenzen (Ein- und Ausreise, Migrationssteuerung, Gewährung von internationalem Schutz, Rückführungen und Abkommen mit Drittstaaten) auch das Globale.

Hinter diesem Paradox des Nationalen steht aber noch ein viel grundlegenderes, nämlich das des Demokratischen: Damit nationalstaatliche Interessen trotz ihres Widerspruchs zu geltenden, universellen Ansprüchen von Menschen- und Grundrechten gewahrt werden können, dürfen Staaten(-gemeinschaften) gar nicht erst in die Lage gebracht werden, letztere umsetzen zu müssen. Dieser Logik folgend ist Auslagerung von Asylverantwortlichkeit also nur stringent und sinnhaft, verbleibt damit doch die Verantwortlichkeit für die Einhaltung universeller Rechte bei jenen Ländern, auf deren Boden sich Schutzsuchende befinden. Der Zugang zu jenen Staaten, die diese Externalisierung betreiben, wird deshalb so schwierig und gefährlich wie möglich gestaltet, wenn es sein muss, unter Aufbietung hoher Kosten, im tatsächlichen wie im übertragenen Sinn.

6. AUSSCHLUSS

Nicht nur an den ausgelagerten Grenzen zeigt sich der hohe moralische und materielle Preis, den Zielländer bereit sind zu zahlen. Dass Individuen zur Einhaltung ihrer universellen Rechte auf die Exekutivgewalt von Einzelstaaten angewiesen sind, auf die nicht immer gezählt werden kann, wird auch im Umgang der EU-Mitgliedstaaten mit Schutzsuchenden deutlich. Immer wieder und in immer höherer Frequenz zeigt sich, wie wenig im Anlassfall auf die Einhaltung universeller Rechte vertraut werden kann und wie rasch völkerrechtliche Verpflichtungen unterlaufen, eingeschränkt oder ignoriert werden können.[157] So hielt etwa die polnische Regierung im Grenzkonflikt mit Belarus von Beginn an fest, dass das Recht auf Asylantragstellung in Polen nur eingeschränkt gültig sei und das Land somit im Einklang mit geltenden (nationalen!) Gesetzen handle, wenn es Asylsuchende zurückweise.[158] Wenige Wochen später wurden ukrainische Schutzsuchende dann sehr wohl (und ohne vorherige Einzelfallprüfung) aufgenommen, wobei die Definition der konkreten Gruppe, die durch die europäische Massenzustromrichtlinie erfasst war, je nach Mitgliedstaat unterschiedlich ausgelegt wurde. Während Länder wie die Niederlande den temporären Schutz in Teilen auch auf Drittstaatsangehörige aus der Ukraine ausdehnten, orientierte sich Österreich an einer engeren Auslegung der Richtlinie. Noch krasser und vermeintlich selbstbestimmter in ihrer Asylpolitik tat sich die Alpenrepublik in der Vergangenheit durch „Grenzunterstützung" für Westbalkanländer hervor.

All diese Episoden können als Beispiele für eine zunehmende Ent-Europäisierung und Re-Nationalisierung der Asyl- und Migrationspolitik durch staatliche und/oder bilaterale Alleingänge gewertet werden.[159] Gleichzeitig kann aber auch die Europäische Union nicht aus der Pflicht entlassen werden. Gegenüber Polen pochte sie nicht etwa auf die Einhaltung universeller Menschenrechte, wie sie in der Allgemeinen Erklärung der Menschenrechte oder der Europäischen Menschenrechtskonvention festgehalten sind, sondern ermöglichte eine Aufweichung bzw. temporäre Aussetzung der Asylregeln. So legte die Kommission fest, dass angesichts des „Ausnahmezustands" Grenzverfahren ausgeweitet, Unterbringungsstandards gesenkt und Abschiebungen beschleunigt sowie vereinfacht werden dürften. „Gelöst" wurde dadurch natürlich nichts, weder für die EU noch, viel wesentlicher, für die in Kälte und Schlamm gestrandeten Menschen im Grenzgebiet.

Denn am schwerwiegendsten sind die Kosten des demokratischen Paradoxes natürlich für jene, die aus dem *demos* ausgeschlossen, aber gleichzeitig seiner Herrschaft unterworfen sind. Für sie hat die Wahrung der Grenzen und des Nationalinteresses zur Folge, dass sie in eine „Art von Naturzustand" zurückgeworfen sind, wie es Hannah Arendt bezeichnete, den sie als Vorboten „einer möglichen Regression der Zivilisation" sah. Sie würden damit ihrer Identität und Individualität beraubt, sei doch die Zugehörigkeit zu einer Gemeinschaft die Grundvoraussetzung für all die Handlungen, mit denen man sich in die Welt einschreibe. Alles, was den einzelnen Menschen ausmache, Beruf, Familie, Meinung, Leistung, würde damit verunmöglicht werden. Sich nicht mehr in einer Gemeinschaft durch Staatsangehörigkeit zum Ausdruck bringen zu können, ihrer Interessensbekundung unterworfen zu sein, aber nicht mehr in sie „hineinhandeln" zu dürfen, sei im Grunde „Barbarei".[160]

Nun mag man meinen, dass sich seit Hannah Arendts ebenso gnadenloser wie folgerichtiger Abrechnung mit der damals herrschenden Einschreibung von Flüchtlingen in einen Zustand des Ausschlusses, der Recht- und Staatenlosigkeit viel getan hat, nicht zuletzt aufgrund der Verabschiedung der Genfer Flüchtlingskonvention und zahlreicher weiterer Dokumente, die Standards für die Aufnahme und Versorgung von Geflüchteten festlegen. Und dennoch setzt sich die Unmöglichkeit, gleichberechtigt mit Staatsbürger*innen (oder auch „nur" regulären Migrant*innen) in einen Staat „hineinhandeln" zu können,[161] aufgrund des weiterhin bestehenden Asylparadoxes vielfach und oft ganz unbemerkt fort, sowohl auf rechtlicher als auch auf emotional-diskursiver Ebene.

Als ein besonders augenscheinliches Beispiel wurde bereits die (eklatant) unterschiedliche Höhe von Tagsätzen für die Betreuung österreichischer und geflüchteter Kinder angeführt (siehe Kapitel 4 – „Schutz"). Eine ähnliche Form der Ungleichbehandlung wird aber in der Form des Diskurses fortgeschrieben, der über Ein- bzw. Ausgeschlossene geführt wird. So kritisiert ein Bericht des Europarates, dass von den rund 5800 Kindern, die 2021 in Österreich um Asyl ansuchten, drei Viertel spurlos verschwunden sind.[162] Bei ihnen wurde das Verfahren noch vor offizieller Zulassung eingestellt. Das passiert dann, wenn die Antragstellerin „sich dem Verfahren entzieht" oder freiwillig ausreist. Wo die rund 4500 Kinder verblieben sind, konnte nicht eruiert werden, weil es niemanden gab, der die Obsorge innehatte. Es ist davon auszugehen, dass viele von ihnen (alleine) in andere EU-Länder weiterreisten, aber auch Menschenhandel kann nicht ausgeschlossen werden. In der gesamten EU wurden im Jahr 2016 sogar 10.000 geflüchtete Minderjährige vermisst, aktuellere Zahlen fehlen leider.[163]

Diese Dimensionen sind erschreckend, ebenso wie der fehlende öffentliche Aufschrei über diesen Missstand. Kinderrechte sind universell und gelten auch auf der Flucht bzw. für geflüchtete Kinder im Aufnahmeland. Dennoch schien es hierzulande kaum jemanden zu interessieren, wohin diese Kinder verschwunden waren, und auch nach Bekanntwerden der parlamentarischen Anfrage wirkte die nationale Betroffenheit mau. Man möge sich im Vergleich nur vorstellen, was geschehen wäre, wenn tausende *österreichische* Kinder plötzlich unauffindbar gewesen wären. Während wohl niemand in Abrede stellen wird, dass ein syrisches oder pakistanisches Kind die gleichen Bedürfnisse hat wie ein in Österreich geborenes, ergibt sich durch das demokratische Paradox eben doch eine Ungleichbehandlung – nicht nur rechtlicher, sondern (noch wesentlich bedeutsamer für unseren paradoxen Umgang mit Flucht und Asyl) auch emotionaler Natur.

Im Kern stellt uns dieses Fallbeispiel, das nur repräsentativ für viele andere angeführt sei, vor die fundamentale Frage, ob es denn tatsächlich so etwas gibt wie Rechte und Ansprüche, die „einzig der bloßen Tatsache des Menschseins entspringen", wie es Hannah Arendt Mitte des 20. Jahrhunderts formulierte.[164] Denn das demokratische Paradox geht zurück auf ihren grundlegenden Essay zum „einzigen Menschenrecht", wie sie es umschrieb, nämlich dem Recht, „in einem Beziehungssystem zu leben, wo man nach seinen Handlungen und Meinungen beurteilt wird", was gleichbedeutend sei mit dem Recht, einer „politisch organisierten Gemeinschaft zuzugehören."[165] In ihren theoretischen Abhandlungen zum Begriff des Flüchtlings, als welchen sie sich als Exilantin in den USA verstand, entwarf Arendt also früh ihr Konzept der Aporie (also Ausweglosigkeit, unauflösbarer Widerspruch) der Menschenrechte. Die vermeintliche Gleichheit unter Menschen, die durch universelle Erklärungen, Konventionen und Chartas kodifiziert werden sollte, erlangt nämlich erst durch die gegenseitige Garantie dieser Gleichheit *im Rahmen einer Gemeinschaft* Gültigkeit. Gleich sind wir, wenn wir einander gegenseitig diese Gleichheit, im rechtlichen wie im moralischen Sinne, zugestehen. Syrische oder irakische Kinder erlangen ihre Gleichheit mit österreichischen Kindern also erst, wenn ihnen diese durch die Entscheidung einer Gemeinschaft garantiert wird. Da sie aber selbst nicht Teil der Gemeinschaft qua Staatsbürgerschaft sind, stehen sie, wie durch den aufgedeckten Fall der verschwundenen

Kinder schmerzhaft vor Augen geführt wird, außerhalb dieser Garantie der Gleichheit.

Zu guter Letzt ergibt sich aus dem demokratischen Paradox das Fehlen von „Lösungen" in der Flüchtlingsfrage. Denn alle bisherigen Lösungen sind an nationalstaatlichen, nicht aber überstaatlichen Interessen (und damit an jenen der Geflüchteten, die ja per definitionem aus dem *demos* ausgeschlossen sind) ausgerichtet. Ansätze, die Letztere verfolgen, werden kaum (mehr) umgesetzt.

So etwa Resettlement-Programme, also die dauerhafte Neuansiedlung von besonders schutzbedürftigen (in der Regel bereits anerkannten oder rasch anzuerkennenden) Flüchtlingen in einem Drittstaat. Da Resettlement in der Regel über sicheren, legalen Transfer erfolgt, etwa mittels eigener Charterflüge, werden damit die Risiken, denen Menschen auf der Flucht ausgesetzt sind, drastisch reduziert. Im Fall der Ukraine sah man zuletzt, wie die niederschwellige Möglichkeit zur legalen Einreise in die EU (aufgrund bereits vor dem Krieg bestehender Visafreiheit für ukrainische Staatsangehörige) das Leben zahlreicher Frauen, Kinder und älterer Menschen rettete und ihnen die Gefahren, die vom internationalen Schlepperwesen ausgehen, ersparte. In weiter entfernten Fluchtkontexten wie dem Mittleren Osten oder Subsahara-Afrika kann die Schaffung legaler Fluchtrouten durch Resettlement-Programme zur Stabilisierung der Herkunftsländer beitragen und Schleppern einen Teil ihres Einkommens entziehen.

Resettlement kann auch bis zu einem gewissen Grad der ökonomischen Selektion, die mit Flucht mittels Schleppern einhergeht, entgegenwirken bzw. diese ausgleichen. Da Flucht über weite Distanzen nicht nur sehr gefährlich, sondern auch sehr teuer ist (siehe Kapitel 3 – „Sicherheit"), können sich „vermögendere" Menschen mit mittlerem bis höherem Einkommen, meist aus der Mittelschicht, diese eher leisten. Das gilt sowohl auf individueller als auch auf struktureller Ebene. Innerhalb der Familie sind es oft die vermeintlich Fittesten; also meist junge, gesunde Männer, denen man die kostspielige, aber eben auch gefährliche Reise ermöglicht – in der Hoffnung, dass sie nach erfolgreichem Asylantrag im Zielland Frau und Kinder über legale und damit weniger gefährliche und teure Wege zu sich holen können, etwa über das Instrument der Familienzusammenführung.

Auf gesellschaftlicher Ebene hat diese Form der ökonomischen Selektion durch Schlepper zur Folge, dass sich die Ärmsten der Armen die Ausreise aus ihrem vom Krieg zerrütteten Heimatland oft gar nicht leisten können, selbst wenn sie sämtliches Hab und Gut veräußern oder sich schwer bei Bekannten und Angehörigen verschulden. Ihnen bleibt als letzter Ausweg oft nur, als Binnengeflüchtete innerhalb der Grenzen ihres Landes zu fliehen oder in unmittelbare Nachbarländer zu gehen, wo sie meist dauerhaft und perspektivlos in großen Flüchtlingslagern untergebracht werden (siehe Kapitel 1 – „Lager").

Resettlement sorgt dafür, dass diese Form der wirtschaftlichen Auslese wegfällt, weil Geflüchtete nicht dafür bezahlen müssen, und tritt damit einer ganz grundlegenden Beschränkung geltenden Flüchtlingsrechts entgegen, die sogar in der Genfer Flüchtlingskonvention eingeschrieben ist: Eine Beschränkung nämlich auf jene, die überhaupt erst in der Lage sind, das Herkunftsland zu verlassen.[166] Und darüber entscheiden in der Regel finanzielle wie soziale Ressourcen. Anstelle solch einer wirtschaftlichen Auslese stellt das Resettlement die Auswahl nach klar festgelegten Vulnerabilitätskriterien, wie etwa Alter, Geschlecht und chronischen Krankheiten. In der Regel führt das Flüchtlingshochkommissariat der Vereinten Nationen (UNHCR) bereits vor Ort die Auswahl der Geflüchteten als auch das Verfahren zur Anerkennung des Flüchtlingsstatus durch. Somit können auch fluchtspezifische Aspekte je nach Kontext, wie beispielsweise Folter- und Gewalterfahrungen oder familiäre Bindungen im Aufnahmeland, in die Bewertung der Schutzbedürftigkeit miteinbezogen werden.[167]

Aus Perspektive der internationalen Schutzgewährung bietet die humanitäre Aufnahme viele Vorteile, bleibt damit fliehenden Menschen doch der gefährliche Fluchtweg, die Abhängigkeit von Schleppern und die Ausbeutung durch diese erspart. Denn Flucht über den Land- oder Wasserweg bedeutet, einer Vielzahl von Stressoren ausgesetzt zu sein: Trennung von (engen) Familienmitgliedern, extreme Umweltbedingungen, keine Gesundheitsversorgung, (sexuelle) Gewalt durch andere Flüchtlinge oder Grenzpersonal, keine oder unzureichende Nahrung.[168] All das führt zu einem über Wochen hinweg konstant hohen Adrenalinspiegel, der nachweislich zahlreiche Folgeerkrankungen bedingen kann.[169] Auf Ebene der psychischen Gesundheit ist in der Fluchtforschung umfassend dokumentiert, dass Fluchterfahrungen Angststörungen, Depressionen und posttraumatische Belastungsstörungen (PTBS) auslösen können, vor allem bei jüngeren und bei weiblichen Geflüchteten. Negative persönliche Erfahrungen mit anderen Geflüchteten und Schmugglern bewirken häufig einen generellen Vertrauensverlust in andere, führen zu negativen Grundannahmen über die Welt und die Mitmenschen[170] und zu einer Störung des Angstpuffers (sogenannte *anxiety buffer disruption theory*, ABDT).[171] Nicht nur die Erfahrungen im Herkunftsland, von Krieg über Folter bis hin zum Verlust von Angehörigen, können spätere Integrationsbemühungen behindern, sondern auch die Erlebnisse auf der Flucht. Dies kann Auswirkungen auf spätere Therapiebemühungen und Misstrauen gegenüber offiziellen Einrichtungen und Behörden, aber auch humanitären Hilfsangeboten und medizinischer Betreuung nach sich ziehen. Resettlement federt all diese negativen Aspekte ab.

Auch das oft mühevolle und langwierige Asylverfahren im Aufnahmeland bleibt Menschen, die über humanitäre Aufnahme ins Land kommen, erspart. Sie erhalten rasch Zugang zum Arbeitsmarkt, zu Sprachkursen und Integrationsangeboten, sodass bestehendes Humankapital nicht erodiert, soziale

Bindungen zur Aufnahmegesellschaft aufgebaut werden können und damit auch verhindert wird, dass sich traumatische Belastungen aufgrund der Kriegssituation im Herkunftsland chronifizieren. Anstelle von Unsicherheit, Chaos und Perspektivlosigkeit stehen geordnete Aufnahme und vorbereitete Ankunft. All das trägt zu einer Zukunftsperspektive bei und hilft, dass Flüchtlinge rasch wieder ein selbstbestimmtes Leben führen können.

Für alle Akteure außerhalb des Aufnahmelandes ist die humanitäre Aufnahme von Vorteil – nicht immer jedoch scheint sie im unmittelbaren Interesse des aufnehmenden Nationalstaats. Nur so erklärt sich, dass die Zahl der Heimatvertriebenen Jahr für Jahr steigt (zuletzt laut UNHCR auf unglaubliche 100 Millionen weltweit),[172] aber weiterhin nur etwa 1% aller Geflüchteten durch Resettlement-Programme vermittelt wird und damit Zugang dazu erhält, was Hannah Arendt als grundlegend für Einschluss ansah: Zugang zu einer (neuen) politischen Gemeinschaft. Besonders sichtbar wird die logische Konsequenz des demokratischen Paradoxes, das dieser Verweigerung zugrunde liegt, wiederum in Österreich: Mit Auslaufen der Aufnahme-Programme HAP I, II und III für syrische Geflüchtete gab es hier seit dem Jahr 2018 kein Resettlement-Programm mehr.[173] Auch nach Aufforderung durch Brüssel weigerte man sich konsequent, Geflüchtete durch humanitäre Aufnahme ins Land zu bringen. Im EU-Vergleich lag Österreich in puncto humanitärer Aufnahmerate im Jahr 2021 auf dem zehnten Platz. Das rührt vor allem daher, dass in den vergangenen drei Jahren keine einzige Person mehr mittels humanitärer Aufnahme ins Land gekommen war – ein trauriger Negativwert, den nur drei weitere EU-Länder „erreichten".[174] Ausgerechnet das türkisblaue Regierungsprogramm aus dem Jahr 2017 war das letzte, in dem ein Resettlement-Kontingent „für besonders vulnerable Gruppen" vorgesehen war, welches aufgrund der bekannten innenpolitischen Entwicklungen jedoch nie in die Umsetzung gelangte.

Innereuropäisch fehlt es aber nicht nur an Resettlement-, sondern auch an sogenannten Relocation-Programmen. Im Gegensatz zu Resettlement, der Aufnahme aus Drittstaaten wie Syrien oder dem Irak, beschreibt Relocation die Umsiedlung von Geflüchteten innerhalb der EU. Bereits seit 2015 bemüht sich die Kommission um eine ausgeglichene Verteilung von Schutzsuchenden, um damit Mitgliedstaaten mit EU-Außengrenzen zu „entlasten".[175] Wiederbelebt wurde die Idee der Verteilung im Rahmen des EU-Migrationspakets als Form der „flexiblen Solidarität".[176] Nachdem das Paket aber bis dato weiterhin seiner formellen Annahme durch die Mitgliedstaaten harrt und zudem eine Opt-out-Möglichkeit aus der flexiblen Solidarität vorsieht, ist kaum zu erwarten, dass dieses Instrument viel Wirkung entfalten wird. Denn absurderweise sind jene Staaten, die lautstark gegen „überraschende" und „unkontrollierte" Ankünfte von Asylsuchenden mobilisieren (Stichwort *„2015 darf sich nicht wiederholen"*),[177] dieselben, die Programme für eine kontrollierte und planbare Ankunft ebenso kategorisch ablehnen. Und zuletzt waren sie als unmittelbare Nachbarländer der Ukraine jene, die als erste und am stärksten von den steigenden Ankünften Schutzsuchender betroffen waren. Ob sich Polen, Ungarn, Rumänien und andere EU-Länder künftig für einen Verteilungsschlüssel von Geflüchteten innerhalb der EU stark machen werden, sollten zahlreiche der ukrainischen Vertriebenen dauerhaft bleiben müssen, gilt es zwar noch abzuwarten – allein die Möglichkeit einer solchen Kehrtwende entbehrt aber mit Blick auf die vergangene Positionierung dieser „Hardliner" nicht einer gewissen Ironie.

Österreich hat sich, in guter Gesellschaft mit den Visegrád-Staaten, seit 2015 nur in äußerst geringem Maß an der europäischen Relocation beteiligt: Ganze 43 Personen wurden in den Jahren danach umgesiedelt.[178] Wirklich verpflichtend ist die Umverteilung mangels Umsetzbarkeit somit kaum mehr, findet sie doch de facto nur mehr auf freiwilliger Basis statt. Aus Anlass des Brandes im Flüchtlingslager Moria auf Lesbos im

September 2020 fand sich eine „Koalition der Willigen“, bestehend aus, unter anderem, Deutschland und Frankreich, die einige tausend besonders schutzbedürftige Menschen, vorrangig Familien und Kinder, von den griechischen Inseln aufnahmen. Für jede und jeden einzelnen so Aufgenommenen die Rettung, global betrachtet aber ein Tropfen auf den heißen Stein.

Dabei wäre es so einfach, durch geringe, europaweite Beiträge die Kluft, die sich durch das demokratische Paradox im bestehenden Asylregime auftut, zumindest ein wenig zu verkleinern. So schlägt etwa die unabhängige Fachkommission für Fluchtursachenforschung, die von der deutschen Bundesregierung eingesetzt wurde – in Österreich fehlt ein solches Expert*innengremium bis dato leider –, eine jährliche Resettlement-Quote von 0,05 % (in Worten: einem halben Promille) der Gesamtbevölkerung vor, zusätzlich zum weiterhin gültigen territorialen Asylrecht.[179] Dieser sollen sich „willige“ Staaten, darunter Deutschland, Frankreich oder skandinavische Länder, anschließen, so die Kommission, bestehend aus mehr als zwanzig Fachleuten aus Wissenschaft, Wirtschaft und NGOs.[180] Konkret würde das für Österreich eine Aufnahme von etwa 4450 Menschen pro Jahr über legale Wege bedeuten. Zusätzlich zu den in Österreich gestellten Asylanträgen über den Landweg könnten über diese Resettlement-Quote besonders gefährdete Geflüchtete direkt aus humanitärer Notlage wie zuletzt in Afghanistan oder auf den griechischen Inseln aufgenommen bzw. umgesiedelt werden. Resettlement und Relocation könnten einen mehrheitsfähigen Lösungsbeitrag darstellen, der den längerfristigen Interessen des Nationalstaats, vor allem aber den davon Ausgeschlossenen entgegenkommt.

Bis dato verhindert die paradoxe Gestaltung des Asylregimes jedoch, zu Lösungen zu gelangen, die den eigentlich Betroffenen gerecht werden. Ihre Stimme, so sie denn hörbar wäre, hat in der Demokratie kein Gewicht, da sie ihr nicht (und nicht einmal perspektivisch, aufgrund langwieriger Einbürgerungsverfahren) angehören. Daraus ergibt sich die wiederum paradoxe

Situation, dass im „Zeitalter der Rechte“, wie der US-amerikanische Jurist Louis Henkin die Zeit nach der Allgemeinen Erklärung der Menschenrechte im Jahr 1948 in seinem gleichnamigen Buch bezeichnete,[181] und trotz der Existenz zahlreicher völkerrechtlicher Fundamente, die dazu gedacht wären, internationalen Schutz zu gewährleisten, die meisten Geflüchteten in einem Zustand der Rechtlosigkeit leben.[182]

Ungeachtet bestehender und anerkannter rechtlicher Normen bedeuten die konkreten, tatsächlichen Verhältnisse, in denen Geflüchtete weltweit ihr Dasein fristen, nämlich genau das: *kein* Recht, Rechte zu haben. Das betrifft sowohl die Möglichkeit, überhaupt erst in die Position gelangen zu können, um Schutz anzusuchen (siehe Kapitel 4 – „Schutz“), als auch die Zeit danach, wenn im Aufnahmeland keine Rechtsberatung erfolgt oder Rechtsbeistand verwehrt (bzw. Zugang dazu erschwert) wird. In diesem Zusammenhang sorgte in Österreich ein Leuchtturmprojekt der türkis-blauen Bundesregierung, die Abschaffung der unabhängigen Rechtsberatung und ihrer Verstaatlichung im Rahmen der Bundesbetreuungsagentur (BBU),[183] für Diskussionen. Unter der türkis-grünen Folgeregierung wurde das Projekt zwar erheblich entschärft, was nicht zuletzt dem massiven Einsatz von NGOs und humanitären Organisationen zu verdanken war, dennoch bleiben grundrechtliche Bedenken aufrecht.[184]

Hinter all dem steht die Unmöglichkeit, in der bestehenden Asyllogik Normen und Regelungen für globalen Flüchtlingsschutz zu implementieren, die nationalen Interessen und den Interessen Betroffener gleichermaßen gerecht werden. Deren grundsätzliche Unvereinbarkeit ist nämlich so weit naturalisiert, dass sie als diskursiver Gemeinplatz hingenommen wird. Dabei sind Schließungstendenzen, im Gegensatz zur häufig und in Variationen gehörten gegenteiligen Behauptung,[185] keine anthropologische Konstante. Tatsächlich zeigt sich sowohl historisch als auch geografisch eine enorme Bandbreite in der Ausgestaltung dessen, wie offen oder geschlossen Gesellschaften sind.[186] Schließung, Einhegung und Begrenzung als *das* nationalstaatliche Eigeninteresse schlichthin zu begreifen, wäre also zu kurzsichtig. Der Wunsch nach Grenzen und Grenzkontrolle ist nichts, was schon immer da gewesen ist, sondern im Kern ein Resultat von Politisierungsprozessen. Nicht zuletzt sind die oben beschriebenen Externalisierungspraktiken nicht nur Ausdruck, sondern gleichzeitig auch Anlass für (weitere) nationale Schließungstendenzen. Grenzsicherung mittels Mauerbau, Auslagerung, Kontrollregime und Abschreckungsstrategien „etabliert eine Kategorie der Differenz" durch räumliche wie rechtliche und soziale Trennung.[187]

In letzter Konsequenz führt dies zur Dehumanisierung jener, die auf der anderen Seite der Mauer stehen. Eingegrenzt zu sein vermittelt einerseits Sicherheit, verstärkt aber gleichzeitig das Gefühl, dass „draußen" Gefahr und Bedrohung lauern.[188] Grenzen im wörtlichen wie im übertragenen Sinne waren in der Menschheitsgeschichte schon immer eines der probatesten Mittel für *Othering*, also das Fremd(er)machen des Anderen durch Abwertung und Zuschreibung negativer Attribute, bei gleichzeitiger Aufwertung des Eigenen. Die, die jenseits der Grenze sind, werden auch anders eingeordnet und klassifiziert.[189] Das geht irgendwann so weit, dass sie in der Kategorie „Mensch" keinen Platz mehr finden. Die Gleichsetzung von Geflüchteten mit einer Naturgewalt in Form von „Wellen", „Flut" oder „Sturm", wie es im Fluchtherbst 2015 und danach geschah, ist ein anschauliches wie persistentes Beispiel dafür. Es verdeutlich nämlich auch, wie Dehumanisierung mittels Grenzziehung (im tatsächlichen wie übertragenen Sinne) zugleich eine Drohkulisse epischen Ausmaßes aufbaut, die sich vorzüglich zur Mobilisierung der eigenen Anhängerschaft einsetzen lässt. Um das „subjektive Sicherheitsempfinden" der Bevölkerung als staatstragender Politiker wieder herstellen zu können, muss es zuallererst einmal untergraben werden. Denn dann ist es angesichts eines „Sturms" nur folgerichtig, zur „Abwehr" bis hin zum offenen „Kampf" gegen ebendiesen zu blasen.[190]

Damit soll nicht nur die materielle, sondern vor allem die symbolische Grenze zwischen „Hierseienden" und „Neuankommenden" fortifiziert werden. Denn diese Grenze verunmöglicht eine Auflösung des demokratischen Paradoxes (oder wenigstens die Annäherung daran) und lässt nationalstaatliche Interessen immer unvereinbarer mit den Interessen von Ankommenden erscheinen. Dabei wäre es gar nicht so schwer, die vermeintlich konträr gelagerten Interessen beider Extreme in einem gemeinsamen aufgehen zu lassen, weil nämlich *alle* potenziell Betroffene sind. Das ist die Annahme, die dem Gedankenexperiment des Schweizer Philosophen Andreas Cassee zugrunde liegt: „Auf welche Grundsätze für den Umgang mit internationaler Migration würden wir uns einigen, wenn wir nicht wüssten, welche Staatsangehörigkeit wir besitzen, welcher sozialen Schicht wir angehören und welche Vorstellung von einem gelingenden Leben wir verfolgen?"[191] Anders gefragt: Wenn Sie einen hypothetischen Moment vor Ihrer Geburt imaginieren, in dem Sie noch nicht wissen können, ob Sie als Afghanin oder als Österreicherin geboren werden, welches Einwanderungsregime, welche Grenzkontrollen (und deren Durchsetzung), welche Form der humanitären Aufnahme (und Höhe der Kontingente), welches internationalisierte Passsystem würden Sie sich wünschen? Wenn die Chance, auf internationalen Schutz angewiesen zu sein, mindestens ebenso groß (bzw. in Anbetracht der weltweiten Relationen größer) ist, wie diesen Schutz gewähren zu müssen, worauf würden Sie sich in diesem hochriskanten *gamble* einlassen?[192] *Im Zweifel für den Schutz*, meine ich die geschätzten Leser*innen raunen zu hören. Und genau das könnte ein Weg zur Auflösung sein, der das Paradox harrt.

7. ANKUNFT

Im treffendsten, nämlich im Beauvoir'schen Sinne, werden Flüchtlinge nicht geboren, sondern gemacht. Sie sind ebenso sehr das Produkt von Nationalstaaten und deren Grenzen wie von Konflikt und Vertreibung aus diesen. Gäbe es keine Staaten, gäbe es auch keine Staatenlosen. Dabei ist nicht nur die Identität von Geflüchteten durch den Staat bedingt, sondern auch vice versa: *Staaten brauchen die Flüchtlinge*, die sie offiziell abwehren und draußen halten wollen, weil sie damit nach innen hin ihre Macht und Souveränität signalisieren und denen, die in den Staat als *demos* eingeschlossen sind, ihre Rechte und Privilegien verdeutlichen.[193] Die Geflüchtete ist eine Quelle der Legitimation für die Begrenzungs- und Entscheidungsmacht von Staaten und damit die Negativfolie der Bürgerin an sich – die eine ist nicht ohne die andere möglich.[194]

Auf einer wesentlich profaneren Ebene brauchen westliche Aufnahmeländer geflüchtete Menschen zunehmend als Arbeitskräfte, um den Sozialstaat zu erhalten und der alternden Gesellschaft entgegenzuwirken. Nicht von ungefähr waren während der Coronakrise Migrant*innen und Geflüchtete in den vielgepriesenen und bis dato gering entlohnten systemerhaltenden Berufen überrepräsentiert, von der Pflege über die Supermarktangestellten bis hin zu den landwirtschaftlichen Saisonarbeiter*innen, die teils gar per Charterflug ins Land gebracht wurden (siehe Kapitel 9 – „Aufstieg"). Ein nicht unerheblicher Teil von ihnen war erst einige wenige Jahre davor im Zuge der letzten große „Krise" nach Westeuropa gekommen.

Wesentlich drastischer drückt der polnisch-britische Philosoph Zygmunt Bauman diese Dynamik der Ausbeutung und Abwehr aus. Der Globale Norden greife im Grunde auf zwei klassische Strategien zurück, wenn er mit sich nähernden und um Aufnahme bittenden Fremden konfrontiert sei: Mittels *Anthropophagie*, also dem Sich-Einverleiben, Verdauen und Zu-eigen-Machen, und mittels *Anthropoemie*, dem Ausspucken (oder weniger elegant ausgedrückt: Auskotzen) und damit dem Verbannen aus der „geordneten Welt".[195] Ersteres trifft wohl auf das herrschende Diktum zur Integration *(durch Leistung!)* zu, wobei damit häufig die fast vollständige Assimilation in den Aufnahmestaat gemeint ist, von ökonomischen über soziale bis hin zu kulturellen Fragen. Diese werden mitunter am heftigsten moralisiert und am stärksten emotional aufgeladen, wie Diskussionen um „eingewandertes Patriarchat",[196] „Brennpunktschulen", „politischen Islam", aber auch der grassierende Deutschfetisch verdeutlichen. Die „Anthropoemie" dagegen haben die vorangegangenen Kapitel, von Mauerbau über Lagerhaltung bis hin zu europäischen Externalisierungspraktiken, schon zur Genüge illustriert.

Hat man also erst einmal den Status als „Flüchtender" (zu trennen vom rechtlichen Status des „Flüchtlings", der Schutz verleiht) erreicht, ist man einer Reihe von Ambivalenzen ausgesetzt. Diese äußern sich in widersprüchlichen Erwartungen, die an einen herangetragen werden. Denn auf der einen Seite sollten Geflüchtete froh sein, ins erstbeste sichere Land gelangt zu sein und somit auch nicht weiterwandern wollen, egal ob sie in Rumänien, Schweden oder der Türkei gelandet sind. Kaum eine Diskussion scheint moralisch aufgeladener als jene über die „Ziellandwahl" von Schutzsuchenden, die es eigentlich, so der Tenor, gar nicht geben dürfte.[197] Hinter Diskussionen über „Einwanderung in den Sozialstaat"[198] oder darüber, warum Geflüchtete nicht in Ungarn bleiben, sondern nach Deutschland weiterziehen wollen, steht die Annahme, dass Geflüchtete keine Aspirationen auf ein *gutes* Leben haben dürfen. Das biblische „Land, in dem Milch und Honig fließen", steht ihnen nicht einmal als Sehnsuchtsort zu, obwohl eine der ältesten Fluchtgeschichten der Menschheit, der Exodus der Israeliten aus der Sklaverei in Ägypten, genau das verheißt: Flucht aus Unterdrückung *und* Aussicht auf ein besseres Leben.

Im heutigen Flüchtlingsregime ist von Milch und Honig keine Spur. Reines *Über*leben muss reichen – andernfalls wären sie ja „Wirtschaftsflüchtlinge", womit ihnen auch kein Schutz nach geltendem Asylrecht zustünde.[199] Handlungsmacht würde die eigene Vulnerabilität untergraben.[200]

Andererseits wird von Geflüchteten aber, sobald ihnen im Aufnahmeland Asyl zugesprochen wurde, sehr wohl erwartet, Aspirationen und *agency* an den Tag zu legen. Unter dem Motto „Integration durch Leistung" gilt für einen Asylberechtigten, möglichst rasch ein selbstwirksames, aktives und produktives Mitglied der Gesellschaft zu werden: rasch die Sprache zu lernen, ökonomisch unabhängig zu sein, Gebräuche und Traditionen anzunehmen, sich ehrenamtlich zu engagieren.[201] Dass dies mitunter in einem Land wie Deutschland, das entsprechende Strukturen, Integrationsbegleitung, kostenfreie Sprachkurse und einen aufnahmefähigen Arbeitsmarkt bei guter Konjunktur bietet, leichter umzusetzen ist als in Ungarn, wo Geflüchtete – so sie nicht aus der Ukraine stammen – großteils sich selbst überlassen und von staatlichen Sozialleistungen abgeschnitten werden, liegt auf der Hand. Auch bestehende Netzwerke und Communities können helfen, und die sind wiederum ungleich auf europäische Länder verteilt. Zwischen diesen Ländern eine informierte Wahl in ihrem Eigeninteresse (und, nach dem Leistungsgebot urteilend, auch dem staatlichen Interesse) zu treffen, wird Flüchtlingen aber nicht zugestanden.[202]

Das Flüchtlingsparadox funktioniert also auf zwei Ebenen. Erstens sollen Flüchtlinge gleichzeitig schwach und schutzbedürftig, aber auch leistungswillig und integrationsfähig sein. Dass gerade die Schutzbedürftigsten unter ihnen, wie zum Beispiel alte oder chronisch kranke Menschen, aufgrund von gesundheitlichen und psychischen Einschränkungen am schwersten in den Arbeitsmarkt oder ins Bildungssystem zu integrieren sind, wird im herrschenden Integrationsdiskurs nicht artikuliert bzw. geflissentlich ausgeblendet. Zweitens sollen Flüchtlinge so wenig Aspirationen und auch so wenig Selbstwirksamkeit (im Fachjargon *self-efficacy* genannt) wie möglich an den Tag legen und sich idealerweise auf ewig dankbar für ihre Aufnahme erweisen, ohne jegliche Ansprüche hinsichtlich Aufnahmebedingungen zu stellen. Gleichzeitig sollen sie so rasch wie möglich ein selbstbestimmtes Leben führen, auf dessen Bedingungen sie aber keinen Einfluss haben. Selbst in Flüchtlingslagern wird Resilienz und Eigenverantwortung gefordert, unterdessen sollen Geflüchtete aber die Schwächsten und Schutzbedürftigsten sein, um diesen Schutz eben auch verdient zu haben.

Deutlich gesehen hat man diesen widersprüchlichen Umgang zuletzt am Beispiel der ukrainischen Ankommenden: Der politische Diskurs betonte die gewaltsame, alternativlose Vertreibung aus der Heimat, die unmittelbare Kriegserfahrung, die Tatsache, dass es sich bei den Ankommenden um die Schwächsten der Gesellschaft, nämlich Frauen, Kinder und ältere Menschen, handle. Der Begriff „Vertriebene" verdeutlichte durch das Passiv das absolute „Opfersein" der Ankommenden - immerhin seien dies jetzt die „echten" Flüchtlinge, so zahlreiche O-Töne zu Beginn des Krieges. Ihre Aufnahme in der EU und die Welle an Hilfsbereitschaft, die ihnen entgegenschlug, hätten die ukrainischen Vertriebenen also wahrlich „verdient", waren sie doch tatsächlich *deserving* (siehe Kapitel 4 - „Schutz", für die Debatte um *deservingness*). Gleichzeitig setzte sich aber auch das gegenteilige Narrativ durch, nämlich, dass sich die nun Ankommenden besonders rasch in den Arbeitsmarkt integrieren würden, ja unglaublich leistungsbereite Fachkräfte seien, die aufgrund ihrer hohen Qualifikationen hierzulande sofort Fuß fassen und selbsterhaltend sein könnten. Dass diese beiden Narrative einander im Kern widersprechen, weil der besonders schutzbedürftige, traumatisierte, eventuell noch alte und chronisch kranke Kriegsflüchtling nur bedingt deckungsgleich mit dem allzeit leistungsbereiten, psychisch wie physisch belastbaren Facharbeiter sein kann, ist eigentlich evident, schien aber im Frühjahr 2022 niemanden zu stören.

Und nahezu sprachlos machten dann die Berichte über ukrainische SUVs, die die Wiener Innenstadt zuparkten, oder der staunende Journalist an der ukrainisch-slowakischen Grenze, der von einem „funkelnagelneuen *Bentley Continental*" mit „eleganten eierschalenfarbenen Nappaledersitzen" berichtete, so als ob Putins Bomben einen Bogen um Vermögende machten.[203] Kaum in Österreich angekommen, posteten ukrainische Frauen in Facebook-Gruppen den Wunsch nach einer Maniküre und fragten unverblümt, ob man ihnen ob des Krieges einen Rabatt gewähren würde. Der Zorn der wohltätigen Mitlesenden, die wohl vielfach gerade eine Nachtschicht in einem der Erstaufnahmezentren hinter sich hatten, war ihnen gewiss. Die künstliche Aufregung über die Smartphones der im Jahr 2015 Angekommenen schlug in dieselbe Kerbe. Solche verblüfften Reaktionen auf die Ressourcen und Aspirationen Schutzsuchender verdeutlichen, wie sehr unser (Wunsch-)Bild des Flüchtlings das eines armutsbetroffenen, im sprichwörtlich letzten Hemd daherkommenden Vagabunden ist, dessen frappante Bedürftigkeit in uns nichts als Mitleid und Erbarmen auszulösen hat – und uns deutliche Abhebung und damit Status(zu)gewinn beschert.

In den Zuschreibungen solcher Vorstellungen und Erwartungen, wie denn Flüchtlinge so seien und zu sein haben, ist man hierzulande von jeher erbarmungslos. Einerseits verdeutlichen die Reaktionen auf ukrainische Ankommende, wie sehr sich der gut situierte Westeuropäer nach Flüchtlingen sehnt, die ihm optisch wie kulturell ähnlich sind. Anderseits aber, womit wir wieder im Paradoxen sind, auch nicht *zu* ähnlich, denn ein gewisses Gefälle zwischen Geflüchteten und Sesshaften soll dann doch gewahrt bleiben. Denn redet man sich auch nur lange genug ein, dass der Flüchtling ganz anders sei als „wir", erleichtert dies die Legitimation von Unterscheidung, Differenzierung und Ungleichbehandlung von (vermeintlich) Ungleichem.

Aus dieser schizophrenen Haltung des Aufnehmenden folgt, dass von angekommenen und aufgenommenen Flüchtlingen ab dem Zeitpunkt ihrer Ankunft (und bei lang andauernden Fluchterfahrungen auch in Transitländern bzw. bereits während der Flucht) nicht weniger als die Quadratur des Kreises erwartet wird. Das Flüchtlingsparadox ist im Kern eines des *Refugee Superman*, dem scheinbar Unmögliches gelingt. Und sein dunkler Gegenspieler ist jener Flüchtling, der die soziale Hängematte ausnützt und gleichzeitig Einheimischen ihre Jobs wegnimmt.

Tatsächlich baut das herrschende Flüchtlingsregime grundlegend auf der Verschleierung des Flüchtlingsparadoxes auf, beruht es doch rechtlich (in der Anerkennung des Schutzstatus), aber noch folgenreicher moralisch-ethisch auf der grundlegenden *Schutzbedürftigkeit* von Flüchtlingen, in die Schwäche, Ohnmacht und Verletzlichkeit eingeschrieben sind. Die Asymmetrie zwischen aktiv Aufnehmenden und passiv zu Rettenden ist sowohl auf staatlicher als auch auf humanitärer Ebene augenscheinlich. Schutzgewährung wird dadurch immer strukturell als von oben nach unten, vom Starken zum Schwachen, vom Mächtigen zum Schutzbedürftigen verteilt begriffen und beschrieben.[204] Vielfach werden dadurch ökonomische Ausbeutungs- und postkoloniale Abhängigkeitsverhältnisse fortgeschrieben[205] – auch in Ländern, deren koloniale Vergangenheit erst auf den zweiten Blick erkennbar wird. Durch die (meistens) gut gemeinte Verpflichtung zur humanitären Hilfeleistung werden Geflüchtete von (auf rechtlicher Basis) Fordernden zu reinen Bittstellern.[206] Flüchtlinge primär als Objekte humanitärer Hilfe, als vulnerabel oder als zu Rettende darzustellen, macht sie paradoxerweise (und meist ganz und gar ungewollt) erst recht zu Rechtlosen, weil dadurch der rechtmäßige Anspruch auf Asylansuchen unterbetont bleibt.[207]

Besonders augenscheinlich wird dies in der beliebten Parabel vom ertrinkenden Kind, die in Variationen immer wieder herangezogen wird, um für grenzüberschreitenden Flüchtlingsschutz zu argumentieren – ganz so, als ob die Allgemeine Erklärung der Menschenrechte nicht Argument genug bieten würde. Das Gedankenexperiment geht auf den australischen Philosophen Peter Singer zurück, der damit Fragen der moralischen Verantwortung nachging.[208] Einem Kind, das vor den Augen eines Spaziergängers im Teich zu ertrinken droht, würde dieser wohl sofort helfen, auch wenn das mit persönlichen Kosten einhergeht (etwa, dass seine eigene Kleidung nass und dreckig wird). Im Vergleich zu dem, was eintreten würde, wenn er nicht handelte (vermutlich der Tod des Kindes), sind diese Kosten vergleichbar gering. Anders verhält es sich aber, wenn wir an notleidende und ebenso vom Tod bedrohte Kinder im Globalen Süden oder in Flüchtlingslagern denken: Hier fühlen wir uns nicht zwingend verpflichtet, Hilfe zu leisten, etwa durch Konsumverzicht, Spenden oder die Aufnahme Geflüchteter.

Genau das ist aber laut Singer moralisch nicht zu rechtfertigen, denn für die Moral macht es keinen Unterschied, ob das Kind vor unseren Augen oder mehrere tausende Kilometer entfernt zu sterben droht. Der objektive Wert eines Menschenlebens, da würde wohl jeder zustimmen, bemisst sich nicht aus der (geografischen oder emotionalen) Nähe oder Distanz zu unserem eigenen: „Wenn es in unserer Macht steht, etwas Schreckliches zu verhindern, ohne dass dabei etwas von vergleichbarer moralischer Bedeutung geopfert wird, dann sollten wir es tun", so Singer.[209] Und dass Menschen im Globalen Norden zumindest teilweise diese Macht haben, durch ihr Konsumverhalten, ihr Stimmverhalten und durch Entwicklungszusammenarbeit beizutragen, „Schreckliches" auf der Welt zu verhindern, steht für ihn außer Frage.

Die „Kind im Teich“-Analogie wurde in den letzten Jahren immer wieder für Argumentationen und Aktivismus im Bereich der Flüchtlingshilfe eingesetzt, ebenso wie der Vergleich mit einem Säugling, der mitten im Winter vor der Haustür ausgesetzt wird.[210] Angesichts des realen Massensterbens im Mittelmeer, einem Teich in aufgeblähten Dimensionen, an Zynismus nicht zu überbieten. Dennoch scheuen Aktivist*innen wie Forscher*innen nicht davor zurück, aus der Teich-Analogie für die Situation von Geflüchteten zahlreiche Parallelen abzuleiten: „Sie sind *ohne eigenes Verschulden* in eine Lage gekommen, in der sie auf Hilfe anderer angewiesen sind [...]. Es geht also aus moralischer Perspektive hier nicht um die Frage, ob jemand politisch verfolgt wird oder unter einer Hungersnot leidet, sondern um die Frage, ob *menschliche Grundbedürfnisse akut bedroht* sind“, wird da etwa argumentiert.[211]

Diese Diagnose gründet auf mehreren zentralen, aber unausgesprochenen Annahmen, die unseren Umgang mit Flucht, vor allem aber mit Geflüchteten prägen: Erstens darf die Notsituation nicht „selbst verschuldet“ sein. Zum eigenen Verschulden zählen im aktuellen politmedialen Diskurs tatsächlich aber alle Fluchtgründe, die nicht in der Genfer Flüchtlingskonvention erfasst sind und Vertriebene damit zu vermeintlichen „Wirtschaftsflüchtlingen“ machen (etwa Hunger, Dürre, Überschwemmungen). Zweitens müssen Grundbedürfnisse akut bedroht sein. Angesichts fehlender anderer Akteure obliegt es in der Analogie dem Spaziergänger zu beurteilen, ob dies der Fall ist. Der Hilfsbedürftige hat keine Deutungshoheit über die eigene Notlage. Das greift auch schon über in die dritte und letzte Ableitung aus der Parabel, die wohl die wirkmächtigste und gleichzeitig problematischste darstellt: Geflüchtete sind passiv Betroffene, die kaum oder keine Handlungsoption mehr haben. „Wir“ in der Position des Betrachters, der beherzt in den Teich springen oder aber unberührt weitergehen kann, sind Akteure im besten Sinn. So sehr der Vergleich auch für eine moralische Verpflichtung zur Hilfeleistung und Schutzgewährung argumentieren will, so sehr trägt er dazu bei, geflüchtete Menschen zu infantilisieren und zahlt ein in die Erzählung von Flüchtlingen als primär schwache, schutzbedürftige und handlungsunfähige Opfer. Mit Rückgriff auf angewandte Ethik geht die Philosophin Peggy Breitenstein sogar so weit, die Rolle, die geflüchteten Menschen hier aufgedrückt wird, als jene der *moral patients* (im Gegensatz zu *moral agents*) zu charakterisieren – eine Rolle, die für gewöhnlich nur Kindern, Tieren oder Schwerstkranken zugestanden wird.[212]

In Aberkennung dessen, was die sozialpsychologische Forschung als *agency* bezeichnet (also Handlungs- und damit auch Wirkungsmacht), vollzieht sich, zu Ende gedacht, eine Form der Dehumanisierung, die zwar wesentlich schöner verpackt daherkommt als jene, die wir an Europas Grenzen oder im Diskurs der Rechten erleben, aber im Kern eben dennoch eine ist. Denn handlungsfähig zu sein und damit auch Wünsche und Ziele zugesprochen zu bekommen, ist ein Grundelement dessen, was uns zum Menschen macht. Genau diese Handlungsfähigkeit wird aber in solcherlei Analogien Geflüchteten abgesprochen, und gleichzeitig werden ihre Wünsche und Ziele nicht in die Entscheidungsfindung der potenziellen Retter*innen (in den Teich springen oder nicht) miteinbezogen.

Das belegen auch häufige Debatten um „Lastenverteilung" von Geflüchteten,[213] etwa bei der „fairen" Verteilung von Geflüchteten in der EU (mit einhergehender „Entlastung" der Mitgliedstaaten mit Außengrenzen, siehe Kapitel 5 – „Grenzen") oder bei einer bundesweiten Verteilung unter Ländern und Gemeinden, wie etwa im österreichischen Grundversorgungsgesetz festgelegt ist.[214] Die zu Rettenden werden gar nicht erst gefragt, nach dem Motto: Sollen sie doch froh sein, überhaupt gerettet zu werden. Es fehlt im Grunde das, was Hannah Arendt als wesentlich dafür erachtet, um eben nicht dem extremen Bösen oder der banalen Dummheit anheimzufallen, nämlich sich „vorzustellen, was eigentlich mit dem anderen ist".[215] Also eine Art Basislevel an Empathie, die eben als Grundlage eine Form der Gleichheit benötigt, an die man anknüpfen kann. Spricht man aber Geflüchteten durch Infantilisierung und Opferdiskurs diese grundlegende Gleichheit in Form des Menschseins ab, so wird es schwierig mit der Empathie.

Der britisch-österreichische Schriftsteller Peter Waterhouse bringt die grundsätzliche Dehumanisierung, die hinter Zuschreibungen von Ohnmacht, Passivität und Opfertum steht, wie folgt auf den Punkt: „Wie steht es um die, die sich aus Mut auf den Weg gemacht haben, aus Hoffnung, aus Optimismus, aus ausreichend Kraft und Intelligenz und Vielseitigkeit und Phantasie und Lebenslust, um das Leben neu zu beginnen und zu begründen? Oder aus Schmerz, subjektiv empfunden oder wohlbegründet, physischem oder seelischem? Die Mutigen, die vor Verfolgung und Gewalt geflüchtet sind, sollen keine Flüchtlinge sein? Soll man denken, dass die Flüchtlinge allesamt Feiglinge sind? Darum nennen wir sie Flüchtlinge, weil die Worte Flüchtling und Feigling so ähnlich klingen?“[216] Die volle Wucht dieser semantischen Zusammenziehung bekamen ukrainische Männer im wehrfähigen Alter zu spüren, die aus sicherlich guten Gründen nicht zur Waffe greifen, sondern in Sicherheit fliehen wollten. Auch solchen Überlegungen folgend ist man dazu übergegangen, den Diminutiv „-ling“, der im Deutschen für Verkleinerung und Verniedlichung steht, durch den neutraleren Begriff des „Geflüchteten“ zu ersetzen. In vielen Kontexten, und zwar sowohl rechts wie auch links im politischen Spektrum, gewinnt man dennoch den Eindruck, hier wäre bewusst weiterhin von Flücht*lingen* die Rede.

Augenscheinlich wird das in Debatten um Fragen der ökonomischen Integration, in die ich selbst, qua Affiliation an einer Wirtschaftsuniversität, unversehens immer wieder hineingerate. Auch diese sind von einem paradoxen Grundton geprägt: Man dürfe Flucht und Migration keineswegs „zusammenziehen“, müsse die beiden „streng trennen“, weil ein Geflüchteter keinesfalls wirtschaftliche Gründe für die Flucht haben dürfe, sondern rein solche, die auf persönlicher Verfolgung fußen. Seien diese seine Gründe dann anerkannt, so müsse er sich aber schnellstmöglich in den Arbeitsmarkt integrieren und sich selbst erhalten, idealerweise noch (Lohn-)Steuerzahler werden. Eine Ökonomisierung der Flüchtlingsdebatte, etwa in Hinblick auf das „Humankapital", also die Qualifikationen und damit „Verwertbarkeit" von Flüchtlingen auf dem Arbeitsmarkt, wird aber sowohl von Positionen rechts als auch links der Mitte abgelehnt.[217] Die einen befürchten eine Schlechterstellung von heimischen Arbeitskräften und Lohndumping (und wollen generell niemanden mehr aufnehmen), die anderen möchten Menschen nicht „verwirtschaftlichen" und sprechen Geflüchteten damit indirekt ihren Selbsterhaltungstrieb und ihre Selbstverwirklichung (zu der auch die berufliche zählt) ab.

Im öffentlichen Diskurs werden „Wirtschaftsflüchtlinge" immer wieder gegen „echte Flüchtlinge" ausgespielt.[218] Die einen würden den anderen Platz und Ressourcen streitig machen, das Asylsystem verstopfen oder gar „Asylmissbrauch" betreiben und somit jenen, die wirklich Schutz benötigen, den Zugang dazu versperren, indem sie Ressourcen bänden. Dieses Narrativ wird der Komplexität von Migration und Fluchtdynamiken (siehe Kapitel 3 – „Sicherheit") nicht gerecht und transportiert gleichzeitig eine wirkmächtige Chimäre vom „überlasteten" Asylwesen bzw. vom begrenzten Platz in westlichen Aufnahmeländern. Die – ohne Not – mangelhafte Unterbringung von Schutzsuchenden bei gleichzeitig vorhandenen Aufnahmekapazitäten – etwa wenn Asylwerbende in Notunterkünften am Boden schlafen müssen, obwohl es für reiche Industrieländer ein Leichtes wäre, rasch Betten aufzustocken – schlägt in dieselbe Kerbe und reproduziert das Narrativ einer „Überlastung", wie es auch 2015 für so manche*n Politiker*in opportun war.

Dabei ist die Unterscheidung zwischen „Arbeitsmigrant*innen" auf der einen und „Geflüchteten" auf der anderen Seite nicht nur wegen des Kontinuums der „Freiwilligkeit" bei Ausreise eine zu problematisierende (siehe Kapitel 3 – „Sicherheit"), sondern auch noch nach Einreise eine künstliche (wenn auch notwendige) und nur bedingt sinnhafte. Es besteht weder rechtlich noch moralisch ein nachvollziehbarer Grund, warum Asylstatus und Arbeitsmarktzugang nicht voneinander entkoppelt werden könnten. Das geschieht in zahlreichen europäischen Staaten bereits, etwa in Schweden, wo Asylwerbende bereits drei Tage nach ihrer Ankunft arbeiten (und sich selbst erhalten) dürfen. In der Schweiz ist dies immerhin nach drei Monaten der Fall.[219] In Österreich erhielten ukrainische Vertriebene, deren Schutzstatus per se als „temporär" definiert ist und alle sechs Monate verlängert werden muss, ebenfalls sofortigen Arbeitsmarktzugang über eine unbürokratisch ausgestellte Beschäftigungsbewilligung. Ein anderer, nämlich humanitär wie wirtschaftlich sinnvoller Umgang mit dem Recht auf Arbeit, das auch Schutzsuchende haben, ist also möglich. Selbst die EU-Aufnahmerichtlinie sieht vor, dass Asylwerbenden spätestens neun Monate nach Beginn des Asylverfahrens Arbeitsmarktzugang zu gewähren ist.[220]

Erst kürzlich zeigte eine Studie der Universität Stanford und der ETH Zürich eindrucksvoll, wie hoch die Kosten restriktiver Arbeitsmarktpolitik sind: Hätte Deutschland in den 1990ern den Arbeitsmarkt für Geflüchtete aus Ex-Jugoslawien nur sieben Monate früher geöffnet, so wären durch weniger Sozialausgaben und mehr Steuereinnahmen pro Jahr 40 Millionen Euro eingespart worden.[221] Das lässt sich durch den sogenannten „Narbeneffekt" von Arbeitslosigkeit erklären: Je länger ein Mensch nicht arbeiten darf, desto stärker und nachhaltiger sinkt die Motivation zu arbeiten, die auch nach erfolgtem Arbeitsmarktzugang nicht wieder so rasch ansteigt. Deshalb sind die ersten Monate im Aufnahmeland entscheidend für die spätere Integration von Geflüchteten. Alles, was in dieser Phase falsch läuft, wirkt überproportional lange nach. Geflüchteten anstelle von exklusiver Vulnerabilität auch Handlungsmacht und Selbstwirksamkeit zuzugestehen, hat also nachweislich positive Effekte für die Aufnahmegesellschaft.

In Österreich ist das Arbeitsverbot für Geflüchtete jedoch weiterhin so etwas wie die heilige Kuh des Asylwesens. Debatten um asylwerbende Lehrlinge in Mangelberufen schlagen regelmäßig hohe Wellen, ihre Abschiebung wird mit Verweis auf die streng einzuhaltende Trennung von Asyl- und Arbeitsmigration (siehe oben) legitimiert. De facto gibt es aber zahlreiche Gründe, die für die Konzeption von Arbeits- und Fluchtmigration als kommunizierende Gefäße sprechen. Dass es nämlich für afrikanische Migrant*innen kaum Möglichkeiten der legalen Einreise über Arbeits- und Studierendenvisa gibt, führt nachweislich dazu, dass viele von ihnen keine andere Option sehen, als auf die Asylschiene auszuweichen; nur um dann paradoxerweise des „Asylmissbrauchs" bezichtigt zu werden, den sie ja selbst gerne vermeiden würden – wenn man ihnen denn über andere, für den Nationalstaat wesentlich weniger kostenintensive Wege als Asylverfahren überhaupt eine reelle Chance böte, einzureisen (siehe Kapital 3 – „Sicherheit").[222]

Es gibt zahlreiche Beispiele dafür, wie man eine Verschränkung des Asyl- und Migrationswesens positiv nutzen kann. Ende der 1960er verzeichnete Deutschland einen starken Anstieg von Asylanträgen aus dem damaligen Jugoslawien, die aber fast ausnahmslos abgelehnt werden mussten, da streng genommen keine Fluchtgründe vorlagen – ähnlich wie heutzutage bei vielen afrikanischen Asylantragsteller*innen, die der gemischten Migration zuzuordnen sind. Für die deutschen Einwanderungsbehörden war aber klar, dass viele aus wirtschaftlicher Not emigrierten, und so schufen sie in Folge einen rechtlichen Rahmen für deren Einreise, nämlich das damalige Gastarbeiterabkommen. Damit gingen die Asylanträge rapide zurück, was zu einer nachweislichen Entlastung der Asylbehörden und damit zu einer höheren Qualität (und rascheren Abwicklung) der Asylverfahren für Staatsangehörige aus anderen Ländern führte, für die die Anerkennungsquoten wesentlich höher waren. Tatsächlich stellt auch die heutige Westbalkanregelung darauf ab, durch niederschwellige Visavergabe Menschen davon abzuhalten, aus Mangel an Alternativen Asylanträge stellen zu müssen.[223] Nachdem viele Asylwerber*innen aus reiner ökonomischer Verzweiflung auf illegale Dienstleistungsmärkte ausweichen oder als „Selbstständige“ unter anderem in der Prostitution tätig werden, wird durch solche Spurwechsel auch eine Legalisierung von ohnehin vonstattengehenden Praktiken betrieben.[224]

Doch nicht nur aus Perspektive des Asylwesens, sondern auch aus integrationspolitischer Sicht wäre eine weniger rigide Trennung zwischen humanitärer und Arbeitsmigrationsschiene sinnvoll. Arbeit ist eine zentrale Triebfeder für Integration und auch der Spracherwerb klappt nirgendwo schneller als direkt am Arbeitsplatz, im regelmäßigen Kontakt mit Kolleg*innen und Vorgesetzten. Traumatische Erfahrungen, die viele Geflüchtete im Heimatland oder auf ihrem Weg nach Europa gemacht haben, können bei sinnvoller Tätigkeit im Aufnahmeland rascher und besser verarbeitet werden, weil das Gefühl von Selbstwirksamkeit, ein soziales Netz und ein strukturierter Tagesablauf wichtige Resilienzen schaffen. Gerade für junge, arbeitsfitte und -willige Menschen ist das wesentlich und kann hohe volkswirtschaftliche Folgekosten in Form von Sozial- und Gesundheitsausgaben abfedern.[225] Auch das viel zitierte „subjektive Sicherheitsgefühl“ (siehe Kapitel 1 – „Lager“) der österreichischen Wohnbevölkerung würde sich durch die Beschäftigung jugendlicher Geflüchteter wohl gestärkt sehen.

Und dann sind da noch die betroffenen Betriebe, meist Klein- und Mittelunternehmen, vorrangig im ländlichen Raum, die massiv von einer Lockerung des Arbeitsmarktzugangs für Asylwerbende profitieren würden. Denn der vielzitierte Fachkräftemangel kann wiederum Arbeitslosigkeit und somit Abwanderung erzeugen, und zwar dann, wenn dadurch Produktion und somit andere, davon abhängige Jobs wegfallen. Gleichzeitig erodiert das mitgebrachte Humankapital geflüchteter Menschen, wenn es über einen längeren Zeitraum hinweg nicht sinnstiftend eingesetzt werden kann.[226] Können

Fachkräfte jedoch rasch und niederschwellig ausgebildet und eingesetzt werden, so belebt das den gesamten Arbeitsmarkt über die Fachbranche hinaus.

Neuesten Daten zufolge steht die österreichische Bevölkerung der ökonomischen Einwanderung zunehmend positiv gegenüber. So zeigt die Europäische Wertestudie, dass die kulturelle Skepsis gegenüber Einwander*innen in den letzten Jahren zugenommen, ökonomisch motivierte Ängste aber abgenommen haben: Während 2008 noch die Hälfte der österreichischen Wohnbevölkerung der Meinung war, Zuwander*innen würden Einheimischen Jobs wegnehmen, war dieser Anteil zehn Jahre danach auf 32 % gesunken. Ähnliche Veränderungen zeigte die landesweit gesunkene Zustimmung zur Aussage, dass Zuwander*innen heimgeschickt werden sollten, wenn Jobs knapp werden, oder dass Arbeitgeber*innen Einheimische bevorzugen sollten. Zugleich wird aber Integration, allen voran durch den Erwerb der deutschen Sprache und die Anpassung an den hiesigen Lebensstil, stärker denn je eingefordert.[227]

„Integration durch Arbeit" ist ein politisches Credo, das in der Bevölkerung angekommen ist, was auch die fast schon verblüffend hohe Zustimmung zu Kampagnen wie jener des ehemaligen oberösterreichischen Integrationslandesrats und späteren Gesundheitsministers Rudolf Anschober verdeutlichte: Die parteiübergreifende Initiative „Ausbildung statt Abschiebung", die sich für ein Bleiberecht von asylwerbenden Lehrlingen in Mangelberufen einsetzte, erhielt 80.000 Unterschriften, wurde quer durch alle politischen Lager von Bürgermeister*innen, Unternehmer*innen und Ausbildungsstätten unterstützt und trug Anschober gar den Titel „Mensch des Jahres" des Wochenmagazins *FALTER* ein. Ob diese Lehrlinge, die oftmals sogar Familienunternehmen vor dem sicheren Zusperren retteten, über die Asyl- oder Arbeitsmigrationsschiene ins Land gekommen waren, schien für die Bevölkerung zweitrangig zu sein. Wesentlich war, dass sie bleiben durften.

Um das zu gewährleisten, schufen Länder wie Deutschland, wo sich nach der großen Fluchtbewegung 2015 eine ähnliche Dynamik abzeichnete, die 2plus3-Regelung: Selbst im Falle eines negativen Bescheids dürfen Lehrlinge mit Ausbildungs- und Arbeitsplatzzusage die zwei Lehrjahre abschließen plus mindestens drei Jahre im Betrieb arbeiten. Das schafft Sicherheit für die Unternehmen und die ausgebildeten Lehrlinge. Auch im Koalitionsabkommen der deutschen Bundesregierung unter dem Sozialdemokraten Olaf Scholz vom November 2021 ist dieser Spurwechsel festgehalten und geht sogar noch weiter: Er sieht eine Aufenthaltserlaubnis für alle Geduldeten in der Ausbildung vor, wodurch sie, aber auch ihre Ausbildner*innen und Betriebe, mehr Rechtssicherheit erhalten.[228] Und das alles ohne Angst vor Arbeitskräfteüberangebot, Lohndumping oder Aushöhlung des Arbeitnehmerschutzes. Die Erfahrung in Deutschland zeigt übrigens auch, dass die Sorge, solch eine Legalisierung von Menschen im Asylverfahren würde sich zu einem „Pullfaktor" entwickeln, unbegründet ist. Bisher zeichnete sich aufgrund der 2plus3-Regelung kein Anstieg der Asylantragszahlen ab. Studien belegen zudem, dass das Wissen Geflüchteter um solche Details des Arbeitsmarktzugangs in einzelnen EU-Ländern, die sich noch dazu relativ rasch ändern, kaum vorhanden ist und damit nur selten eine Rolle in der Entscheidung für ein bestimmtes Zielland spielt.[229]

In Österreich wurde zwar im Frühsommer 2021 das Arbeitsverbot für Asylwerbende vom Verfassungsgerichtshof gekippt, jedoch aus formalrechtlichen Gründen, weshalb eine inhaltliche Prüfung nicht mehr erforderlich war.[230] Seitens des Arbeitsministeriums wurde dies als rein „gesetzliche Lücke" interpretiert, die man baldigst schließen wolle. Doch nicht nur die Überprüfung der Umsetzung bestehender Regelungen, auch die Schaffung neuer gestaltet sich als ein mühevoller Prozess. So sieht ein neuer „Aktionsplan gegen Schlepperei und Menschenhandel" der EU-Kommission vor, dass Arbeitgeber*innen, die Migrant*innen ohne gültigen Aufenthaltsstatus illegal beschäftigen (also „Schwarzarbeit" ermöglichen), stärker sanktioniert werden, was vor allem den Niedrig- und Niedrigstlohnsektor wie Bauwesen, Reinigungsdienste, Landwirtschaft und Gastgewerbe betrifft, die sich durch einen besonders hohen Anteil migrantischer Arbeitskräfte und dadurch hohes Missbrauchspotenzial auszeichnen.[231] Die Frage nach legalen Beschäftigungsalternativen, vor allem für jene Menschen, deren legaler Aufenthaltstitel von (verzögerten) behördlichen Entscheidungen abhängig ist, bleibt aber unbeantwortet. Die Gefahr, dass Asylwerbende aus reiner Perspektivlosigkeit zunehmend in illegale Güter- und Dienstleistungsmärkte gedrängt werden, scheint real. Denn tatsächlich wird auch die Umsetzung der Aufnahmerichtlinie, die nach höchstens neun Monaten Asylverfahren eine Aufhebung des Arbeitsverbots vorsieht, in den einzelnen Mitgliedstaaten nur lasch kontrolliert.[232] Die Richtlinie regelt Versorgung, Unterbringung, Arbeitsmarkt- und Gesundheitszugang von Asylwerbenden, ist aber in zahlreichen Ländern, darunter Österreich, weiterhin unzureichend umgesetzt. Moniert wurde das von der EU bis dato aber kaum.[233]

Anhand des Arbeitsverbots für Asylwerbende zeigt sich exemplarisch, inwiefern das demokratische Paradox, nachdem Mitglieder eines Nationalstaats über Gesetze mit supranationalen Auswirkungen bestimmen, auch Fragen des sozialen, ökonomischen und kulturellen Ein- und Ausschlusses reguliert. Denn Grenzziehung durch den Nationalstaat regelt in einem erweiterten Sinn auch soziale Teilhabe und Zugehörigkeit. Selbst nach Einschluss in seine geografischen Grenzen steuert der Staat Mobilität und Bewegung auf vielfache Weise,[234] sowohl materiell (wie etwa durch Zugangskontrollen zu öffentlichen Institutionen) als auch im übertragenen Sinne, wie Zugang zu Sozialsystem, Arbeitsmarkt und Gesundheitsleistungen.[235]

Der Zugang zu letzteren ist in zahlreichen Grundsatzdokumenten festgelegt, die die meisten europäischen Aufnahmeländer ratifiziert haben.[236] Für Asylwerbende, vor allem für jene unter ihnen, die bereits abgelehnt wurden, sich aber weiterhin im Land aufhalten (sogenannte *undocumented migrants*, also undokumentierte Migrant*innen),[237] wird der Zugang zu medizinischer Versorgung, die über Erste Hilfe im Notfall hinausgeht, von den meisten Nationalstaaten aber eingeschränkt oder sogar verunmöglicht. Das stellt nicht nur die Betroffenen, sondern auch die Gesundheitsdienstleister*innen vor ein kaum auflösbares Paradox: Wenn sie Menschen ohne gültigen Aufenthaltstitel, die nicht dafür bezahlen können, helfen und ihnen medizinische Hilfe leisten, verstoßen sie gegen nationale Gesetze und Regulierungen zum Einsatz öffentlicher Mittel. Helfen sie aber nicht, verstoßen sie gegen die Menschenrechte und schaden gerade den Schutzbedürftigsten, die akute Versorgung benötigen – und gefährden mitunter sogar, wie uns jüngst die Corona-Pandemie vor Augen geführt hat, die öffentliche Gesundheit.[238]

Aufgelöst werden kann dieses Paradox, wie schon mehrfach festgehalten, nicht. Es kann aber, wie die österreichischen Forscherinnen Ursula Trummer, Sonja Novak-Zezula und Birgit Metzler zeigen, „gemanagt" werden, nämlich in Analogie zu Managementstrategien in der Privatwirtschaft durch Schaffung eines „paradox-freien Raums für Handlungen"[239], und zwar für beide Seiten. Indem Ärztinnen und Ärzte den Aufenthaltstitel ihrer Patient*innen schlicht ignorieren, können sie im Einklang mit den Menschenrechten und ohne Verletzung ihres Berufsethos Hilfe leisten. Undokumentierte Migrant*innen dagegen werden durch solche paradox-freien Räume überhaupt erst dazu befähigt, ihr Recht auf Gesundheit einzufordern, sich um ihr Wohlbefinden zu kümmern und aktiv Hilfe zu suchen, noch bevor ihr Zustand kritisch oder lebensbedrohlich wird. In der Teich-Analogie gesprochen müssen sie nicht passiv im Zustand des Ertrinkenden verharren und auf das Gutdünken des Spaziergängers warten, sondern können sich selbst Hilfe beschaffen.

Das ist in Österreich bei Organisationen wie *AmberMed* in Wien oder der Marienambulanz in Graz möglich, die in Abwesenheit von öffentlichen Einrichtungen für undokumentierte Migrant*innen eine wesentliche Lücke füllen. Während medizinisches Personal in öffentlichen Krankenhäusern oder in ihrer Ordination eine Person ohne Aufenthaltstitel (und damit ohne Krankenversicherung) abweisen müssen,[240] engagieren sich manche von ihnen in den genannten Einrichtungen als Ehrenamtliche und können den Aufenthaltsstatus ihrer Patient*innen „strategisch ignorieren". Damit wird das darunterliegende Paradox der widersprüchlichen Forderungen (einerseits universell Hilfe leisten, andererseits aber nur jenen, die Anspruch durch legalen Aufenthalt haben) zwar nicht aufgelöst, aber dennoch Handlung und Handlungsfähigkeit ermöglicht, und zwar gegenseitig.

In der Coronakrise wurde sogar die gesamte Stadt Wien zum „paradox-freien Raum", zumindest was den kostenfreien und niederschwelligen Zugang zu Testungen und Schutzimpfungen betraf: Auch Menschen ohne Krankenversicherung konnten sich jederzeit (ohne Kontrolle von Ausweispapieren und ohne Ausweisung befürchten zu müssen) auf COVID-19 testen oder dagegen impfen lassen. Nicht nur in einer Pandemie ist das eine auf mehreren Ebenen sinnvolle Strategie: Für den Einzelnen, aber auch für die gesamte Gesellschaft, denn dadurch werden die epidemiologischen Risiken gesenkt und nicht zuletzt hohe Folgekosten (etwa in Form eines notwendigen Lockdowns) verhindert. Das ist auch abseits einer Krise der Fall, hängt doch die öffentliche Gesundheit ganz zentral davon ab, dass *alle* Mitglieder einer Gesellschaft versorgt werden können, weil sie sonst auch andere gefährden. Das bestehende Paradox des Ausschlusses verhindert dies aber, und dennoch wird es aufrechterhalten, selbst zu einem hohen gesellschaftlichen Preis.[241]

Noch augenscheinlicher ist diese Form des Ausschlusses an Europas Grenzen und in den bereits erwähnten Lagern in zahllosen EU-Hotspots. Auch hier gibt es universelle, fundamentale Ansprüche, die nicht geltend gemacht werden können. Vielmehr werden Geflüchtete dauerhaft immobil gehalten und damit auch weiter als „passiv“, empfangend, duldend und handlungsunfähig konstruiert.

Somit zahlt die Lagerhaltung von Geflüchteten innerhalb und außerhalb von Europas Grenzen wieder nur in das Flüchtlingsparadox ein: Passive Hilfsempfänger*innen, von denen man diese Passivität zwar einerseits erwartet (weil sie Europa ja wissentlich und willentlich mitproduziert), sie ihnen aber gleichzeitig insofern zu Lasten legt, als sie sich doch ehestmöglich in die Gesellschaft des Ziellandes einbringen sollen, sobald ihre Aufnahme gewiss ist. Selbst für die Dauer des Aufenthalts im Lager werden Ansprüche gestellt. Umwandlungen großer, dauerhafter Lager wie Zaatari in Nordjordanien in eine mehr oder weniger funktionierende „Stadt“ mit eigenen Geschäften, Schulen und sogar Start-Ups werden immer wieder als besonders lobenswert in der internationalen Presse erwähnt, würden sie doch den unerschütterlichen Willen, ja sogar den Unternehmergeist von Flüchtlingen illustrieren. In einem überdimensionalen Lager wie Zaatari, das zeitweise sogar zur viertgrößten jordanischen Stadt anwuchs[242] und in etwa 80.000 Bewohner*innen zählt, finden so diverse Aktivitäten wie Upcycling-Workshops für Alleinerzieherinnen, Urban Farming, 3D-Druck für Prothesen, Kunst- und Fotoausstellungen und Mode- und Robotik-Workshops statt.[243] All das mutet in Anbetracht des Umstands, dass es sich bei Lagern niemals und für niemanden um permanente Lösungen handeln kann, befremdlich an. Aber dass sich damit Geflüchtete in einem Zustand dauerhafter Recht- und Staatenlosigkeit einrichten, wird angesichts dieses bunten Potpourris an Erwerbs- und Freizeitmöglichkeiten ausgeblendet.[244] Das ist die eine Seite.

Doch noch wesentlich irritierender scheint für manche Betrachterin die offenkundig zu Tage tretende Gestaltungs- und Handlungsmacht der Bewohner*innen, die so gar nicht zum notdürftigen Bild des ertrinkenden Kindes passen will.

Denn hinter diesem Bündel an Aktivitäten und Innovationen, die selbst ein hippes *incubation center* im Silicon Valley in den Schatten zu stellen drohen, stehen natürlich die Aspirationen Geflüchteter – deren Stärke und Triebkraft sie ja schon allein durch ihre Flucht, so könnte man meinen, unter Beweis gestellt haben. Nicht umsonst bezeichnete die *New York Times* das riesige Lager Zaatari als „Do It Yourself City".[245] Während generell der Umstand, dass sich Menschen, die international um Schutz ansuchen, ihre Unterkunft „selbst" bauen und gestalten müssen, hinterfragt werden kann (und soll), so birgt diese Lesart auch eine ressourcenbetonte Sicht auf Flucht und Vertreibung. Denn die Betonung des „Tuns" ist eine im herrschenden Flüchtlingsregime selten anzutreffende. Vor allem wohl, weil hinter dem sichtbaren Handeln geflüchteter Menschen ganz konkrete Wünsche und Entscheidungen stehen, die ihnen als *moral patients* (statt *moral agents*) selten zuerkannt werden.

So etwa zeigten sich die Bewohner*innen Zaataris mit den fix zugewiesenen Wohnplätzen im Camp nicht einverstanden und wollten näher bei ihren Verwandten oder Freund*innen wohnen. Eine Form der Mobilitätsaspiration, die sich in größerem Rahmen auch auf nationaler oder europäischer Ebene zeigt, wenn asylsuchende Menschen eben nicht im erstbesten „sicheren" Aufnahmeland bleiben, sondern sich dieses nach persönlichen Kriterien aussuchen wollen. In Zaatari wurde diesem Wunsch insofern Rechnung getragen, als sich aufgrund der Nachfrage eine Art lokaler Umzugsservice herausbildete. Solcherart Wünsche nach einem *guten Leben*, statt nur nach dem Überleben, liegen jeglicher *agency* zugrunde, werden dem Flüchtling als Verkörperung des passiven, dankbaren Hilfsempfängers aber zumeist abgesprochen. Im geltenden Flüchtlingsregime bedeutet das sinngemäß: Soll er doch froh sein, überhaupt einen (Wohn-)Platz bekommen zu haben.

Auch die Handlungsmacht und Selbstwirksamkeit, die diesem Zustand chronischer Passivität vorausgeht, nämlich die selbstermächtigte Flucht über weite Distanzen und unter hochgefährlichen Umständen, wird Flüchtenden im herrschenden Diskurs selten als bewundernswerter Mut ausgelegt, als „Kraft und Intelligenz und Vielseitigkeit und Phantasie und Lebenslust", wie es Peter Waterhouse nennt,[246] sondern als verwerfliche Risikobereitschaft, bei der sie auch noch das Leben ihrer Kinder aufs Spiel setzen würden. Die fast übermenschliche Risikoabwägung, die so einer Entscheidung notgedrungen vorausgegangen sein muss – das Kind entweder im Krieg oder auf der Überfahrt übers Mittelmeer verlieren zu können –, übersteigt die europäische Vorstellungskraft. Es ist wohl dieses „Unvermögen [...], an der Stelle jedes anderen zu denken", das Hannah Arendt im Sinne hatte und als „empörende Dummheit" bezeichnete.[247] Diese Haltung sei nicht nur „gedankenlos" und realitätsfern,[248] sondern komme einem umfassenden Defizit gleich, nämlich überhaupt moralisch und politisch denken, urteilen und handeln zu können.[249]

Dabei wirkt genau dieses fast schon dramatische Ausmaß an Selbstwirksamkeit, das einer transnationalen Flucht zugrunde liegt, unvereinbar mit dem Bild des ertrinkenden, zu rettenden Kindes. Tatsächlich ist es nur ein weiterer Aspekt des Fluchtparadoxes, dass es kaum etwas Selbstbestimmteres als Flucht zu geben scheint, zugleich aber kaum eine andere Gruppe fremdbestimmter lebt als Flüchtlinge. Der Philosoph Moritz Riemann spricht in diesem Zusammenhang vom „emanzipatorische[n] Potential fliehender Menschen" und plädiert für ein Verständnis von Flucht als politische Handlung und somit als das Gegenteil von Passivität, und zwar sowohl im Herkunfts- als auch im Aufnahmeland.[250] Der Aufbruch ist eine selbstbestimmte Reaktion auf die politischen Bedingungen vor Ort, seien es Krieg, Verfolgung oder generelle Unfreiheit, wodurch indirekt auch eine deutliche Position gegenüber dem Staat eingenommen wird, der sich als unfähig erweist, seine Bürger*innen zu schützen. Flucht ist damit Ausdruck des politischen Protests, mit Rückgriff auf Michel Foucault eine deutliche Kritik an bestehenden Macht- und Herrschaftsverhältnissen.[251] Und zwar dergestalt, dass man sich dieser Herrschaft dauerhaft entzieht, wird doch durch Flucht (bzw. Ansuchen um einen Konventionspass) auch die ursprüngliche Staatsbürgerschaft zurückgewiesen. Dies als aktives Handeln zu lesen, fällt nicht schwer, sobald man einmal die im geltenden Flüchtlingsregime normalisierte Entpolitisierung von Geflüchteten aufgrund ihrer Nicht-Zugehörigkeit zu einer politischen Gemeinschaft in Frage stellt.

Interessanterweise ist das der Figur des Flüchtlings inhärente politische Handeln sogar in der Genfer Flüchtlingskonvention angelegt. Diese wurde nämlich anfangs immer wieder aufgrund der ihr implizit eingeschriebenen Verengung auf das Bild eines „jungen, politisch aktiven Mannes“ kritisiert,[252] der eben vor Verfolgung durch seine Regierung flieht. Während dies lange Zeit Anlass für feministische Kritik gab, weil Frauen gar nicht oder nur als apolitische Verhandlungsmasse oder Mitläufer*innen vorkamen,[253] sind „junge Männer“ heute pikanterweise genau jene demografische Gruppe, die manche Aufnahmeländer am liebsten vom internationalen Schutz ausklammern oder zurück in den Krieg schicken würden. In ähnlicher Weise wandelte sich auch der politische Fokus sukzessive zu einem humanitären. Das hängt mit geänderten politischen Rahmenbedingungen zusammen, etwa mit der Auflösung der bipolaren Weltordnung in Westmächte und Ostblock,[254] aber auch mit der jeweiligen Herkunftsregion von Geflüchteten: War der politisch verfolgte, heroisch handelnde Exilant zu Zeiten der Verabschiedung der Genfer Flüchtlingskonvention vorwiegend ein weißer Europäer, so stammt der heutige Flüchtling aus Afrika oder dem Mittleren Osten und wird gerade noch als Empfänger humanitärer Almosen wahrgenommen, wenn nicht gar als „Welle“, „Sturm“ oder „Flut“. Die krasse Unterscheidung zwischen schwarzen oder braunen „Flüchtlingen“ aus dem Globalen Süden und weißen „Vertriebenen“ aus der Ukraine spiegelte somit auch die Evolution des Flüchtlingsbegriffs wider. Diese Entwicklung vom heroischen Exilanten zum bedrohlichen und/oder schwachen Flüchtling lässt sich im

Laufe des 20. Jahrhunderts nachzeichnen, ebenso wie der Wandel der daraus abzuleitenden Maxime von Aufnahme- zu Abwehrgebot.[255]

Dabei äußert sich der Flüchtling nicht nur durch seine Ausreise aufgrund politischer Verfolgung, sondern auch im Ankunftsland als (irregulär) politisch Handelnder, weil er sein Recht auf Schutz einfordert, also einen politischen und rechtlichen Anspruch formuliert. Dieser Kampf um Anerkennung kann nicht nur im rechtsphilosophischen Sinne als Handeln verstanden werden, sondern auch im alltäglichen: Im Gegensatz zum Bild des passiv auf seinen Asylbescheid wartenden, dahinvegetierenden Asylwerbers bringen sich Flüchtlinge in der Realität sehr aktiv in das Verfahren ein, sei es durch juristische Begleitung, Lobbying, Aktivierung von sozialen wie finanziellen Ressourcen oder Proteste.

Letztere stellen ein besonders markantes Beispiel dar, werden damit doch Rechte in Anspruch genommen, die Geflüchtete eigentlich noch gar nicht haben, aber in einer Art Zirkelschluss durch die Inanspruchnahme einfordern. Mit Blick auf die Demonstrationen und Streiks nicht-dokumentierter Migrant*innen in den USA beschreiben Judith Butler und Gayatri C. Spivak diese als einen „performativen Widerspruch", der auch auf Asylsuchende umgelegt werden könne: „Sie haben nach dem Gesetz kein Recht auf freie Rede, obschon sie genau aus dem Grund frei sprechen, um das Recht, frei zu sprechen, einzufordern",[256] indem sie nämlich offiziell in die Gemeinschaft aufgenommen und ihnen somit grundlegende Rechte zuerkannt werden. In diesem aktiven Einfordern agieren Geflüchtete als Inhaber*innen von Rechten, die sie aber formal gar noch nicht zugesprochen bekommen haben.[257] Das verwandelt aber auch den Gegenpart des humanitären Wohltäters oder, um im einleitenden Bild zu bleiben, des moralisch guten Spaziergängers, der sich genauso gut gegen den Sprung in den Teich entscheiden könnte, in den Adressaten konkreter (rechtlicher) Ansprüche und Forderungen. Es entsteht eine Form der Gegenseitigkeit, die in Analogien wie jener des Kindes im Teich außen vor gelassen wird. Das Recht auf Schutz wird als ein politisches Recht und nicht als rein humanitäre Geste sichtbar.

Dieses Einfordern eines politischen Rechts hat in weiterer Folge natürlich auch Auswirkungen auf die politische Gemeinschaft, von der es eingefordert wird. Wie diese ihre Asyl- und Integrationspraktiken gestaltet, von Ressourcen bis hin zu Infrastruktur, wird indirekt auch durch jene mitbedingt, die nicht Teil der Gemeinschaft sind, allein durch den Druck, den sie durch ihren Asylantrag ausüben. Es ist deshalb zu kurzsichtig, Flüchtlinge als „bloßes Treibgut" zu charakterisieren, so der Historiker Peter Gatrell, würden sie doch „durch ihre bloße Anwesenheit" auf das Aufnahmeland einwirken.[258] So geschehen etwa in Russland während des Ersten Weltkriegs, als zahlreiche Minderheiten, darunter Ukrainer*innen, aber auch Armenier*innen, Jüdinnen und Juden, Pol*innen und Lett*innen für ihre Unabhängigkeit kämpften, und diese später auch zugestanden erhielten - sie „machten" wortwörtlich ihre Staaten. Manche dieser Exilant*innen, die zu jener Zeit die Flüchtlingshilfe, kulturelle und religiöse Organisationen und Bildungsinitiativen anführten oder unterstützten, nahmen später politische Ämter in den Nachfolgestaaten des Zarenreichs ein.

In ähnlicher Weise fordert heute die Ankunft von Geflüchteten Nationalregierungen heraus, Antworten im Bereich Integration, Entwicklung und Entwicklungszusammenarbeit zu bieten.[259] Erst als Reaktion auf die Ankunft tausender Schutzsuchender im Herbst und Winter 2015 erhielt Österreich ein Integrations(jahr)gesetz, das die gegenseitigen Rechte und Pflichten des Staates und der Neuankommenden regelt (siehe Kapitel 10 - „Verantwortung"). Die damals erstarkte Zivilgesellschaft wiederum erwies sich bei der Bewältigung der nächsten Krisen, der Corona-Pandemie wie auch dem Krieg in der Ukraine und seinen Folgen, als eine tragende und wichtige Säule. Ohne den Fluchtherbst 2015 hätte es sie in dieser Form und Stärke wohl nicht gegeben, genauso wenig wie die zahlreichen geflüchteten Systemerhalter*innen in der kritischen Infrastruktur und die vielen Freiwilligen, die 2015 selbst geflohen waren und sich 2022 in der Ukraine-Hilfe engagierten (siehe Kapitel 9 – „Aufstieg"). Die Geschichte jener Menschen, die Flucht und Vertreibung erdulden, ist also unauflöslich mit der Geschichte jener Staaten verbunden, die sie aufnehmen – oder selbst nur abwehren: *„Refugee history is everyone's history."* (dt. „Flüchtlingsgeschichte ist unser aller Geschichte.")[260]

Während Flucht immer unter Zwang vonstattengeht und deshalb nie als „freiwillig" klassifiziert werden kann, liegen der konkreten Entscheidung, wann, in welcher Form und wie sie passiert, dennoch ein gewisser Handlungs- und Überlegungsspielraum zugrunde. Das steht auch hinter modernen Konzeptionen von Flucht als Adaptions- oder Überlebensstrategie, die vor allem in der Klimaforschung an Präsenz gewonnen haben (siehe Kapitel 3 – „Sicherheit"). Flucht ist immer auch Chance und fordert zugleich den so angefragten Staat heraus, zu seinen eigenen demokratischen Werten und rechtlichen Verpflichtungen zu stehen. Die gestrandeten Menschen im polnischen Grenzgebiet, so könnte man argumentieren, haben Polen in „eine andere Rechtsstaatlichkeitskrise" geführt und legten deshalb, paradoxerweise genau zum Zeitpunkt ihrer ultimativen Immobilisierung zwischen zwei konkurrierenden Machtblöcken, eine eigene Wirkweise an den Tag.[261]

Geflüchtete bitten die Demokratie zum Lackmustest, und das löst sie aus einer reinen Opferzuschreibung, auch wenn die Staatengemeinschaft alles daran zu setzen scheint, diese aufrechtzuerhalten. Sie erfüllen damit eine Funktion, die „auf die Widersprüche, Grenzen und blinden Flecken der politischen Gemeinschaften verweist"[262] und somit Defizite, Leerstellen und Lücken in der bestehenden demokratischen Ordnung offenlegt – und die unserer Demokratie inhärenten Paradoxien. Dieses Potenzial der Offenlegung hat der Flüchtling inne, weil er eine Figur darstellt, die *per definitionem* außerhalb der Staatengemeinschaft (nämlich *jeder* Staatengemeinschaft) steht und damit sowohl die, die er verlassen hat, als auch die, in die er aufgenommen werden will, herausfordert.[263] Er wird durch seine bloße Präsenz zum Gradmesser des Sauerstoffgehalts in der Kohlemine und zeigt damit, wo auch für alle anderen die Gefahr lauert.

Und er offenbart neben der Gefahr, die immerhin nur als Potenzial veranlagt ist, auch die bereits erreichten und ausgeschürften Abgründe. Abgründe in Form der Aushöhlung geltender Asyl- und Menschenrechte, der Auslagerung von Verantwortlichkeit, des Augenverschließens vor Gewaltexzessen, des Aussetzens von Rechtsstaatlichkeit, der moralischen Verwahrlosung, der verrohten Bürgerlichkeit. Geflüchtete als apolitisch, ahistorisch und unkritisch, als bloße Empfänger*innen von Almosen und willkürlichen (oder ausbleibenden) Akten der Barmherzigkeit darzustellen, nur weil sie außerhalb der Staatsangehörigkeit bzw. zwischen zweien stehen, mutet da fast zynisch, ja blind an. Denn tatsächlich sei die Figur des Flüchtlings, so der australische Literaturwissenschaftler Ned Curthoys, „kein Objekt des Mitleids, sondern eine *theoretische Perspektive auf eine zerstörte Welt*".[264] Vielleicht, so mag der Schluss lauten, den man aus dem Flüchtlingsparadox ziehen kann, übt sich der Globale Norden genau deshalb bevorzugt in Abwehr und Abschreckung. Denn wer von uns bekommt schon gerne seine eigene, noch dazu selbst verschuldete Zerstörung vorgeführt.

8. AUFSTIEG

An letzter Stelle auf den vielen Stationen der Flucht steht das Integrationsparadox, geprägt vom deutschen Soziologen Aladin El-Mafaalani: Es besagt, dass je weiter Integration voranschreite, je „besser" sie gelänge und je sichtbarer und erfolgreicher Geflüchtete würden, desto mehr Konflikte und Debatten um Integration träten zu Tage.[265] Migrant*innen und Geflüchtete sollten sich also integrieren und leisten, aber dann bitte wieder auch nicht so viel, dass sie Autochthonen den Platz streitig machten und selber als Politiker*innen, Unternehmer*innen oder Kulturschaffende reüssierten. Aufstieg ja, aber nicht in schwindelerregende Höhen, denn dort sitzen schon „wir".

Diese schizophrene Haltung hat zur (empirisch belegbaren) Folge, dass fortschreitende, gelungene Integration von bisher marginalisierten Gruppen das gesellschaftliche Konfliktpotenzial wider Erwarten steigert statt minimiert. Nur wenn Migrant*innen dorthin gelangen, wo Autochthone immer schon waren, kann es überhaupt zur Reibung an und Auseinandersetzung mit ebendiesen kommen. Emotionale Debatten über Fragen wie Kopftuchverbot oder Moscheenbau seien deshalb, so El-Mafaalani, paradoxerweise als Zeichen eines zunehmenden Zusammenwachsens einer pluralistischen Gesellschaft – und nicht ihres Zerfalls – zu sehen. Denn Debatten und Konflikte können eben nur dann entstehen, wenn zwei Seiten, die bisher kaum etwas miteinander zu tun hatten, in Austausch treten. Und erst dann zeigt sich, dass man manche Dinge ähnlich, viele aber anders sieht. Um einander nachhaltig näherzukommen, müssen diese Meinungsverschiedenheiten offen ausgetragen werden, und das ist mitunter mühsam, anstrengend und schmerzhaft.

Ein wenig erinnert das Integrationsparadox an ein Konzept aus den Betriebswirtschaften, das der Ökonom Danny Miller in seinem gleichnamigen Buch geprägt hat: das Ikarus-Paradox.[266] Es beschreibt im Wesentlichen, dass Unternehmen nach einer Phase des laufenden Erfolgs plötzlich versagen, und zwar aufgrund genau jener Strategien und Konzepte, die sie ursprünglich zum Erfolg führten. Dieselben Faktoren, die erst das Wachstum vorantrieben, sind plötzlich für den Niedergang verantwortlich – analog zur Figur des Ikarus in der griechischen Mythologie, den die Verwirklichung des ewigen Menschheitstraums, fliegen zu können, übermütig werden ließ, sodass er der Sonne zu nahe kam, die seine mit Wachs verbundenen Flügel schmelzen und ihn in den Tod stürzen ließ. Auf Unternehmen übertragen nennt Miller etwa überhöhtes Selbstbewusstsein und die „Illusion von Kontrolle", aber auch Routinen, die sich einschleichen, und eine zu dogmatische, sprich rigide Herangehensweise als Faktoren für solch einen Absturz. Vor allem aber sei eine Selbstzufriedenheit ausschlaggebend, die sich nach dem Höhenflug einstelle und Unternehmensverantwortliche einlulle.

Man erkennt schon an der betriebswirtschaftlichen Wortwahl, dass sich diese Diagnose nur bedingt auf jene Entwicklungen umlegen lässt, die sich bei fortschreitender Integration und damit steigender Diskriminierung zeigen. Für das Vorankommen und den messbaren Erfolg von Geflüchteten in Aufnahmegesellschaften zeigt sich eine Dynamik, die man eher als *zugeschriebenes* Ikarus-Paradox seitens der Wohnbevölkerung bezeichnen könnte: Weil Geflüchtete, vor allem jene muslimischer Herkunft, zu erfolgreich werden, setzt man Vieles daran, dass sie es nicht bleiben. Somit ist es weniger der eigene Hochmut, sondern jener der Mehrheitsgesellschaft, der sich mit dem Aufstieg so mancher nicht gut verträgt. Der wird zwar vehement eingefordert und in vielen Aspekten sogar sanktioniert, wenn er ausbleibt, etwa wenn Asylberechtigten die Mindestsicherung gekürzt wird, weil sie ein bestimmtes Deutschniveau noch nicht erreicht haben.[267] Wenn es aber zu steil hinauf geht, dann steigt mit der Flughöhe auch der Widerstand.

Im Alltag äußert sich das Integrationsparadox dann bisweilen etwa so: Wenn sie endlich nicht mehr Gemüsehändler oder Putzfrauen wären, so die These, dann würde endlich auch das Aufnahmeland von der Ankunft Geflüchteter profitieren und sie akzeptieren; denn dann wären auch Migrant*innen Steuerzahler*innen, würden zum Erhalt des Sozialsystems beitragen, das Land ökonomisch wie kulturell bereichern. Tatsächlich zeigt sich aber anhand verfügbarer Daten, dass im konkreten Anlassfall diese Bereicherung vielleicht gar nicht so erwünscht ist: Einer Studie des Deutschen Zentrums für Integrations- und Migrationsforschung (DeZIM) zufolge hat ein Drittel der Befragten ein schlechtes Gefühl, wenn Muslim*innen, wozu viele rezente Asylberechtige zählen, Führungspositionen auf dem Arbeitsmarkt einnehmen. Und im Rahmen der Europäischen Wertestudie 2018 gaben 21 % der befragten Menschen in Österreich an, dass sie ungern Personen muslimischen Glaubens als Nachbarn hätten.[268]

So sehr auch Integration in Arbeitsmarkt und Gesellschaft eingefordert und Segregation abgelehnt werden, so paradox mutet es an, wenn diese Forderungen endlich erfüllt werden und die Mehrheitsgesellschaft sich dann offenbar doch nicht ganz wohl damit fühlt. Werden Geflüchtete muslimischen Glaubens im beruflichen wie im privaten Umfeld sichtbarer, so steigt tendenziell auch die Ablehnung gegen sie. Denn ganz besonders erfolgreiche Muslim*innen in Vorstandsetagen, Schulen, an Gerichten und in akademischen Berufen befeuern auch entsprechend hitzige Debatten über Zugehörigkeit, Toleranz und die „österreichische Identität" bzw. (in jüngerer Ausprägung und frappanter Missachtung der antisemitischen Vergangenheit deutschsprachiger Länder) die „christlich-jüdische"

Tradition. Je erfolgreicher Muslim*innen sind, desto mehr Ablehnung rufen sie hervor. Oder noch plakativer formuliert: Je mehr sie genau das tun, was in der öffentlichen Debatte von ihnen eingefordert wird *(Integration durch Leistung!)*, desto mehr Gegenwind nehmen sie wahr.

Das lässt sich in Österreich ganz spezifisch für 2015 angekommene Geflüchtete nachweisen, denen durch Schaffung eines eigenen Integrationsjahrgesetzes zahlreiche Unterstützungsangebote für Spracherwerb und Jobsuche geboten wurden (wodurch der Staat seine Erwartungen deutlich zum Ausdruck bringt). Eine Studie des Wiener Instituts für Internationale Wirtschaftsvergleiche (wiiw) zeigt einen direkten Zusammenhang zwischen (wahrgenommener) Diskriminierung und der Integration von Geflüchteten.[269] Je mehr diese an Gesellschaft und Arbeitsmarkt teilhaben und mit Österreicher*innen in Kontakt treten, desto eher erleben sie Diskriminierung. Das sei durch die Häufigkeit der Kontakte im beruflichen wie privaten Alltag zu erklären, aber auch, so die Autor*innen, durch die wahrgenommene Konkurrenz mit heimischen Arbeitskräften. Je mehr Austausch mit der Mehrheitsbevölkerung am Arbeitsplatz oder in der Freizeit stattfinde, desto höher sei die Wahrscheinlichkeit, dass manche dieser Kontakte nicht immer ganz freundlich bis hin zu offen ablehnend seien, weil auch Bedrohungsgefühle der Einheimischen stiegen. Das aber führt zu einem kaum auflösbaren Dilemma für Geflüchtete. Erwerbstätigkeit und damit in weiterer Konsequenz beruflicher Erfolg und sozialer Aufstieg sind persönlich erwünscht und werden von der Mehrheitsgesellschaft eingefordert. Erfüllt man diese Erwartungen, so zahlt man mitunter einen hohen persönlichen Preis.

Denn während sich „Diskriminierung" als Begriff so abstrakt wie farblos liest, stehen in vielen Fällen wortwörtlich handfeste Erfahrungen dahinter. Eine Studie zu den Integrationswegen geflüchteter Frauen, die ich gemeinsam mit Kolleg*innen noch kurz vor Ausbruch der Corona-Pandemie an der Wirtschaftsuniversität Wien durchführen konnte, zeigte, dass etwa ein Viertel aller Geflüchteten, die vorwiegend seit 2014 nach Österreich gekommen waren, bereits mindestens einmal in der Öffentlichkeit angeschrien oder bespuckt wurden oder körperliche Gewalt erfuhren.[270] Dieser nicht-repräsentative Befund wird durch Berichte öffentlicher Meldestellen gestützt. So verzeichnete die antirassistische Beratungsstelle ZARA unmittelbar vor Ausbruch der Corona-Pandemie einen Höchststand an rassistischen Vorfällen in Österreich seit zwanzig Jahren. Mehr als die Hälfte der Meldungen betrafen das Internet, aber zahlreiche Vorfälle fanden auch offline im öffentlichen Raum, beim Zugang zu Gütern und Dienstleistungen, wie etwa Wohnen, und bei staatlichen Behörden und Institutionen statt.[271] Viele der Betroffenen waren Geflüchtete, die 2015 oder später nach Österreich gekommen waren und der muslimischen Glaubensgemeinschaft angehören.

Unter ihnen gibt es zwei Subgruppen, die ganz besonders häufig Abwertungserfahrungen machen müssen, wie unsere Studie feststellte: Frauen und afghanische Staatsangehörige. Interessanterweise sind Afghan*innen auch jene Gruppe, die sich (für Arbeitsmarktverantwortliche anfangs überraschend) am schnellsten in den hiesigen Arbeitsmarkt integrierten, unter anderem aufgrund ihrer geringeren Erwartungen an die Arbeitsstelle als etwa jene von (meist höher gebildeten, mittelständischen) Syrer*innen,[272] aber auch dank einer hohen Lern- und Leistungsbereitschaft – selbst wenn diese in der öffentlichen Wahrnehmung von Afghan*innen gerne übersehen wird. Hier zeigt sich also erneut: Wer arbeitet und sich aktiv einbringt, erlebt mehr Ablehnung und Ausgrenzung als jemand, der zuhause sitzt. Kaum überraschend weisen die Daten des Wiener Instituts für Internationale Wirtschaftsvergleiche auch nach, dass Geflüchtete, die häufig Diskriminierung durch Österreicher*innen erlebten, eher dazu neigen, sich in ihre Communities zurückzuziehen und intra-ethnische Kontakte zu pflegen. Damit gehen aber wiederum Jobchancen verloren, die sich durch berufliche Verbindungen zur Mehrheitsgesellschaft ergeben würden, wodurch rasch eine Art Teufelskreis der Ausgrenzung entstehen kann. Das ist der Preis, den die gesamte Gesellschaft für das Integrationsparadox bezahlt.[273]

Während bei geflüchteten Männern sehr unterschiedliche (subjektiv wahrgenommene) Faktoren eine Rolle für die erlebte Diskriminierung zu spielen scheinen, schreiben Frauen diese vor allem ihrer Religionszugehörigkeit zu, die sie durch das Tragen des Kopftuchs zum Ausdruck bringen. Gleichzeitig legen die oben zitierten Studienergebnisse aber auch nahe, dass weniger das Kopftuch selbst als vielmehr die emotional stark aufgeladene und politisch angefachte „Kopftuchdebatte" eine massive Hürde für die gleichberechtigte gesellschaftliche Teilhabe von muslimischen Frauen darstellt. Denn sie kommen in der öffentlichen Diskussion kaum vor, außer als (potenzielle) Opfer kulturell konnotierter Unterdrückung. Exemplarisch ist die Debatte um das Kopftuchverbot an Volksschulen, in der das Kopftuch vorrangig als politisches Symbol und Zeichen männlicher Dominanz diskutiert wurde.[274] Weder die vielfältigen Motive, aus denen Musliminnen das Kopftuch tragen,[275] noch die Stimmen von Betroffenen werden im politmedialen Diskurs widergespiegelt. Wiederum ist eine Verschränkung von Herkunft und Klasse augenscheinlich: Die kopftuchtragende Putzfrau, die es in westlichen Aufnahmeländern schon lange vor 2015 gab, stellte in ihrer Unsichtbarkeit als migrantische Servicekraft kaum ein Problem dar. Wird das Kopftuch aber in zentralen gesellschaftlichen Bereichen, ja sogar Machtpositionen sichtbar, führt es mitunter zu Friktion mit der Mehrheitsgesellschaft.

In einem der zahlreichen Fokusgruppengespräche, die ich mit syrischen Geflüchteten beiderlei Geschlechts durchführen durfte,[276] meinte etwa eine Teilnehmerin, dass die Kopftuchdebatte „irgendwo die Firmen und die Arbeitgeber [beeinflusst] und das kann dazu führen, dass einer dich ablehnt, wenn er sieht, dass du ein Kopftuch trägst. Und das, obwohl ich nach einem Job im Backoffice und nicht im Frontoffice suche."

Frauen, die ein Kopftuch tragen und erwerbstätig sein wollen, sehen ihre religiöse und berufliche Identität zunehmend in einem Widerspruch zueinander, den es für sie gilt, in Einklang zu bringen. Unsere Studie zeigte aber auch, dass viele von ihnen auf wahrgenommene Diskriminierung insofern mit Anpassung reagieren, als sie sich eher beruflich zurücknehmen oder im Hintergrund arbeiten, als einen Teil ihrer religiösen Identität abzulegen. Selbst im Alltag, also dort, wo sozialer Austausch mit der Aufnahmegesellschaft stattfinden soll, machen vor allem geflüchtete Frauen, die ja gemeinhin (und zu Recht) als „Multiplikatorinnen der Integration" gelten, die Erfahrung, dass Integrationsversuche mitunter Ablehnung hervorrufen: „[...] ich war mit dem Bus unterwegs. Ich wollte mich auf einen freien Platz setzen und habe eine Österreicherin gefragt, ob ich mich neben sie setzen kann. Bevor ich überhaupt zwei ganze Sätze sagen konnte, ist sie mich angegangen und hat begonnen, laut mit mir zu schimpfen."[277] Ähnliche Vorfälle ereigneten sich beim Einkaufen, auf der Straße, in der Schule ihrer Kinder oder bei Terminen, die Frauen im Zuge des Integrationsjahrs absolvieren mussten. Der berufliche, soziale und institutionelle Austausch, den die Integrationsdebatte geflüchteten Frauen nahelegt, wird durch Diskriminierung durch ebendiese Mehrheitsgesellschaft verlangsamt, behindert oder gar ganz verunmöglicht, und im Extremfall werden Frauen durch massive Gewalt- und Ablehnungserfahrung zunehmend in die Unsichtbarkeit des eigenen Haushalts gedrängt.

Kaum im Aufnahmeland angekommen und zum Bleiben berechtigt, prasseln auf den Flüchtling also schon zahllose widersprüchliche Erwartungen ein. Nicht nur, dass er gleichzeitig leistungsfähig und schwach sein soll (siehe Kapitel 7 – „Ankunft"), er soll auch erfolgreich integriert sein, aber dann doch wieder irgendwie nicht. Oder zumindest nicht zu erfolgreich. Das führt nämlich schnell zu Verteilungsfragen unter jenen, die schon länger am sprichwörtlichen Tisch sitzen.

Vor allem, weil bei dem, was verteilt werden soll, nicht nur materielle Ressourcen, sondern auch immaterielle Güter auf dem Spiel stehen. Somit reiht sich auch Zugehörigkeit als eine besonders knappe symbolische Ressource in diese Verteilungsdebatte ein, anhand derer gleichzeitig deutlich wird, warum das Integrationsparadox für die ehemals (vermeintlich) widerspruchsfrei gebliebene, unantastbare Mehrheitsgesellschaft unangenehm sein kann, für Geflüchtete und andere Minderheiten aber qualvoll oder gar existenzbedrohend.

Besonders deutlich werden Zugehörigkeitsdebatten nämlich anhand der Chiffre der „Kulturfremdheit", die gerade im Flüchtlingsdiskurs häufig Verwendung findet. Laut dem französischen Philosophen Étienne Balibar ist diese Form der Abgrenzung des „Eigenen" vom Fremden dem *Rassismus ohne Rassen* zuzuordnen.[278] Während der Rassismus erster Ordnung noch biologisch definiert war und Menschen beispielsweise anhand von Hautfarben und phänotypischen Merkmalen kategorisierte (und reihte), wurde dieser ab den 1960er Jahren zunehmend von einer kulturell und sozial definierten Variante abgelöst. Somit werden negative Attribute nicht mehr einer „Menschenrasse" zugeordnet, ein für den salonfähigen Rassismus des 21. Jahrhunderts überholtes, biologistisches Konzept, sondern einer bestimmten Kultur. Man sei ja nicht rassistisch, so die gängige Stoßrichtung, man merke ja nur an, dass Geflüchtete aus dem Mittleren Osten antisemitisch oder frauenfeindlich „sozialisiert" seien. Da könnten die mitunter gar nichts dafür, aber das sei eben so.

Manche Kommentator*innen gehen auch so weit, diese Kultur „gar nicht bewerten zu wollen", aber einfach festzuhalten, dass sie (zu) verschieden von unserer sei.[279] Und deshalb sei die Aufnahme von Geflüchteten aus europäischen (Nachbar-)Ländern, wie eben nun der Ukraine oder dem ehemaligen Jugoslawien, akzeptabel, nicht aber aus Syrien oder Afghanistan, deren Kultur „zu fremd“ sei. Der Rassismus zweiter Ordnung beschränkt sich also darauf, die „Schädlichkeit jeder Grenzverwischung und die Unvereinbarkeit der Lebensweise und Traditionen zu behaupten“, wie es Balibar formuliert.[280] Dass in der Natur genau diese Abgrenzung und nicht die Vermischung zu schweren ökologischen und biologischen Schäden und zu einem Schwinden der Biodiversität (und in der schwerwiegendsten Form zu Artenverlust durch Inzucht) führt (siehe Kapitel 5 – „Grenzen“), wird dabei geflissentlich ausgeblendet.

In seiner extremen Form findet sich dieser neue Rassismus als Ethnopluralismus wieder, wie er auch von der Identitären Bewegung und anderen extrem rechten Strömungen propagiert wird: Alle Kulturen könnten nebeneinander existieren, man dürfe sie nur keinesfalls „mischen“, weshalb Migration per se abzulehnen sei. Auch in der gesellschaftlichen Mitte finden sich abgeschwächte Spielarten davon, etwa wenn die Gefahr des „eingewanderten Patriarchats“ oder des „importierten Antisemitismus“ durch Geflüchtete aus dem Mittleren Osten betont wird. Keinesfalls, so das Diktum, dürften die eigenen, vermeintlich westlichen Errungenschaften wie Frauenrechte oder die unantastbare Menschenwürde einen Rückschritt erleiden.[281] Dieses Narrativ bringt den äußerst willkommenen Nebeneffekt, dass dadurch die eigene Identität aufgewertet und erhaben wird, sodass sich gerade die „Bedrohung“, die Geflüchtete für Aufnahmeländer darstellen, als unerlässlich für deren Selbstbestimmung erweist: „Europas Bürger*innen sind eben das, was die Migrant*innen nicht sind“, wie die spanische Politikwissenschaftlerin María do Mar Castro Varela lakonisch festhält.[282]

Die jüngste Verirrung in diesem Narrativ ist die Argumentation rechter Parteien, Geflüchtete aus dem Globalen Süden würden die westlichen Anstrengungen gegen die Klimakrise wortwörtlich unterwandern, weil sie nicht „unsere“ ökologische Wertehaltung teilten und ihr Bewusstsein für klimafreundliches Verhalten kaum ausgebildet sei. Diese Strategie des

Ecobordering, wie sie von den Politikwissenschaftlern Joe Turner und Dan Bailey bezeichnet wird, versucht Einwanderung für Umweltzerstörung verantwortlich zu machen, um damit verstärkte Grenzkontrollen zu rechtfertigen.[283] Denn nur durch fortifizierte Grenzen und strenge Immigrationskontrolle, so die Proponent*innen dieses Diskurses, könnten die (national definierte und abgegrenzte) Natur im Inland und die Nachhaltigkeitsbemühungen der einheimischen Bevölkerung vor weiterer Beschmutzung und Zerstörung geschützt werden. Somit werden E-Autos, Strohhalme aus Bambus und Mülltrennung als unmittelbarer (rassifizierter) Ausdruck eines „westlichen" Wertekanons der individualisierten Weltrettung verstanden. Genau dieser Strategie bediente sich etwa der rechtskonservative *FOX News*-Moderator Tucker Carlson, als er sinngemäß *live on air* sagte, er hasse „Abfall", weshalb er gegen „illegale Migration" sei.[284] Dabei setzte er (wenigstens, mag man fast meinen) Zuwander*innen zwar nicht mit Müll gleich, meinte aber, diese würden durch unökologisches Verhalten zur Umweltverschmutzung beitragen. In eine ähnliche Kerbe schlagen republikanische Blogs, wenn sie argumentieren, dass die USA nur deshalb ihre Nachhaltigkeitsziele nicht erreichen würden, weil die offene Einwanderungspolitik des Landes zu einem massiven Bevölkerungswachstum führe, womit Klima- und Umweltschutzbemühungen untergraben würden.[285]

Während konservative und rechte Parteien bisher eher eine Position der Abwehr, Negation oder zumindest des Kleinredens der Klimakrise bezogen haben, zeigen sich in den USA, aber nicht nur dort, zaghafte erste Versuche einer Zusammenziehung von Anti-Einwanderungspolitik und Klimaschutz. Hierzulande erinnere man sich an das Credo, mit dem die türkis-grüne Koalition Anfang 2020 euphemistisch präsentiert wurde: „Grenzen und Klima schützen", hieß es bei der ersten gemeinsamen Pressekonferenz von konservativem Kanzler und grünem Vizekanzler. Und sowohl in Europa im Jahr 2015 als auch in der Medienberichterstattung zum amerikanisch-mexikanischen

Grenzübergang kursierten immer wieder Bilder, die belegen sollten, dass (die „undankbaren und unachtsamen") Flüchtlinge in Lagern, auf Bahnhöfen oder Transitstationen Berge von Müll hinterlassen hatten. Auch wenn Fotos von Musikfestivals oder dem Oktoberfest, wo im Gegensatz zu improvisierten Lagern zahlreiche Möglichkeiten zur Abfallentsorgung vorhanden sind, diese rasch relativierten, bleibt als Ableitung für Migrationsgegner*innen nur eines über: Umweltsünder*innen sind die (migrantischen) Anderen.

Gerade in den USA, wo Einwander*innen und Minderheiten überproportional häufig in Regionen leben, die von Klimaschäden, Umweltverschmutzung und schlechter Luft- und Wasserqualität betroffen sind, ist das eine vermessene These. Und global betrachtet ist sie in Anbetracht des Umstandes, dass die Herkunftsländer der meisten Geflüchteten als erste und am gravierendsten vom Klimawandel betroffen sein werden (wenn sie es nicht bereits sind), ihn aber anteilsmäßig am geringsten mitverursacht haben, an Chuzpe kaum zu überbieten. Studien legen sogar nahe, dass Menschen in einkommensschwächeren Ländern tendenziell mehr individuelles Verantwortungsgefühl für Umweltschutz und nachhaltigen Konsum empfinden als jene aus reicheren Ländern, obwohl letztere viel mehr zur Klimakrise beitragen. So zeigt die *Greendex Survey* des US-amerikanischen Magazins *National Geographic*, dass die Bevölkerung Deutschlands, der USA, Australiens und Großbritanniens wesentlich weniger Schuldbewusstsein bei klimaschädlichem Konsumverhalten verspürt als Menschen in Indien, Mexiko, China und Brasilien, die sowohl ein geringeres durchschnittliches Einkommen (siehe Kapitel 3 – „Sicherheit") als auch wesentlich höhere Emigrationsraten haben.[286] Der Versuch, Geflüchtete nun auch noch als klimasündigende „Andere" zu stilisieren, die im wahrsten Sinne des Wortes unsere Heimaterde gefährdeten,[287] ist zwar ein kreativer Kunstgriff, aber, wie die meisten völkischen Narrative gegen Migration, bar jeglicher empirischer Grundlage.[288]

Ähnlich wie ökologisch konnotiertes *Othering* ist aber auch die darunterliegende These, die diese Narrative befeuert – nämlich die, dass eine moralisch-ethische Grundhaltung und ihre Kodifizierung in Form allgemeiner Menschen- und Grundrechte eine westliche Erfindung sei –, zurückzuweisen. So gilt etwa die rein mündlich überlieferte *Charte de Mandé* (Manden-Charta), die durch König Sundiata Keïta im 13. Jahrhundert im heutigen Mali ausgerufen wurde, als die weltweit älteste Erklärung der Menschenrechte.[289] Während sie in einem ähnlichen Zeitraum wie die britische Magna Carta entstanden sein dürfte, geht sie doch wesentlich weiter als diese: Die Abschaffung der Sklaverei ist ebenso darin verankert wie die Integrität des Heimatlandes, also in der heutigen Formulierung Umweltschutz und Nachhaltigkeit. In den USA dagegen war die Sklaverei bis in die zweite Hälfte des 19. Jahrhunderts erlaubt und schien sich mit der grundsätzlich unantastbaren Würde aller Menschen nicht zu spießen – Sklav*innen und indigene Völker waren nämlich einfach in einer grundlegend anderen Kategorie als „der Mensch". Dass die amerikanische Verfassung mit dem allumfassenden Anspruch *We the People* beginnt und dieses „Wir" der Unterzeichner auch aus Sklavenhaltern bestand, ist einer der vielen Widersprüche der vermeintlich aufgeklärten, westlichen Welt.

Zudem, und noch wesentlicher für das Verständnis aktueller Dynamiken, zeigt die historische Fluchtforschung, wie beliebig die Grenze ist, die der kulturelle Rassismus zwischen einer „zu" fremden Kultur (Syrien, Afghanistan) und einer gerade noch akzeptablen (Ukraine) zieht. Argumentiert wird dies im aktuellen Diskurs, je nach politischer Strömung und Nachrichtenlage, mit gemeinsamen Werten, dem christlichen oder, in der neuesten Variante, christlich-jüdischen Abendland, dem gemeinsamen Sprachraum oder dem gemeinsamen Erbe des Habsburgerreichs. Historische Dokumente zeigen aber, dass sich im Falle des Falles immer etwas finden lässt, um „die Anderen" fremder zu machen, als sie sind.

So wurde im Zuge der großen Fluchtbewegung 2015 immer wieder auf die große humanitäre Tradition Österreichs verwiesen, das als „Tor zum Westen“ Ankünfte und Asylantragszahlen schon in wesentlich größeren Dimensionen bewältigt hätte. Ein Blick auf die Zeit des ungarischen Volksaufstands relativiere die „Flüchtlingskrise“ des Jahres 2015, sowohl was Aufnahmebereitschaft als auch nachhaltige Folgen betreffe. Aufnahmeskeptiker*innen entgegneten dem, dass es sich dabei eben um unmittelbare Nachbar*innen aus dem gleichen Kulturraum gehandelt habe, denen man noch dazu durch die ehemalige k.u.k Doppelmonarchie eng verbunden sei. Da habe es eben wenig „Fremdes“ gegeben, das zur Gefahr für die „eigenen“ Werte, die Demokratie und die hart erkämpften Grundrechte hätte werden können, so die häufig gehörte Argumentation.

Tatsächlich war das Nachkriegsösterreich, selbst noch von Armut und Wiederaufbau gezeichnet, in den Jahren 1956 und 1957 mit etwa 200.000 Ankommenden, vornehmlich ungarische Staatsbürger*innen, konfrontiert (im Vergleich zu etwa 88.000 Asylanträgen im Jahr 2015, bei einer deutlich angewachsenen österreichischen Wohnbevölkerung und Wirtschaftsleistung).[290] Sie flohen vor dem Einmarsch der mächtigen Sowjetarmee, die die Aufständischen gegen das kommunistische Regime in großer Zahl hinrichtete oder einsperrte. Allen anderen blieb nur das Exil im Westen. Ausgerechnet im jüngsten und ärmsten Bundesland, dem Burgenland, kamen um den Jahreswechsel etwa 70.000 Geflüchtete über die mittlerweile berühmte „Brücke von Andau“, die über den Einserkanal führt, in Österreich an.[291] Sie wurden von der örtlichen Bevölkerung in Zusammenarbeit mit dem Bundesheer und dem Roten Kreuz aufgenommen und versorgt. In den umliegenden Gemeinden fanden viele ungarische Familien Zuflucht und ein Dach über den Kopf.[292] Die Errichtung des heutigen Erstaufnahmezentrums Traiskirchen, eine ehemalige Artilleriekadettenschule, geht ebenfalls auf diese Zeit zurück.[293]

Bis ins Jahr 1989 kam es immer wieder zu solchen Ankünften Geflüchteter aus den Ostblockstaaten, denen Österreich zu Beginn durchwegs freundlich und aufgeschlossen begegnete. Als Kämpfer*innen für die Freiheit und als politisch Verfolgte waren sie vor allem Gegner*innen des kommunistischen Ostens, was dem Westen noch zusätzlichen Impetus für ihre Aufnahme bescherte. Diese geopolitische Dimension spielte im Laufe der Geschichte immer wieder eine Rolle bei der Aufnahme oder Zurückweisung von Geflüchteten[294] und setzt sich bis heute in der Instrumentalisierung Schutzsuchender fort – manchmal zu ihrem Vorteil, wie im Falle der ukrainischen Vertriebenen, oft aber zu ihrem Nachteil, wie an Europas Außengrenzen (siehe Kapitel 4 – „Schutz").

Doch nicht nur aus zeithistorischen Gründen wäre ein Vergleich mit dem Fluchtherbst 2015 unzulässig, wird heutzutage oft argumentiert. Sei doch bei den ungarischen Geflüchteten von Beginn an klar gewesen, dass viele von ihnen Österreich nur als Transitland betrachteten und danach in andere westeuropäische Länder oder die USA weiterreisen würden, so die landläufige Meinung. Genauso wie nun die meisten der ukrainischen Vertriebenen ehestmöglich zurückkehren wollen würden, auch wenn dieses „Ehestmöglich", wie in vielen anderen Fluchtkontexten auch, erst in Monaten oder gar Jahren eintreten könnte. Die Möglichkeit eines dauerhaften Aufenthalts wurde damals wie heute kaum thematisiert, was langfristig zu Irritationen in der Bevölkerung und Ausgrenzungserfahrungen von Schutzsuchenden führen kann.

So positionierte sich Österreich in den 1950ern gegenüber der internationalen Staatengemeinschaft als „Erstaufnahmeland" und setzte sich dafür ein, dass die ungarischen Geflüchteten auf andere Staaten „verteilt" wurden. Eine Lösung, die das offizielle Österreich heute, auf der anderen Seite solcher Abkommen stehend, kategorisch ablehnt und dadurch gegenwärtigen Ankunftsstaaten wie Italien oder Griechenland, zuletzt auch Polen und der Slowakei, die Solidarität verweigert. In den

Folgejahren des Ungarnaufstands kam es aber tatsächlich zur (Um-)Verteilung bzw. Weiterreise, sodass aus der Ankunft der Ungar*innen in vielen Fällen kein Daueraufenthalt (und damit auch keine zu befürchtende Dauerbelastung für Wirtschaft oder Sozialsystem) wurde. Und dennoch zeigen historische Dokumente, dass die Einstellung gegenüber den Geflüchteten bereits unmittelbar nach deren Ankunft kippte – und zwar aus ganz ähnlichen Gründen, die 2015 gegen „fremdere" Ankommende aus dem Mittleren Osten vorgebracht wurden.

Denn als sich die versprochene internationale Hilfe verzögerte, „kehrte sich jedoch die anfänglich antikommunistisch konnotierte ‚Willkommenskultur' bereits Ende November 1956 ins Gegenteil", wie die Historiker*innen Maximilian Graf und Sarah Knoll in ihrer Aufarbeitung der „mythenbeladenen Meistererzählungen" über Österreichs Aufnahmebereitschaft konstatieren.[295] In den Medien war von „undankbaren" und „parasitären" (!) Flüchtlingen zu lesen, Hilfe sollten nur „die eigenen Leute" bekommen, die auch zum Wiederaufbau des Landes beitragen würden. So „kulturnah" waren dann selbst die Ungar*innen als unmittelbare Nachbar*innen nicht, dass ihnen nicht innerösterreichische Ablehnung und Abwertung entgegengeschlagen wäre – weshalb Ähnliches auch im Falle der Ukrainer*innen möglich scheint, denn Aufnahmebereitschaft allein mit der Herkunft oder dem Geschlecht der Ankommenden zu begründen, ist ein Argument, das auf Sand gebaut ist, und sich letztlich genau gegen jene wenden kann, die anfangs fast euphorisch willkommen geheißen werden. Geflüchteten aus Ex-Jugoslawien ist wohl vertraut, wie rasch eine anfängliche Hilfsbereitschaft in Skepsis, offene Ressentiments oder lebenslange Ausgrenzung umschlagen kann.

Tatsächlich war Österreichs Umgang mit Flüchtlingen aus dem Osten im Laufe der 2. Republik ein höchst ambivalenter. In den 1980ern sprach der sozialdemokratische Bundeskanzler Bruno Kreisky infolge der Verhängung des Kriegsrechts in Polen und der steigenden Ankünfte von Dissident*innen von einer „Polenflut“, die man „einfach nicht derpacken“ könne, bediente sich also genau der dehumanisierenden Sprache, die auch 2015 verwendet werden sollte.[296] Drastischer kann man Flüchtlinge nicht zu „Anderen“ und Fremden machen. Gestützt und weiter geschürt wurde die ablehnende Haltung der Bevölkerung von entsprechender Medienberichterstattung, die Geflüchtete stigmatisierte und ein eng gefasstes, rein österreichisches „Wir“ propagierte, in dem *„die“* keinen Platz hätten. Als gegen Ende des Kalten Krieges Geflüchtete aus Rumänien in Österreich ankamen, wurden diese rasch als gewaltbereite Triebtäter charakterisiert.[297]

Die Argumentation, man sei nur deshalb gegen die dauerhafte Aufnahme von Geflüchteten, weil sie aufgrund ihrer ethnischen Herkunft oder muslimischen Religionszugehörigkeit zu „kulturfremd“, einfach „zu anders“ seien, muss also mit Blick auf die historische Aufnahmepraxis Österreichs als nur eine weitere Schablone entlarvt werden. Der Humanitarismus der österreichischen Flüchtlingspolitik war stets brüchig, Ängste vor dem Scheitern der Integration oder vor einer „Überfremdung“ waren immer präsent.[298] Und das, obwohl ganz Europa langfristig fast immer von der Aufnahme Geflüchteter profitierte, wie die Nachkriegsgeschichte beweist. Doch zeigt der Blick in die wechselhafte Vergangenheit des Flüchtlingsschutzes leider allzu deutlich: Es findet sich immer etwas, um den Anderen „fremder“ zu machen, als er eigentlich ist.

Diese Grundhaltung lässt sich in noch extremeren Schattierungen nachzeichnen. Die historische Forschung belegt, dass man nicht einmal aus einem anderen Land, Kultur- oder Sprachkreis kommen muss, um als „fremd“ zu gelten. Als Ende des Zweiten Weltkriegs Hunderttausende deutsche Bürger*innen aus den Ostprovinzen vor der Roten Armee flohen, schlug ihnen ähnlich viel Ablehnung entgegen. Der durch den Nationalsozialismus geschürte Fremdenhass richtete sich nun gegen deutsche Vertriebene, die in die Heimat „zurückkehrten“.[299] Selbst die eigenen Landsleute waren nicht davor gefeit, „anders“ gemacht zu werden, Kulturnähe hin oder her.

Und vergessen wir im Fall der seit März 2022 in der EU ankommenden ukrainischen Geflüchteten nicht, dass gerade dem deutschsprachigen Raum anti-slawische Ressentiments keineswegs fremd sind. Der Umgang mit Menschen aus der Ukraine und die – mit Blick auf den nicht differenzierenden russischen Bombenhagel – arbiträre Unterscheidung in unterschiedliche Gruppen von Vertriebenen mit mehr (bei ukrainischer Staatsbürgerschaft) oder weniger (bei Drittstaatangehörigen aus der Ukraine) Schutzbedarf zeigen, dass Dynamiken des Fremdermachens bis heute nachwirken.

Vor diesem Hintergrund spüren die deutsch-iranische Migrationswissenschaftlerin Naika Foroutan und die ostdeutsche Journalistin Jana Hensel in *Die Gesellschaft der Anderen* (2020) den zahlreichen Parallelen im Umgang der Westdeutschen mit Migrant*innen und Ostdeutschen nach.[300] Beide Gruppen haben bis heute mit Unsichtbarkeit in Medien, Politik und Wirtschaft zu kämpfen, sind von Diskriminierung, Stigmatisierung und Ausgrenzung betroffen und strukturell in vielen Bereichen schlechter gestellt, von Bildung über Einkommen bis Gesundheit. Beide Gruppen werden als die von der westdeutschen Norm abweichenden „Anderen“ gelesen und dargestellt, bei gleichzeitig bestehendem frappanten Unwissen bis hin zu Mythenbildung über sie.

Die Corona-Pandemie hat viele Schlechterstellungen dieser beiden Gruppen noch weiter verschärft, und gleichzeitig Negativzuschreibungen aufgrund sozioökonomischer Bedingungen befeuert. Die Losung, das Virus komme „aus dem Ausland“ herein, schlug in eine ähnliche Kerbe wie der Umstand, dass neue Bundesländer wie etwa Sachsen durch geringe Impfbereitschaft oder hohe Inzidenzen auffielen. Hier zeigte sich also eine weitere Analogie zwischen Ostdeutschen und Migrant*innen, wie Foroutan und Hensel argumentieren: Beide erfüllen für das westdeutsche „Selbst“ eine ähnlich gelagerte Funktion, nämlich eigene Defizite, Missstände und Problemlagen auf andere abwälzen zu können. Dazu zählt Anfälligkeit für Extremismus in Form des politischen Islams bzw. des Rechtsextremismus genauso wie die vermeintliche Geringschätzung von Grund- und Menschenrechten. Durch die Abwertung des Anderen wird der eigene Status erhöht.[301]

Das Integrationsparadox ist somit auch eines der vermeintlichen Kulturnähe oder eben -distanz: Im Grunde muss der Flüchtling, so sehr er sich auch bemüht, Teil der Aufnahmegesellschaft zu werden, immer in wesentlichen Bereichen „draußen" bleiben. In diesem Sinne ist er also weniger ein moderner Ikarus, der zu erfolgreich ist und am eigenen Aufstieg scheitern muss, als ein moderner Sisyphos, der das ihm vorgegebene Ziel nie vollständig erreichen kann. Seine Kulturfremdheit ist ihm eingeschrieben, so wie zuvor im biologisch definierten Rassismus eben die Hautfarbe als naturbedingtes „Faktum" für diverse Negativattribute herhalten musste. Diese Zuschreibungen sind im herrschenden Integrationsregime so sehr normalisiert, dass sie als „natürlich" oder selbstverständlich an- und wahrgenommen und kaum mehr hinterfragt werden.

Gleichzeitig, und das macht die im Integrationsdiskurs gestellten Anforderungen besonders perfide, wird der Flüchtling selbst bei Erfüllung eines eigentlich nicht zu erfüllenden Anspruchs (falls das paradox klingt: ja, ist es) nicht dafür belohnt, etwa durch die nun endlich und endgültig errungene Zugehörigkeit zur Gesellschaft, sondern erfährt eben deshalb noch mehr Kritik, Zorn, Ausgrenzung und Abwertung. Das Integrationsspiel ist also eines, das sich im herrschenden Diskurs kaum gewinnen lässt, besonders für die marginalisiertesten „Spieler*innen", nämlich muslimisch gelesene Geflüchtete. Unter ihnen sind Frauen aufgrund der defizitär geführten und emotional aufgeladenen Kopftuchdebatte und als „Problemgruppe" charakterisierte Nationalitäten wie Afghan*innen besonders betroffen, wie obige Studien zeigen.

Und selbst für den Gegenwind, der ihnen bei erfolgreicher Integration entgegenschlägt, werden Flüchtlinge in einem besonders kunstgriffigen Zirkelschluss noch verantwortlich gemacht. Denn am Endpunkt dieser Reise steht mittlerweile auch, dass sich Menschen mit Flucht- und Migrationshintergrund zu Wort melden und auf Ausgrenzung, Diskriminierung und Ungleichbehandlung hinweisen. Häufig gelingt dies erst der zweiten oder dritten Generation, weil die erste mit dem unmittelbaren Ankommen und dem nackten Überleben in einem fremden Land beschäftigt ist. Zu groß sind der ökonomische Druck und der tägliche Kampf, als dass man sich auch noch sicht- und hörbar in den öffentlichen Diskurs einbringen wollte oder könnte. Die Kinder oder Enkelkinder dieser ersten Generation von Geflüchteten haben jedoch oft schon das ökonomische, soziale und kulturelle Kapital – also die Macht und die Kompetenzen –, um sich zu organisieren, sich zu äußern und damit auch über Diskriminierung zu sprechen und Rechte einzufordern.

Dadurch ergibt sich ein weiteres paradoxes Moment, wie es Aladin El-Mafaalani beschreibt: Die Kinder und Enkelkinder von Geflüchteten oder Gastarbeiter*innen werden mitunter als „störender" in der Gesellschaft und im Diskurs empfunden als ihre Elterngeneration, die sich schon aufgrund fehlender Ressourcen nicht disruptiv verhalten *konnte* und sich – um zu überleben – anpassen *musste*. Zu verinnerlicht scheint bei vielen die Maxime, dass sie eben *kein Recht hätten, Rechte zu haben.* Wenn aber bei fortschreitender Integration nun auch immer weniger Gruppen aus dem öffentlichen Diskurs ausgeschlossen bleiben, wird Diskriminierung immer sichtbarer, weil ebendiese Gruppen nun die Sprache und Möglichkeiten erhalten, darauf hinzuweisen. Was in der Elterngeneration noch so alltäglich war, dass es gar nicht ausgesprochen werden musste, wird von ihren Kindern nun problematisiert und angeprangert. Diskriminierung und Ausgrenzung sollen eben nicht mehr „normal" sein. [302]

Somit wird jenen, die nur folgerichtig das suchen und einfordern, was am Ende der vielzitierten „erfolgreichen Integration“ stehen sollte, nämlich Zugehörigkeit, genau das zu Lasten gelegt. Denn bleibt diese Zugehörigkeit verwehrt, wird der dadurch entstehende Konflikt erst recht den „Neuankommenden“, den Unruhestifter*innen, den „Anderen“ zugeschrieben. Das Andere birgt also immer die Gefahr, Defizite und Dysfunktionalitäten des Eigenen offenzulegen. Damit dies gar nicht erst geschieht, müssen sie eiligst abgeblockt und wiederum auf die Anderen abgewälzt werden.

In einer extremen Ausprägung lässt sich diese Wirkweise des Integrationsparadoxes in der Fluchtmigration beobachten. Nicht selten war von politischen Kommentator*innen zu lesen, dass das (Wieder-)Erstarken der rechten Parteien in Europa bzw. die Verschiebung der gesellschaftlichen Mitte hin zum rechten Rand als eine unmittelbare Folge des Fluchtherbsts 2015 zu verstehen sei. Der Ankunft von Geflüchteten sei es zuzuschreiben, dass auch ehemals mittige, konservative Parteien nun auf das Migrationsthema aufsprängen und daraus politischen Profit schlügen. Schon allein um solche rechten Tendenzen und eine nachhaltige Verzerrung des Parteienspektrums zu verhindern, müssten Flüchtlingsaufnahmen zukünftig unterbunden oder zumindest weitestgehend zurückgeschraubt werden. Humanitäre Haltung zu leben, so die Gleichung, gäbe im Grunde nur rechten Parteien Aufwind. 2017 noch berichteten Flüchtlingshelfer*innen, ihnen bekannte Geflüchtete hätten sich für die türkis-blaue Bundesregierung entschuldigt, schließlich gäbe es die „nur wegen uns“, 2022 schon wurde dieses Narrativ umfänglich widerlegt. Die geschlossene Haltung der EU und ihrer Mitgliedstaaten bei der Aufnahme ukrainischer Schutzsuchender, die (zumindest anfänglich) kaum Platz für Ablehnung ließ, zeigte eindrücklich, dass es weniger die Ankunft Geflüchteter, sondern deren politische Instrumentalisierung war und ist, die Parteien rechts der Mitte Auftrieb gibt und Ressentiments in der Bevölkerung befeuert.

Dennoch werden weiterhin bevorzugt nicht die rassistischen und aufnahmekritischen Reaktionen der Mehrheitsbevölkerung, der Medien oder der Volksvertreter*innen problematisiert, sondern stehen Geflüchtete immer wieder selbst dafür in der Kritik, solcherart Reaktionen hervorgerufen zu haben, allein durch ihre bloße Sichtbarkeit. Entfernt man „die Anderen" aus dieser misslungenen Gleichung, so bliebe zwar nicht die Ursache der Reaktionen, aber wenigstens deren unmittelbarer Anlass aus. Auch das ist eine Folge des Integrationsparadoxes: dass die Macht und Sichtbarkeit, zu der Geflüchtete durch gelungene Integration, durch Bildungsaufstieg und zunehmende ökonomische Gleichstellung mit Einheimischen ermächtigt werden, niemand am eigenen Leib spüren möchte, würden damit doch lang tradierte Wahrheiten als bequeme Lügen entlarvt werden.

9. ZUGABE, ODER: *APPLAUS VOM BALKON*

Die strukturelle Verunmöglichung von sozialem und Bildungsaufstieg war und ist ursächlich für zahlreiche Problemlagen, die in der Coronakrise eine neue Intensität erreichten. In Deutschland wie in Österreich, und tatsächlich in den meisten Ländern Westeuropas, waren es migrantische Arbeiter*innen, die das Land am Laufen hielten. Sie sind als Systemerhalter*innen in der Pflege, bei Reinigungs- und Lieferdiensten, an der Supermarktkassa, am Bau oder in der Lebensmittelproduktion und -verarbeitung tätig. So hatte bei Ausbruch der Coronakrise in Österreich jede*r dritte Beschäftigte in der nichtakademischen Krankenpflege- und Geburtshilfe Migrationshintergrund.[303] Und während der Anteil ausländischer Staatsangehöriger an der österreichischen Wohnbevölkerung bei knapp 17 % liegt, besitzen in der systemrelevanten Nahrungsmittelherstellung 33 % der Beschäftigten, am Bau 30 %, und im Einzelhandel 22 % eine andere Staatsbürgerschaft als die österreichische.[304] All das waren Bereiche, die während nationaler Lockdowns unter erhöhter Belastung und unter Inkaufnahme eines deutlich gesteigerten Infektionsrisikos weiterliefen, während sich Menschen der Mittelschicht (verhältnismäßig) bequem und sicher im Home-Office isolieren konnten.

Das verdeutlichte die schon lange vor der Krise bestehende Segregierung am Arbeitsmarkt. Wirtschaftliche Integration bedeutet für viele neu Angekommene nämlich Eingliederung in vorrangig niedrig entlohnte, prekäre und körperlich belastende Branchen und Anstellungsverhältnisse, die von einheimischen Arbeitnehmer*innen gemieden werden.[305] Nicht von ungefähr galt die größte Sorge mancher Wirtschaftstreibender in Deutschland und Österreich nach Ausbruch des Krieges in der Ukraine der Spargelernte, die bis dato von ukrainischen Saisonkräften bewältigt wurde, die nun aber Wehrdienst leisten mussten. Unter Einheimischen Arbeitskräfte für diese niedrig entlohnte, körperlich anstrengende und wenig angesehene Tätigkeit zu finden, schien vielen (zu Recht) denkunmöglich.

Westeuropäische Länder sind also stark von migrantischer Arbeitskraft abhängig. So stark, dass am Höhepunkt der ersten Corona-Welle im März und April 2020 Pfleger*innen und Erntehelfer*innen mittels eigener Charterflüge und Sonderzüge ins Land gebracht wurden. Während die meisten anderen grenzüberschreitenden Bewegungen quasi über Nacht zum Stillstand kamen,[306] war es nun paradoxerweise die Mobilität der besonders prekären, migrantischen und geflüchteten (Teilzeit-)Wohnbevölkerung, die plötzlich um jeden Preis sichergestellt werden musste – ging es doch um nicht weniger als die Aufrechterhaltung systemrelevanter Infrastruktur. Somit wurde die Einreise von Schlüsselkräften wie Ernte- und Saisonarbeitskräften, aber auch 24-Stunden-Pflegekräften eher forciert als reduziert.[307] Zahlreiche europäische Staaten lockerten covidbedingte Einreisebeschränkungen für ausländische Systemerhalter*innen; manche organisierten sogar eigene Transporte für Angehörige bestimmter, dringend benötigter Berufsgruppen. Die ökonomische Verwertbarkeit bestimmter (Gruppen von) Migrant*innen schlägt im Bedarfsfall also etwaige Sicherheits- und Hygienebedenken.[308]

Das sorgte für berechtigte Kritik, wurde in den medial zirkulierenden Bildern doch offenbar, wer einerseits in Zeiten der Krise „mobilisiert“ werden konnte (und zu welchen persönlichen wie öffentlichen Kosten), und wer andererseits in relativer Sicherheit und Komfort zuhause bleiben konnte. Um den deutschen Arbeitsmarkt und die deutsche Infrastruktur zu retten, mussten etwa rumänische Arbeiter*innen ohne Möglichkeit zum Abstandhalten oder Händewaschen stundenlang am Ausreiseflughafen ausharren. Waren sie in Deutschland angekommen, mussten sie dort eine (meist unbezahlte) Quarantäne über sich ergehen lassen, um die heimische Bevölkerung, die auf ihre Arbeitskraft angewiesen war, zu schützen. Ähnliches wurde für Österreich durch das Einfliegen von mehr als zweihundert osteuropäischen 24-Stunden-Pflegekräften organisiert, denen die Quarantäne in österreichischen Hotels nicht als Arbeitszeit angerechnet wurde.[309]

Durch dieses asymmetrische Regime zur Wahrung der öffentlichen Gesundheit[310] wurden bestehende Ungleichheiten weiter verschärft: Während ohnehin schon immer stark eingeschränkte Formen der Mobilität, allen voran Fluchtmigration, noch strenger reglementiert und härter sanktioniert wurden,[311] kam es zum Ausbau anderer Mobilitäten, wie jene der *essential workers*, die Infrastruktur und Lebensmittelversorgung am Laufen halten sollten. Mobilität zeigte sich durch COVID-19 noch deutlicher als Privileg der globalen Eliten bzw. jener Arbeitskräfte, auf die die Eliten angewiesen sind. Durch ein solches Regime von Mobilität und Immobilität, welches entlang sozioökonomischer Bruchlinien verläuft, wurden bestehende Ungleichheiten aufgrund von Herkunft und Nationalität, Klasse und Geschlecht verstärkt.[312] Bereits lange vor Corona war Mobilität an die persönlichen wie infrastrukturellen Ressourcen geknüpft (siehe Kapitel 3 – „Sicherheit“), doch durch die Krise trat diese Polarität noch deutlicher hervor, da manche Menschen mobil bleiben mussten, damit andere zuhause bleiben konnten; manche weiterhin Grenzen (wenn auch unter erheblichem Mehraufwand) überwinden konnten, während sie für andere noch undurchlässiger geworden waren. Dieses asymmetrische Mobilitätsregime entscheidet im Extremfall einer globalen Pandemie über Leben und Tod.

Unter den dringend benötigten landwirtschaftlich Arbeitenden in der Erntehilfe, unter Regaleinschlichter*innen im Supermarkt oder unter dem medizinischen Personal, das plötzlich doch noch vor offiziellem Abschluss der Nostrifikation von im Ausland erworbenen Abschlüssen eingesetzt werden durfte, befanden sich neben Grenzpendler*innen auch zahlreiche geflüchtete Menschen, die im Zuge des Fluchtherbsts 2015 nach Österreich gekommen waren. Die Folgen der letzten großen „Krise", mit der Österreich konfrontiert war, halfen nun also, die aktuelle zu meistern. Nirgendwo war aber zu vernehmen, dass Geflüchtete aus dem Jahr 2015 bereits wenige Jahre nach ihrer Ankunft einen wichtigen Beitrag leisteten, dass Österreich gut durch die Pandemie kam und seine Infrastruktur aufrechterhalten blieb. Und sich nebenbei noch eher impfen ließen als (Ober-)Österreicher*innen.

Neben der Schaffung eines ins Gegenteil verkehrten Mobilitätsregimes legte die Coronakrise ein weiteres paradoxes Moment im Flüchtlings- und Integrationsregime offen: Es mutet nämlich durchaus widersinnig an, dass die, die am meisten gebraucht werden, am wenigsten wertgeschätzt werden. Das betrifft Systemerhalter*innen generell, aber geflüchtete Systemerhalter*innen im Besonderen. Die Coronakrise hat damit aber ein Phänomen sichtbar gemacht und in der Entwicklung beschleunigt, das schon lange davor erkennbar war: dass Menschen mit Flucht- und Migrationsbiografie vielfach jene Art der unsichtbaren, systemerhaltenden Arbeit leisten, die den sozialen Aufstieg, die Freizeit und das wirtschaftliche Vorankommen der nicht-migrantischen Bevölkerung überhaupt erst ermöglicht. In der soziologischen Forschung spricht man von einer migrantisch geprägten *service class*, deren Jobs durch prekäre Arbeitsbedingungen, instabile Anstellungsverhältnisse mit hoher Fluktuation, geringer Bezahlung und hoher physischer (und psychischer) Belastung bei wenig sozialer Absicherung und harten bis hin zu ausbeuterischen Arbeitsbedingungen gekennzeichnet sind. Migrantische und geflüchtete Frauen sind zudem häufig in Teilzeit und in der Erbringung von haushaltsnahen Dienstleistungen beschäftigt, wodurch sie große Gefahr laufen, zu den *working poor* zu zählen, also jenen Menschen, die trotz (voller) Erwerbstätigkeit nicht ausreichend Geld zum Leben haben.

Klassische Beispiele für solche Servicekräfte sind, nach der entsprechenden Geschlechterkonnotation zwischen „drinnen" und „draußen" unterschieden, Reinigungskräfte und Paketzusteller*innen. Diesen beiden (und weiteren) Berufsgruppen widmen sich auch die Soziolog*innen Oliver Nachtwey und Nicole Mayer-Ahuja in ihrem Buch *Verkannte Leistungsträger*innen* (2021), das eine erste Analyse der veränderten (und dann doch wieder sehr gleich bleibenden) Anforderungen der Arbeitswelt während bzw. nach Corona bietet.[313] Die verkannten Leistungsträger*innen eint nicht nur, dass sie fast rund um die Uhr arbeiten, dennoch sehr wenig verdienen und von der Politik (und der Mittelschicht) kaum wahrgenommen werden, sondern auch, dass sie zu einem hohen Anteil Flucht- und Migrationshintergrund haben.

Denn die vertikale Mobilität der autochthonen Mittelschicht war historisch nur durch ein grundlegendes Emanzipationsparadox auf dem Rücken einer migrantischen Unterklasse möglich. Soziale Mobilität, bedingt durch Wirtschaftswachstum und Bildungsaufstieg seit Mitte des vergangenen Jahrhunderts, führte in der Spätmoderne zur Herausbildung einer neuen, gebildeten (aber selten systemrelevanten) Mittelklasse, einhergehend mit geschlechtlicher Gleichstellung und einer erhöhten Frauenerwerbsquote.[314] Diese gelang aber nur, weil sie mit einer gesellschaftlichen Arbeitsteilung der Reproduktionsarbeit einherging, also der Auslagerung von Haushaltstätigkeiten, Care-Arbeit, Kinder- und Altenbetreuung. Dadurch kam es zur gleichzeitigen Herausbildung einer „migrantischen Unterschichtung", wie es die Autor*innen nennen, die diese neue Mittelklasse überhaupt erst ermöglicht (und die selbst kaum von sozialer Mobilität profitieren kann).[315] Eine klassische mittelständische Familie, in der beide Elternteile Vollzeit (in kompetitiven Berufen) arbeiten und in ihrer Freizeit zusätzlich in kulturelles und soziales Kapital (in Form von Theater- und Kinobesuchen, Wochenendreisen, Ballett- oder Musikunterricht und Sportvereine für die Kinder) investieren, lässt sich in der Spätmoderne kaum anders als durch migrantische Unterstützung bewältigen: Indem Tätigkeiten wie Essensbesorgung und -zubereitung, Putzen und Wäschewaschen, Altenpflege und Kinderbetreuung, Einkaufen und Postwege ausgelagert werden – eben an die erwähnten Reinigungskräfte, 24-Stunden-Pfleger*innen, Paketzusteller*innen und Lieferant*innen.[316]

Während wir zwar wissen, dass unser System ganz zentral von deren Arbeitskraft abhängt, gehört es gleichzeitig zur „Schizophrenie der kapitalistischen Ökonomie", wie Oliver Nachtwey es formuliert,[317] oder eben zu den grundlegenden Paradoxien unseres Umgangs mit (der Arbeit von) Migrant*innen und Geflüchteten, wie ich es nennen würde, dass diese Arbeit kaum finanziell oder auch nur symbolisch honoriert wird, im Gegenteil: Sie wird in vielen Fällen bewusst unsichtbar gemacht. Genau deshalb wurde bei niedrigqualifizierten, haushaltsnahen Dienstleistungen migrantischer Frauen das Tragen des Kopftuchs bisher selten problematisiert (siehe Kapitel 8 – „Aufstieg"), bleibt es doch weitestgehend unsichtbar, sowohl wortwörtlich als auch symbolisch als Bedrohung für jene, die bedient werden. Tatsächlich sind große Unternehmen in den letzten Jahren dazu übergegangen, die Gebäudereinigung erstens an Subunternehmen auszulagern und zweitens bevorzugt zu den Tagesrandzeiten, also tief in der Nacht oder früh am Morgen, durchführen zu lassen, weil sonst der Bürobetrieb „gestört" würde. Das sorgt für einen zerrissenen Tagesablauf und einen dauerhaft gestörten Schlafrhythmus von migrantischen Frauen, die vorrangig in dem Gewerbe tätig sind. Wird das als Grund bei Einstellungsgesprächen genannt, warum man solcherart niedrig bezahlte, körperlich belastende und zeitlich kaum mit dem Privatleben zu vereinbarende Jobs nicht annehmen möchte, wird dies den Betroffenen meist negativ ausgelegt - die Vorwürfe reichen vom Ausnutzen der sozialen Hängematte über Sozialschmarotzertum bis hin zu genereller Arbeitsverweigerung. Besonders augenscheinlich wurde das bizarrer Weise genau in dem Moment, als die covidbedingte Arbeitslosigkeit anstieg. In so einer Situation auf faire Entlohnung und humane Arbeitszeiten zu bestehen, wurde schon einheimischem, vor allem aber migrantischen und geflüchteten Arbeitslosen als veritabler Frevel angekreidet.[318]

Dabei spricht rein logistisch nichts gegen eine Gebäudereinigung während offizieller Bürozeiten, wie sie lange Zeit, bis weit in die Mitte des 20. Jahrhunderts, durchgeführt wurde. In Skandinavien ist man mittlerweile wieder dazu übergegangen, sogenanntes *daytime cleaning* einzuführen, wodurch die Branche attraktiver für Arbeitnehmer*innen wird und leichter mit Kinderbetreuung zu vereinbaren ist. Zusätzlich ist sie energieeffizienter, weil Gebäudebeleuchtung und -heizung nachts entfallen. Hinter dem Unsichtbarmachen und der Auslagerung von Gebäudereinigung in Ländern wie Österreich, Deutschland, aber auch den USA und Großbritannien stehen also nicht zwingend wirtschaftliche Bedenken, sondern das implizite Verhindern von Anerkennung und Herausbildung eines kollektiven Bewusstseins mit *white collar workers,* die in den meisten Fällen auch einfach *white* workers sind.

Tatsächlich stellt dies ein weiteres Merkmal der migrantischen systemerhaltenden Arbeit im Niedrig- und Niedrigstlohnsektor dar: eine stark und teils bewusst produzierte Vereinzelung der Arbeit, was in weiterer Folge kollektive Organisation und den gemeinsamen Kampf für mehr Rechte erschwert. Besonders deutlich wird das anhand der Dienstleistung von Paketzustellern, die in ähnlicher Isolation wie etwa 24-Stunden-Pfleger*innen arbeiten. In einer Studie während des dritten Lockdowns im Jänner und Februar 2021 konnten meine Kolleginnen der Wirtschaftsuniversität Wien und ich zeigen, dass Paketzusteller, die bei Sub(sub)unternehmen für den Großkonzern Amazon tätig sind, ganz besonders stark von belastenden bis hin zu unmenschlichen Arbeitsbedingungen, prekären Beschäftigungsverhältnissen und teilweise sogar von Lohn- und Überstundendiebstahl betroffen sind.[319] Auch sie sind fast ausschließlich migrantischer oder geflüchteter Herkunft, was als kausal für diese Ausbeutung gesehen werden kann. Sorgen doch ein unsicherer (oder zumindest als unsicher empfundener) Aufenthaltsstatus, fehlende soziale Netze im Zielland, langwierige Anerkennung von im Ausland erworbenen Abschlüssen und Diskriminierungserfahrungen am heimischen Arbeitsmarkt für zusätzlichen Druck, den prekären Zustelljob aus Mangel an Alternativen anzunehmen.

Während Corona ist gerade für diese Gruppe, aber auch für ihre Kollegen, die bei der österreichischen Post beschäftigt waren, der Druck, die Intensität und auch das Infektionsrisiko durch die tägliche Arbeit gestiegen. Zusätzlich ermöglichen verpflichtende Apps eine fast durchgängige digitale Überwachung der Zusteller. Pausen sind zwar vorgesehen, können aber bei einem Pensum von etwa 150 Paketen pro Tag kaum eingehalten werden. Dass Zusteller nicht einmal für die grundlegendsten menschlichen Bedürfnisse Zeit haben und in Plastikflaschen urinieren, ist weder ein *urban myth* noch ein rein amerikanisches Phänomen, sondern kommt auch in einem Land wie Österreich mit einem im internationalen Vergleich hohen Arbeitnehmerschutz vor. Und wer meint, einfach auf die österreichische Post ausweichen zu können, um solche Zustände nicht noch durch eigene Bestellungen zu unterstützen, sondern regionale Unternehmen zu fördern, muss leider erkennen, dass während Corona auch dort Leiharbeitsverhältnisse und schlechtere Arbeitsbedingungen Einzug gehalten haben.[320]

All das hat dramatische Folgen für die Zusteller, von denen kaum jemand den Job länger als einige Monate macht bzw. machen kann, vor allem nicht mit der Dauerbelastung, die durch Corona und der daraus folgenden sprunghaften Zunahme des Onlinehandels entstanden ist. Lockdown, sagte einer der Befragten unserer Studie, sei nämlich so, als ob „jeden Tag Weihnachten wäre", und das war alles andere als positiv gemeint. Denn die chronische Arbeitsüberlastung schlug sich für viele in gesundheitlichen Problemen nieder. Geklagt wurde über Rückenschmerzen, Knieverletzungen und psychische Belastungen, die durch Marginalisierungs- und Abwertungserfahrung durch die Mehrheitsgesellschaft, aber auch bestehende seelische Wunden infolge der Fluchterfahrung noch verstärkt wurden. „[F]ür mich wäre das Selbstmord, diesen Job auf längere Zeit auszuüben", sagte einer der Befragten ganz offen.

Nun fragen sich die geschätzten Leser*innen vielleicht, wie diese Form der Arbeitsausbeutung in einem reichen und sozialpartnerschaftlich geprägten Land wie Österreich überhaupt möglich ist. Eine Ursache dafür liegt in der Auslagerung der Verantwortung für Arbeitsbedingungen und Lohnauszahlung an Subunternehmen, wodurch Konzerne wie Amazon rein rechtlich von ihrer Verantwortung entbunden werden. Gesetzliche Lücken und Graubereiche werden ausgenutzt, was zu Scheinselbstständigkeit oder Sozialbetrug führt. Hier bedarf es einer entsprechenden Nachschärfung, etwa durch eine Haftung des Erstauftraggebers.

Viele der von den Befragten als belastend geschilderten Aspekte sind aber bereits gesetzlich geregelt, werden allerdings (wie etwa Pausenzeiten, Überstundenabgeltung und Krankenstand) nicht entsprechend umgesetzt. Dass dies möglich ist, hängt auf einer übergeordneten Ebene auch von der gesellschaftlichen und politischen Stellung der *service class* von Migrant*innen und Geflüchteten ab. So erklärte uns ein Zusteller, der aus Syrien geflüchtet war: „Es gibt keinen einzigen österreichischen Fahrer. Das deutet darauf hin, dass Österreicher diese Arbeit nicht machen, aus zwei Gründen: Erstens ist die Natur dieser Arbeit sehr hart. Und der zweite Grund sind die Rechte." Letzteres mag befremdlich klingen, denn grundsätzlich sind inländische und ausländische Arbeitnehmer*innen vor dem Arbeitsrecht gleichgestellt, da ja der Clou an Menschenrechten (wozu auch das Stillen von Grundbedürfnissen zählt) eben ist, dass sie universell gültig sind. Die Aussage des Zustellers bringt aber das auf den Punkt, was sich wie ein roter Faden durch die Erfahrung von und den Umgang mit Flucht auf allen Stationen des Flüchtlingsregimes zieht: Formal gesehen Rechte zu haben ist das eine. Diese Rechte auch tatsächlich geltend machen (und im Zweifelsfall einklagen) zu können, ist etwas anderes.

Das führt uns gegen Ende dieses Buches zurück zu Hannah Arendts Proklamation, dass nichts wesentlicher und grundlegender sei als *das Recht, Rechte zu haben.* Genau dieses Recht wird Geflüchteten nicht nur während der Flucht und bei Grenzübertritten routinemäßig abgesprochen, sondern auch noch (lange) nach ihrer Ankunft im Aufnahmeland untergraben oder ignoriert. Und zwar nicht nur, weil sie (noch) keine Staatsbürger*innen im Zielland sind, worauf sich Arendt ursprünglich konzentrierte, sondern noch genereller aufgrund der Zuschreibung als „Andere". Pakete zustellen, putzen und Regale einräumen ist eben *Arbeit für die Anderen,* und deshalb muss man vielleicht nicht so ganz genau hinsehen, wenn es um Arbeitnehmerschutz geht. Eine Lobby hatten geflüchtete und migrantische Menschen in den Institutionen der Mehrheitsgesellschaft wie Arbeiterkammer, Gewerkschaften oder Interessensvertretungen historisch betrachtet selten, auch wenn in den letzten Jahren das Bewusstsein dafür gestiegen ist. Auf die Frage, ob er sich denn vorstellen könne, sich aktiv in die Gründung eines Betriebsrats oder einer Gewerkschaft einzubringen, meinte ein Lieferant lapidar, das sei *eben nicht sein Land.* Damit brachte er nicht nur etwaige Hürden durch Aufenthaltstitel und Sprachbarrieren oder die massive Abhängigkeit von dieser Form der Lohnarbeit zum Ausdruck, sondern das ganz grundlegende Gefühl, als „Fremder" keine Ansprüche stellen zu dürfen, nicht zuständig und nicht zugehörig zu sein. Rechte zu haben und einzufordern ist etwas für die Mehrheitsgesellschaft, selbst wenn genau diese durch die eigene Arbeit erhalten wird.

Im Alltag bedeutet das, dass die migrantische und geflüchtete *service class* von einer „multiplen Prekarität" betroffen ist, wie es in der soziologischen Forschung bezeichnet wird.[321] Einerseits ist ihr Aufenthaltsstatus häufig unsicher, wodurch es immer wieder zu undokumentierter Beschäftigung (vulgo „Schwarzarbeit") und damit verbundener Ausbeutung und Rechtlosigkeit kommt. Asylwerbende, denen nur einige wenige legale Erwerbsoptionen offenstehen (siehe Kapitel 7 – „Ankunft"), werden entweder in illegale Dienstleistungsmärkte oder in die Scheinselbstständigkeit gedrängt. Andererseits sind auch Wohn- und Lebensbedingungen aufgrund eines niedrigen Einkommens und geringer sozialer Absicherung häufig prekär. So haben in Wien Migrant*innen aus Drittstaaten, zu einem Großteil Geflüchtete aus Syrien, Irak und Afghanistan, im Schnitt 35 % weniger Wohnfläche zur Verfügung als Menschen ohne Flucht- oder Migrationshintergrund.[322] Dadurch und durch ihre „Dienstbotentätigkeit" für die (autochthone) Mittelschicht sind Geflüchtete und Migrant*innen auch gesundheitlich wesentlich prekärer gestellt als jene, die ihre Dienste in Anspruch nehmen. Das unterste Fünftel der Gesellschaft hat ein etwa zwei- bis dreimal so hohes Risiko, an einer chronischen Erkrankung wie Diabetes oder Asthma zu leiden, wie das oberste.[323] Ungünstige Arbeits-, Sozial- und Wohnverhältnisse tragen unmittelbar dazu bei, genauso wie der chronische Stress, den Armut und Abstiegsängste verursachen.[324]

Als besonders folgenschwer erwies sich das während einer globalen Pandemie, in der sich nämlich vielfach Infektionsketten zwischen der *service class* und den von ihr Servicierten bildeten, mit deutlich dramatischeren Auswirkungen für erstere. Häufig materialisierte diese sich dergestalt, dass die globale mobile Elite das Virus über Ländergrenzen und Kontinente hinweg während des Urlaubs über den Globus verteilte und an den Hotspots der Schönen und Reichen, wie in der Modestadt Mailand, oder an mondänen Ferienorten, wie dem österreichischen Wolfgangsee, direkt an die *service class* weitergaben, unter der sich das Virus durch (überbelegte) Gemeinschaftsunterkünfte, fehlende Krankenversicherung und einen oft ungeklärten Aufenthaltsstatus rasch vermehren und großen Schaden anrichten konnte. Eine bisher weder bestätigte noch widerlegte These besagt bekanntlich, dass ein anfängliches Cluster unter undokumentierten asiatischstämmigen Näherinnen rund um die Modestädte Italiens mitursächlich für die verheerende erste Corona-Welle in der Provinz Bergamo und der gesamten Lombardei gewesen sei. Aus Angst vor Abschiebung suchten die Infizierten keinen Arzt auf, aufgrund fehlender Aufenthaltstitel und eines hohen ökonomischen Drucks konnten sie keine Urlaubs- oder Krankentage in Anspruch nehmen und sich trotz Symptomen nicht isolieren.

Nicht nur, dass migrantische und geflüchtete Systemerhalter*innen während der Pandemie kaum oder wenig Wertschätzung erfuhren, sie wurden vielfach noch mehr an die Peripherie gedrängt, waren steigender Diskriminierung und Hassrede (on- wie offline) ausgesetzt und wurden phasenweise immer wieder zu Sündenböcken der epidemischen Lage gemacht. So meldete die Beratungsstelle ZARA im ersten Pandemiejahr einen Anstieg um 1089 rassistisch motivierte Vorfälle gegenüber 2019.[325] Dazu zählten Antisemitismus und antimuslimischer Rassismus ebenso wie ein sprunghafter Anstieg von Übergriffen auf asiatisch gelesene Personen aufgrund des Ursprungsorts des Coronavirus. Unter den so Ausgegrenzten waren wohl auch einige, die unter größter nationaler Kraftanstrengung eigens nach Österreich eingeflogen wurden, um die Eltern oder Großeltern jener zu pflegen, die sie dann auf offener

Straße beschimpften und beflegelten. Auch Hass im Netz hatte aufgrund der Verlagerung vieler Aktivitäten in den virtuellen Raum zugenommen, und Verschwörungstheorien waren von einem rassistischen, migrationsfeindlichen Unterton geprägt.[326] So zierte im Winter 2021 ein Banner mit den Worten „Kontrolliert die Grenzen, nicht das Volk" die wöchentliche Demonstration von Coronaleugner*innen auf der Wiener Ringstraße.[327] Aber nicht nur an den extremen Rändern, auch in der gesellschaftlichen Mitte gab es immer wieder Versuche, die Verbreitung des Virus mit migrantischen Gruppen in Verbindung zu bringen. Wir erinnern uns an Diskussionen über „Balkanheimkehrer", „Türkenhochzeiten" und Migrant*innen, derentwegen die Intensivstationen voll wären.[328]

Das verbindende Element zwischen Coronaleugner*innen und Maßnahmenbefürworter*innen, zwischen Geimpften und Ungeimpften, zwischen Schwurblern und Vernünftigen war also, bei allen scheinbar unüberwindlichen Gegensätzen, ausgerechnet die Figur des Fremden und des Anderen, kurz: des Flüchtlings (also die marginalisierteste und vulnerabelste Gruppe von Migrant*innen). Für die einen waren es die Migrant*innen, die sich nicht impfen ließen und das Virus aus dem Ausland hereinschleppten, für die anderen waren es die Flüchtlinge, die „uns" zum „Bevölkerungsaustausch" vom „Soros-Rothschild-Komplex" geschickt worden seien (siehe Kapitel 7 – „Ankunft", für kulturellen Rassismus) und den *Great Reset* ankündigten. In der Pandemie erkannte man nur allzu gut, dass geflüchtete und migrantische Menschen das personifizierte „Andere" in unserer Gesellschaft sind, weil sich sogar Impfbefürworter*innen und -gegner*innen, deren konträre Ansichten ganze Familien und Freundeskreise entzweiten, offenbar darauf einigen konnten. Wenn auch inhaltlich gegenteilig aufgeladen, blieb die Funktion, die das Andere erfüllen sollte, ident. Wiederum erwies sich: Kaum etwas ist tauglicher zum *Othering* des „Fremden" als eine weltweite Seuche.

10. VERANTWORTUNG

Am Ende dieses Buches steht ein Fazit, das durch die Coronakrise noch an Brisanz gewonnen hat, aber auch lange davor gültig war und, wie man erwarten darf, noch lange sein wird: Einerseits gelten in unseren westlichen, pluralistischen Demokratien universelle Menschenrechte wie Freiheit und Gleichheit für alle, andererseits spielt die Tatsache, in welchem Land man geboren wurde, eine nicht unerhebliche Rolle. Auch in den Zwanzigerjahren des 21. Jahrhunderts scheint der Zufall der Geburt entscheidend für mannigfaltige Parameter, die über die Chancen und Möglichkeiten bestimmen, die wir im Laufe des Lebens erhalten. Nach Ländern gereiht verdeutlicht das der *Global Passport Power Rank*, ein Ranking aller Reisepässe (und somit der Staatsbürgerschaften) weltweit: Er verzeichnet, mit welchem Reisepass die größte (visafreie) Bewegungsfreiheit einhergeht, man also am seltensten mit Einreisebeschränkungen konfrontiert ist. Wenig überraschend stehen Industrienationen aus dem Globalen Norden, darunter Deutschland, Finnland und Luxemburg, ganz oben auf der Liste. Auf den niedrigsten Rängen finden sich die Länder mit dem höchsten Fluchtaufkommen: Syrien, Afghanistan, Irak, Somalia und Pakistan.[329] Der Geburtsort bzw. die Geburtsfamilie und die Staatsbürgerschaft entscheiden also ganz grundlegend über die (Mobilitäts-)Chancen, die man im Leben erhält, und manchmal sogar über das Überleben. Dank ihres Reisepasses durften Ukrainer*innen schon vor Aktivierung der Massenzustromrichtlinie visafrei in die EU einreisen und dort zumindest drei Monate aufhältig bleiben, während der syrische oder afghanische Reisepass seiner Besitzerin keine solchen Rechte zuerkennt. Der Begriff „Ranking" ist also passend, weil er genau das offenlegt, was dadurch entsteht: Eine obszöne Form der Rangfolge, die den gesamten Globus einordnet und klassifiziert.

Das ist insofern paradox, als man sich in westlichen Demokratien schon lange darauf verständigte, dass Menschen in keiner Rangfolge stehen sollen, sondern einander in Gleichheit und Gleichwertigkeit gegenüberstehen.[330] Dass Faktoren wie der ökonomische Hintergrund, das Bildungsniveau, die soziale Herkunft bzw. die Klasse oder das Geschlecht keine Auswirkung darauf haben sollten, welche Rechte (und welchen Zugang zu Rechten) Menschen haben. Warum dann aber der Reisepass? Der Ort der Geburt (im Falle des *ius soli*) oder die Herkunft der Eltern (im Falle des *ius sanguinis*) schaffen weltweit ein System, das Soziolog*innen als die letzte Form einer (globalen) Feudalgesellschaft bezeichnen.[331] Nicht die gesamte Weltgemeinschaft entscheidet demokratisch über Grenzen, sondern privilegierte Gruppen tun es – nämlich jene Menschen, die in den Zielländern des Globalen Nordens wohnen. Und diese Entscheidungen haben nicht nur innerhalb des Staates der Betroffenen, sondern eben weltweit Auswirkungen. Damit entsteht etwas, das Steffen Mau als „globale Hierarchie" skizziert: „Das freie Geleit, das sich öffnende Tor, der sich hebende Schlagbaum waren oft ein Privileg der Privilegierten", und zwar egal, wie weit man historisch zurückblickt.[332]

Ungleichheiten werden weltweit reproduziert, indem Mobilität als Frage der Verteilung aufrechterhalten und weiter verfestigt wird. Ob jemand Zugang zu freier, grenzüberschreitender Wanderung und dauerhafter Aufenthaltsveränderung hat, hängt von persönlichen und strukturellen Ressourcen ab (siehe Kapitel 3 – „Sicherheit"), aber auch von den Rechten, die ihr oder ihm von einer gänzlich anderen nationalen Gemeinschaft zugestanden werden - oder verwehrt bleiben. Damit entscheiden globale Eliten über die Art der Mobilität, die für weniger privilegierte Gruppen überhaupt hypothetisch zugänglich ist, von den finanziellen und persönlichen Aufwendungen ganz zu schweigen. „Some inhabit the globe; others are chained to place", wie es Zygmunt Bauman so prägnant auf den Punkt brachte: Manche bewohnen den Globus; andere sind an einen Ort gekettet.[333]

Das demokratische Paradox im Spannungsverhältnis zwischen den Interessen des Nationalstaats und den universalen Ansprüchen von Menschenrechten (siehe Kapitel 5 - „Grenzen") trifft auf der persönlichen Ebene mitten in die unmittelbaren Lebensumstände jeder und jedes Einzelnen. Nicht selten verursacht das oben skizzierte Ranking einen Riss, der quer durch eine Familie geht: Der Vater hat die Staatsbürgerschaft des Herkunftslandes, die Mutter ist offiziell staatenlos, die Kinder haben bereits die Staatsbürgerschaft des Aufnahmelandes erhalten.[334] Indem Doppelstaatsbürgerschaften und damit, auf einer emotionalen Ebene, Mehrfachzugehörigkeiten zunehmend verunmöglicht werden (außer man ist Opernsängerin oder Profifußballer),[335] mehren sich solcherart absurde familiäre Konstellationen, die bei Urlaubs- und Heimatreise, aber auch beim Wahlgang und Zugang zu Sozialleistungen schlagend werden.

Absurderweise weisen aber alle Tendenzen, betrachtet man die Entwicklung von Wanderbewegungen und Globalisierung, in die umgekehrte Richtung: Multiple nationale Zugehörigkeiten werden zunehmend die Regel und nicht mehr die Ausnahme sein. Dabei könne die „Akzeptanz von gemischten Identitäten", so der österreichische Migrationsforscher Rainer Bauböck, als ein „Indikator für ein Selbstverständnis als Einwanderungsland" gesehen werden.[336] Bis dato tun sich viele westeuropäische Länder, darunter Österreich, aber sichtbar schwer damit, ambivalente, also uneindeutige nationale Zugehörigkeit zuzulassen. Selbst begrifflich sind diese nicht angekommen: Sogenannte Bindestrichidentitäten wie „Serbo-Österreicher*in" findet man im Sprachgebrauch kaum, wiewohl es viele von ihnen gibt. Wohl auch ein Hinweis darauf, dass „nationale Identität noch immer mit ethnischer Reinheit assoziiert wird"[337] – selbst wenn dies gegen den aktuellen Trend in einer stetig mobiler werdenden Welt geht.

Genau mit dieser mobiler werdenden Welt kann aber auch das geltende Mobilitätsregime nicht mithalten, zumindest hinkt es merkbar hinterher. Dabei hat das Aufrechterhalten des Fluchtparadoxes einen hohen Preis, und zwar auf mehreren Ebenen. Materiell verursachen Grenzsicherung und komplexe Einreisesysteme einen hohen finanziellen wie bürokratischen Aufwand, ebenso wie Deals mit Drittstaaten (siehe Kapitel 4 – „Schutz") und die Auslagerung von Asylverantwortlichkeit. Auf einer indirekten Ebene führt auch die Immobilisierung von Schutzsuchenden aus dem Globalen Süden zu hohen Kosten für Aufnahmeländer, etwa durch die Aufrechterhaltung von großen Asyllagern, die Verhinderung des Arbeitsmarktzugangs für Asylwerbende (siehe Kapitel 7 – „Ankunft") und (zeitlich verlagert) durch den sich verschärfenden, ungedeckten Arbeitskräftebedarf in zahlreichen westeuropäischen, alternden Gesellschaften. Noch gewichtiger aber fällt der moralische und menschliche Preis durch das Aufgeben ethischer und rechtsstaatlicher Maßstäbe aus. Dies seien laut dem deutschen Historiker Frank Wolff „normative Kosten", die Europa offenbar gewillt sei zu tragen, und zwar dauerhaft und in großen Dimensionen.[338] Dass sich auf europäischer Ebene ausgerechnet ein *Commissioner for Promoting our European Way of Life* mit Grenzsicherung, Abwehr von Schutzsuchenden und Sicherheitspolitik befasst, ist ebenso zynisch wie folgerichtig.[339] Längst ist die Festung Europa zum integralen Bestandteil des europäischen Lebensstils geworden.

Im Asyl- und Migrationsregime steht nämlich genau dieser europäische Lebensstil auf dem Prüfstand, oder genauer: die

Frage, welche seiner tragenden Säulen als die wichtigste zu gelten hat. Sind es Rechtsstaatlichkeit, Freiheit und Gleichheit, die den Kern Europas bilden, oder Grenzschutz und damit, so die häufig artikulierte Argumentationslinie der Migrationsskeptiker*innen (siehe Kapitel 8 – „Aufstieg", zur Kulturfremdheit), die Verteidigung eben dieser Werte? Genau darin kulminiert das Fluchtparadox: Wie weit darf die Verteidigung des *European Way of Life* gehen, bevor sie einer Preisgabe dieser Werte, die sie vorgibt zu verteidigen, gleichkommt? Ein schier unauflösbares Dilemma, das aber einen klar abgesteckten Rahmen hat: Sobald universelle und grundlegende Regeln der Rechtsstaatlichkeit für die Grenzkontrolle und ein rigides Sicherheitsregime geopfert werden, stellt genau dieses Vorgehen auch eine Bedrohung für den europäischen Lebensstil, und noch konkreter für das Leben aller 447 Millionen EU-Bürger*innen, dar. In einer Demokratie sind es eben die universell geltenden Regeln, die ihre Bürger*innen vor Willkür schützen. So wie die Beschneidung der Rechte von Schutzsuchenden eben nicht zum Einfallstor für illegitime Praktiken und die schleichende Aussetzung von Menschenrechten werden darf, dürfen gesetzlose Zonen in Polen, die Aussetzung von Geflüchteten auf hoher See durch Frontex und der Einsatz von Polizeigewalt an Europas Grenzen nicht einfach hingenommen werden, so uns denn unsere eigenen Rechte noch etwas wert sind. Die Kanarienvögel japsen längst nach Luft, egal ob wir nach Ceuta, nach Polen, nach Ungarn oder in die Ägäis blicken.

Wie können wir nun dem paradoxen Unterbau des Asyl- und Integrationsregimes entkommen, oder anders gefragt, wie können wir innerhalb dieser Paradoxie einen humanen, rechtsstaatlichen Zugang zu Asyl, Flucht und Zugehörigkeit schaffen? Der erste Schritt muss jedenfalls die Offenlegung des Fluchtparadoxes als solches und damit die tiefere Erkenntnis sein, dass im herrschenden Asylregime eine veritable Änderung der Situation außerhalb und innerhalb Europas Grenzen höchst unwahrscheinlich ist. Ein abgekartetes Spiel, gezinkte Karten. *The game is rigged*, wie der Amerikaner sagen würde. In diesem Regime sind die auf den vergangenen Seiten dargelegten Widersprüche unauflösbar, weil dem System immanent, sie erhalten es aufrecht.

Das soll und kann in Anbetracht der vielen Herausforderungen in der Migrations- und Flüchtlingspolitik aber nicht zur totalen Resignation führen – nach dem Motto, das bringe eh alles nichts. Diese Gemütslage mag der pandemiegeprüften Seele vertraut sein, sie ist nur so zwecklos wie unproduktiv. Gleichzeitig warne ich vor dem edlen und doch überschießenden Anspruch, die hier offengelegten Paradoxien ihrer Auflösung zuführen zu wollen. Das ist im aktuellen System, welches ja gerade auf diesen paradoxen Momenten aufbaut und sie Tag für Tag, Bescheid für Bescheid weiter verfestigt, unmöglich und sinnlos. Zumindest aber soll die hier versuchte Darlegung und Zerlegung des Asyl-, des Flüchtlings-, und des Integrationsparadoxes (und der vielen paradoxen Momente dazwischen) helfen, ebensolche Unmöglichkeiten in den Blick zu nehmen und damit die Schaffung von Alternativen denkbar zu machen. Erst durch ein vertieftes Verständnis der derzeitigen Umstände können überhaupt erst neue anvisiert werden.

Dies erscheint vor allem vor dem Hintergrund wesentlich, dass das Fluchtparadox im politmedialen Diskurs als „alternativlos" dargestellt wird, in vielen Fällen sogar ganz explizit. So als müssten globale Entwicklungen und transnationale Machtinteressen zwangsläufig zu ebendem Ergebnis führen, mit dem wir uns nun im globalen Flüchtlingsschutz konfrontiert sehen. Wie weit wir alle, egal wo wir auf dem Spektrum zwischen bedingungsloser Aufnahme oder umfassender Abwehr stehen, dieses Paradox verinnerlicht zu haben scheinen, brachte für mich zuletzt ein besonders missglückter Kommentar in den sozialen Medien auf den Punkt, der die bevorzugte Behandlung ukrainischer Flüchtlinge zu kritisieren gedachte: Wirklich „flüchten" bedeute, sich in überfüllten Schlauchbooten in Lebensgefahr zu begeben. Das, was die Ukrainer*innen im Frühling 2022 tun mussten, sei bestenfalls reisen unter widrigen Umständen. Flucht hat also laut diesem Kommentar riskant, kriminalisiert und teuer zu sein, um im bestehenden Bezugsrahmen überhaupt als solche anerkannt zu werden. Dass Flucht nicht immer und zwingend so sein muss, sondern auch legal, geordnet und sicher vonstattengehen kann, dabei dennoch unter Zwang und Unfreiwilligkeit geschieht, scheint vielen von uns mittlerweile denkunmöglich.

Denn der vorgegebene Rahmen, das paradoxe System, ist gerade kausal für die vielen Brennpunkte im Asyl- und Fluchtkontext, die dieses Buch nur auszugsweise skizzieren konnte – von völkerrechtswidrigen Pushbacks über Foltergefängnisse in Libyen bis hin zum geflüchteten Systemerhalter, auf den europäische Wohlstandsgesellschaften nicht nur in Krisenzeiten bauen, indem sie ihn ausbeuten. Auszugsweise nicht nur deshalb, weil eine erschöpfende Aufzählung den bescheidenen Rahmen eines Sachbuchs sprengen würde, sondern auch, weil seit Finalisierung und Drucklegung dieser Zeilen wohl schon wieder mehrere solcher globalen Brennpunkte hinzugekommen sind. Jeder von ihnen potenziert indirekt auch jeden anderen innerhalb des Fluchtparadoxes, gehen diese Widersprüchlichkeiten doch fließend ineinander über, indem sie den ganzen Prozess der Flucht, von Aufbruch bis Ankunft und Aufstieg, begleiten.

Ihnen gemein ist, dass sie einen übergeordneten Zweck erfüllen, national wie europäisch und global. Im weitesten Sinne fungieren sie nämlich als *Legitimationspraktiken*, eben weil sie nicht als paradox erkennbar, sondern normalisiert und quasi „natürlich" sind. Ganz so, als ginge es eben nicht anders, dass Schutzsuchende monatelang in Kälte und Schlamm leben müssten, dass sie keine Ansprüche stellen dürften, dass sie immer die „Anderen" im Aufnahmeland bleiben müssten und nie wirklich dazugehören dürften. Und genau das ist auch die eingangs skizzierte Bedeutungszuschreibung, die die drei zentralen Paradoxien erfahren. Sie *müssen* einfach so sein, weil es die Eigeninteressen, die Sicherheit, der Wohlstand und die kulturelle Unversehrtheit des Aufnahmelandes gebieten. Das sind die Wirkweise und die Wirkmächtigkeit der demokratischen und der vielen weiteren, ihr verwandten Paradoxien. Die Bedeutung des Fluchtparadoxes ist eine der Legitimation; es hält bestehende Rechts- und Wertesysteme intakt. Es kittet die vielen Sollbruchstellen in der Asyl- und Migrationspolitik (zwar mehr schlecht als recht, aber doch) zusammen. Damit ist es unersetzlich, vor allem hier und jetzt, wo uns noch keine Alternativen denk- und noch weniger handlungsmöglich erscheinen.

Was bleibt, ist das Einfordern von Verantwortlichkeit, die gerade dann getragen werden muss, wenn Entscheidungen unter hoher Ambivalenz, wenig Sicherheit und in der versuchten Zusammenführung mehrerer widersprüchlicher Interessen getroffen werden müssen. Zuletzt führte uns das wiederum der bisherige Verlauf der Coronakrise vor Augen: Nichts war fix, nicht einmal die ansonsten so stabil und träge wirkende Naturwissenschaft,[340] alles konnte sich von einem Tag auf den anderen ändern und überholt werden. Hier gilt für politische Entscheidungsträger*innen wie auch für zivilgesellschaftliche und individuelle Akteur*innen, nicht weniger, sondern *mehr Verantwortung* zu übernehmen. Nicht nur die viel zitierte Verantwortung für das Eigene, sondern auch und vor allem für das Gemeinsame. Im Asylregime, in dem die inhärenten Widersprüchlichkeiten nicht dem fortschreitenden, zwangsweise vorläufigen Wissensstand geschuldet sind, sondern produziert und gewollt sind, sollte diese gesteigerte Verantwortungsübernahme noch dringlicher erscheinen.

Dabei ist wiederum festzuhalten, dass die darunterliegenden Widersprüchlichkeiten, denen dieses Buch versuchte nachzuspüren, zumindest kurz- bis mittelfristig unauflösbar bleiben werden. Dies ist weniger als dystopischer Ausblick denn als nüchterne Bestandsaufnahme zu verstehen. Weder werden sich Fluchtursachen in Herkunftsländern rasch minimieren lassen noch Sicherheitsdiskurse verbal wie materiell abgerüstet und Grenzmauern eingerissen werden. Selbst das kurzfristige Möglichkeitsfenster, das durch die rasche und unbürokratische Aufnahme ukrainischer Geflüchteter geöffnet wurde, basiert auf der krassen Unterscheidung in mehr und weniger Schutzbedürftige, was eher zur weiteren Sedimentierung und diskursiven Aufladung statt zur finalen Auflösung des Fluchtparadoxes beizutragen droht. Mit Blick auf aktuelle asylpolitische Vorschläge auf nationaler wie globaler Ebene, wie etwa dem britischen Vorstoß, europäische Asylverfahrenszentren in Ruanda zu etablieren, muss ebenso nüchtern konstatiert werden, dass das Spannungsverhältnis zwischen menschenrechtlichem Anspruch und nationalstaatlichen Interessen nur noch angestrengter zu werden verspricht. Aber nicht nur qualitativ, auch rein quantitativ ist mit Zunahme der paradoxen Vertreibungsmomente zu rechnen. Ganz grundlegend ist dies messbar an den Vertriebenen selbst: Die Zahl all jener Menschen, die aus einer wie auch immer gelagerten Zwangssituation heraus ihre Heimat verlassen und in einen Zustand der (An-)Rechtlosigkeit geworfen werden, wird zunehmen. Nicht nur in der Ukraine herrscht ein Krieg, der bis zu zehn Millionen Menschen (dauerhaft) vertreiben kann, auch in anderen Teilen der Welt werden (Bürger-)Kriege wie jene im Jemen, in Somalia, Äthiopien und Syrien immer wieder zu steigenden Emigrationszahlen führen. Und aufgrund der Klimakrise ist laut Prognosen der Weltbank mit 216 Millionen Binnenvertriebenen bis zum Jahr 2050 zu rechnen.[341] Dass viele von ihnen früher oder später auch transnational fliehen werden müssen, bleibt zu befürchten. Von einer Minderheit der „Anderen", die sich in ambivalenten Rechts-und Lebensverhältnissen wiederfindet, kann bald keine Rede mehr sein, zumindest global betrachtet.

Genau diese grundsätzliche Widersprüchlichkeit ist aber kennzeichnend für alle gesellschaftlichen Verhältnisse der Gegenwart, wie es Zygmunt Bauman in seinem Werk *Postmoderne Ethik* (1995) festhält.[342] Immer gelte es, Ambivalenz und gutes

Handeln zusammenzudenken. „[D]as Leben eines denkenden und mitfühlenden Menschen“, so Bauman, „ist *zum Risiko, zur Unsicherheit* und *zur Verantwortung* verdammt.“[343] Neben dem Flucht- und Asylkontext wurde uns das kaum je so drastisch vor Augen geführt wie in der gesellschaftlichen Bewältigung der Corona-Pandemie. Deutlich zeigte sich das (allzu menschliche) Unvermögen im Umgang mit Ambivalenzen, Unsicherheit, Widersprüchlichkeit und Komplexität. Einfache und vor allem ein*deutige* Antworten waren gefragt, und gerade diese schien es nicht zu geben, egal wie sehr sich Epidemiolog*innen, Virolog*innen und Komplexitätsforscher*innen darum bemühten. Die Politik agierte in Anbetracht all dieser Vorläufigkeiten aber nicht souverän, sondern erratisch bis apathisch, in jedem Fall aber in einer eklatant sichtbar gewordenen Verweigerung der Verantwortungsübernahme. Man habe, so hat es die gelernte Österreicherin wohl noch im Ohr, „alles richtig gemacht“, hieß es da bei der durch die Alpenrepublik mitverursachten und massiv beschleunigten Verteilung des Virus in Zentraleuropa.

In Baumans obigem Zitat liegt aber nicht nur die Problemanalyse, sondern auch eine mögliche Handlungsmaxime, die ich am Ende dieses Buchs den Leserinnen und Lesern anbieten möchte. Es ist das Übernehmen moralischer Verantwortung, ausgerichtet am eigenen Gewissen, das „das persönlichste und unveräußerlichste der menschlichen Besitztümer und das kostbarste der Menschenrechte“[344] darstelle und das es gelte, gerade in Situationen höchster Komplexität und Widersprüchlichkeit an den Tag zu legen. Für die Bewältigung der Corona-Pandemie mag dieser Ratschlag einen Tick zu spät kommen, für die vor uns liegenden Herausforderungen, die das Fluchtparadox bietet, aber genau recht. Auf Basis der eigenen Verantwortungsfähigkeit zu entscheiden, ist individuell wie politisch einzufordern, egal wie vage, ambivalent oder vorläufig die Entscheidungsgrundlage ist – ja noch mehr, wenn und gerade *weil* sie so uneindeutig ist.

Der deutsche Fluchtforscher Alfred Scherr sieht deshalb die Aufgabe sozialwissenschaftlicher Analyse darin, „Diskurse und Reflexion zu ermöglichen, die [...] dazu auffordern, Verantwortung zu übernehmen."[345] Dazu zählt auch, grundlegende Macht- und Herrschaftsverhältnisse, Fragen der Ressourcenverteilung und einander diametral entgegenstehende Interessenslagen aufzuzeigen, in welchen Entscheidungen gezwungenermaßen zu treffen sind. Das *Asyl-, Flüchtlings-* und *Integrationsparadox* sind nur drei dieser grundlegenden Bedingungen, die aber sämtliche Positionierungen in der Flüchtlingspolitik, im Aktivismus und in der Fluchtforschung mitbestimmen. Diese aufzuzeigen ist gleichermaßen Intention dieses Buchs und Verantwortlichkeit seiner Autorin. Diese Verantwortlichkeit in weiterer Folge von allen am bzw. im Fluchtregime beteiligten Akteur*innen einzufordern, ist eine konkrete Handlungsmöglichkeit seiner Leser*innen.

Voraussetzung für diese Form der Verantwortlichkeit ist und bleibt immer der Bezug auf den Anderen, genauer gesagt die *konsequente Humanisierung des Anderen*, oder wie Bauman es beschreibt: „[M]oralische Verantwortung zu übernehmen bedeutet, den Anderen nicht mehr als Exemplar seiner Spezies oder Kategorie zu begreifen, sondern als einzigartig."[346] Nur wenn wir unser Gegenüber beharrlich und unter allen Umständen *Mensch sein lassen*, können wir uns in ihn hineinversetzen. Die klassische Form der Dehumanisierung, die sich gerade im Flucht- und Migrationsdiskurs an zahlreichen Beispielen beobachten lässt, steht dem jedoch diametral entgegen. Von ankommenden Geflüchteten als „Masse", „Flut" oder „Welle" zu sprechen, sie mit Naturkatastrophen und Existenzbedrohung gleichzusetzen, bedeutet eben genau nicht, sie als Individuen zu würdigen. Die klassische Bebilderung von Migrationsthemen in Massenmedien, von „Brennpunktschulen" über Arbeitsmarktintegration bis Moscheebau, durch eine kopftuchtragende Frau von hinten, ist der konsequenten Humanisierung als Grundbedingung der moralischen Verantwortung ebenso wenig zuträglich. Hier wird das „Antlitz des Anderen", das Bauman im wörtlichen wie im übertragenen Sinne als notwendig für moralisches Handeln erachtet, verdeckt.[347] Aber nur durch die tatsächliche Begegnung mit dem Anderen, die sich real wie gedanklich vollziehen kann, ist eine Form der verantwortlichen Entscheidung möglich – gerade dann, wenn die Grundlage für diese Entscheidung komplex, uneindeutig, volatil und eben paradox ist.

Dies mag die aufmerksame Leserin und den ebenso aufmerksamen Leser am Ende dieses Buchs zu Recht an Hannah Arendt erinnern, die das Unvermögen, sich in sein konkretes Gegenüber hineinzuversetzen, als Triebfeder für die Banalität des Bösen charakterisierte. Und die als Lösungsansatz auch festhält, dass „das Recht, Rechte zu haben oder das Recht jedes Menschen, zur Menschheit zu gehören, von der Menschheit selbst garantiert werden müsste."[348] Eine wesentliche Handlungsmaxime, die ich daraus ableiten und auf den Umgang mit dem Fluchtparadox übertragen möchte, ist deshalb, sich gedanklich in den Anderen – nämlich einen bestimmten Anderen und keine gesichtslose Masse – hineinzudenken; sich auszumalen, wie es dem Anderen in der Situation ergeht, die durch diese meine Entscheidung (oder das Ausbleiben ebendieser) mitbedingt wird. „[A]n der Stelle jedes anderen zu denken"[349] sehe ich, in Ableitung Arendts, als Grundvoraussetzung dafür, dass verantwortliche und zu verantwortende Entscheidungen, selbst in einer Situation höchster Widersprüchlichkeit, wie sie durch das Fluchtparadox geschaffen ist, getroffen werden können.

Eine moralisch fundierte, auf Basis der Begegnung mit dem Anderen getroffene Verantwortungsübernahme einzufordern ist deshalb so zentral, weil das Fluchtparadox – neben Legitimation und der damit erreichten Aufrechterhaltung des Status quo – vielgestaltige Einfallstore für Rückschritte hinter das bereits Erreichte eröffnet, rechtlich wie ethisch und diskursiv.

Darum war der Fluchtherbst 2015, in dem auch meine eigene Beschäftigung mit den paradoxen Legitimationsmustern der geltenden Asyllogik begann, so bedeutungsvoll. Auf vielen, miteinander verwobenen Ebenen fungierte dieses Jahr nämlich als potenzieller (leider nur bedingt nachhaltiger) Gamechanger im Bereich der europäischen wie nationalstaatlichen Asylpolitik, weil Entscheidungen zumindest für einen kurzen Zeitraum (auch) moralisch begründet wurden und gleichzeitig große Anstrengungen erfolgten, die Rechtsstaatlichkeit aufrechtzuhalten. Damit wurde sichtbar, dass tatsächlich ein anderes Regime denkbar ist, das durch Kohärenz, Verantwortlichkeit, „Hineinversetzen“ und Menschlichkeit gekennzeichnet ist. Tatsächlich kann in dieser affirmativen Lesart alles, was seit Beginn des Jahres 2016 auf europäischer Ebene an Asylpraktiken erdacht und geschaffen wurde, von Routenschließung bis hin zu Externalisierung, als Backlash, also als Gegenbewegung zum „Langen Sommer der Migration“ gesehen werden. Die Zeit wird zeigen, ob auch die rezenteste Fluchtbewegung in Europa, jene aus der Ukraine, einen solchen Backlash nach sich ziehen wird.

Im Herbst 2015 wie auch im Frühling 2022 war jedenfalls so etwas wie die Möglichkeit einer Abkehr von Abschottung und Abgrenzung, einer Hinwendung zur (mittlerweile viel gescholtenen) Willkommenskultur spürbar – weil es in beiden Jahren eben diese Willkommenskultur war, die als „alternativlos“ galt, zumindest in Form des Weiterwinkens vieler aus Ungarn ankommender Flüchtlinge, des Offenhaltens der Grenzen im Schengenraum oder der akuten „Nachbarschaftshilfe“ für Ukrainer*innen, die sich nicht mehr in Appelle für „Hilfe vor Ort“ erschöpfte.[350] In beiden Momenten veränderte sich damit die Erzählung deutschsprachiger Länder wie Österreich und Deutschland nach außen, von einem sicherheits- und/oder wirtschaftspolitisch bestimmten, oft schuldbesetzten Selbstverständnis hin zu einem der Humanität, Anteilnahme und Gastfreundlichkeit. Zehntausende Menschen in Österreich nahmen ihr Herz in die Hand und halfen zehntausenden Menschen, die in Österreich ankamen. Viele 2015 gegründete Vereine blieben weiter aktiv und standen bei der Ankunft ukrainischer Geflüchteter als erste bereit, um (erneut) einen Kollaps staatlicher Systeme zu verhindern.[351] Die Begegnung, direkte Konfrontation und physische wie emotionale Nähe, die hier entstand, ist eine Prämisse, um das Bauman'sche „Antlitz des Anderen" sehen und danach handeln zu können.

2015 beflügelte aber nicht nur die Zivilgesellschaft, sondern in einer sich etwas träger entfaltenden Dynamik auch die strukturellen Rahmenbedingungen der Aufnahme, Unterbringung und Integration, also jene des Ein- und Ausschlusses von Schutzsuchenden. Vor allem in Österreich wurde das Jahr 2015 zum Katalysator für viele längst überfällige Entwicklungen im Bereich der Integrationspolitik, trotz der Erfahrungen von mannigfaltiger Unsicherheit in diesen jenen Herbstmonaten. So etablierte sich die Fluchtforschung im deutschsprachigen Raum (der in letzter Instanz dieses Buch zu verdanken ist), auf politischer Ebene wurde ein Integrations(jahr)gesetz geschaffen (siehe Kapitel 7 – „Ankunft"). Verpflichtende Deutsch- und Wertekurse und Arbeitstrainings wurden genauso eingeführt wie punktuelle neue Maßnahmen, darunter die Wiener Jugendcolleges und die Kompetenzchecks der Arbeitsmarktservices, und machten Österreich, hierzulande oft unbemerkt, zu einem Vorzeigeland der gelingenden Integration.[352] Es wurden Forschungsstellen und Professuren geschaffen, um sich mit den Herausforderungen einer pluralistischen Gesellschaft auseinanderzusetzen, ganz zu schweigen von der steigenden Sichtbarkeit von Neuankommenden. Selbst ökonomisch wurden Effekte spürbar, etwa durch die Tatsache, dass vor Beginn der Coronakrise bereits jeder zweite Geflüchtete, der 2015/16 Asyl und damit uneingeschränkten Arbeitsmarktzugang erhalten hat, in Beschäftigung war, und viele von ihnen während der Pandemie einen Beitrag als Systemerhalter*innen leisten konnten (siehe Kapitel 9 – „Zugabe").[353] Und als im März 2022 viele Ukrainer*innen in Österreich Zuflucht suchten, profitierte man – trotz der einen oder anderen Anlaufschwierigkeit – von ebendiesen Strukturen, deren Reaktivierung wesentlich rascher vonstattengeht als deren Neuschaffung.

Hinter all dem stand das generelle, (fast) überparteiliche Bekenntnis, dass erstens die Schutzgewährung für Asylsuchende wichtig und rechtsstaatlich gedeckt sei und zweitens die Förderung der nachhaltigen Zugehörigkeit von Menschen mit Flucht- und Migrationshintergrund im nationalstaatlichen Interesse liege, weshalb sie mit entsprechenden Ressourcen ausgestattet werden müsse. Das kam nicht nur den Neuankommenden aus Syrien, Irak und Afghanistan, sondern auch bereits länger hier lebenden Migrant*innen zugute. Und nun, da sich 2015, trotz aller Warnungen, durch die Ankunft und Aufnahme tausender ukrainischer Schutzsuchender wiederholte, und zwar sowohl in Dimension als auch in Stimmung, zehrten Ankommende wie auch Aufnehmende von der Expertise, die in den vergangenen sieben Jahren geschaffen worden war. In diesem Sinne sind schicksalhafte Momente wie das Jahr 2015, aber auch schon viele ihm vorangegangene und ihm folgende Flüchtlingsaufnahmen in der Geschichte Österreichs Gelegenheiten für das Schaffen einer Erzählung gegen das scheinbar alternativlose Fluchtparadox.

Denn im Frühling 2022 hat Europa gezeigt, zu welcher Stärke es finden kann, wenn es sich einig in „der Flüchtlingsfrage" zeigt. Dazu zählt, potenziellen Drohgebärden feindlicher Aggressoren den Wind aus den Segeln zu nehmen und jegliche Erpressungsversuche ins Leere laufen zu lassen – indem man das, womit gedroht wird, nicht als bedrohlich, sondern als willkommen sieht. Dass Putin auch den destabilisierenden Effekt vieler Flüchtlingsankünfte in seine Kriegspläne miteinkalkuliert hat, darf man mit Blick auf vorangegangene geopolitische Auseinandersetzungen, in denen Geflüchtete als Faustpfand eingesetzt wurden (siehe Kapitel 4 – „Schutz"), wohl voraussetzen. Nicht voraussetzen aber konnte er, dass sich die EU-27 selten harmonisch und rasch auf die Gewährung von temporärem Schutz einigen würden. Diese Form des *war efforts* Europas wurde zwar landläufig wesentlich weniger diskutiert als seine Wirtschaftssanktionen, ist aber eine Reaktion auf Putins Angriffskrieg, deren Effekt nicht hoch genug gewertet werden kann.

Damit liegen die zentralen Handlungsstränge, Akteur*innen und Regieanweisungen für eine erfolgreiche Erzählung gegen das Fluchtparadox auf dem Tisch. Eine Gegenerzählung, die wie folgt lauten könnte: Österreich kann zeigen, was es kann. Eingebettet in ein sicheres und humanes Europa, das sich geeint in Fragen der Migrations- und Asylpolitik zeigt und Ankommende als Chance statt als Bedrohung begreift, darf es Schutzsuchenden helfen. Seine Mitgliedstaaten, ob im Osten oder im Westen, beweisen immer und immer wieder, dass die Europäische Menschenrechtskonvention und die Genfer Flüchtlingskonvention mehr wert sind als das Papier, auf dem sie gedruckt wurden. Damit nehmen ihre Bevölkerung und ihre politischen Entscheidungsträger*innen in einer globalisierten, postkolonialen Welt, aus der sie bisher nur als reine Profiteur*innen hervorgegangen sind, moralische Veranwortung wahr; und damit wiederum wird Menschlichkeit gelebt. Rückblickend auf den Frühling 2022, aber auch auf den Herbst 2015 lässt sich also festhalten: Wir haben die Stärke unserer Institutionen, unserer Demokratie und unserer Zivilgesellschaft im Ernstfall erprobt und gesehen, dass sie standhalten. Und genau diese Erfahrung darf, nein *muss* sich wiederholen, um das Fluchtparadox nachhaltig zu erschüttern.

DANKSAGUNG

Ein Buch wie dieses ist immer die Arbeit von Vielen, auch wenn nur Eine daran schreibt. Am Ende eines langen Schreibens und noch längeren Denkens, das diesem vorangegangen ist, steht deshalb das erschöpfte, aber tief empfundene Gefühl der Dankbarkeit für all jene, die dieses Buch möglich gemacht haben.

Zuallererst gilt mein Dank der besten Verlegerin von allen, Stefanie Jaksch, die mich so wild und spontan schreiben lässt, wie ich es brauche, und mir damit schon mehr als einmal durch die Pandemie geholfen hat. Es soll ja schlimmere Bewältigungsstrategien als das Buchschreiben geben (und niemand will mein Bananenbrot essen müssen). Großer Dank geht an meinen Lektor Paul Maercker, der unglaublich akribisch und mit hoher Fachkenntnis dieses Buch erbarmungslos (also genau so, wie von mir erhofft) zerlegt und gemeinsam mit mir wieder zusammengesetzt hat. Dieses Buch wäre nicht das, was es ist, ohne seine Hingabe an den Text.

Lisa Edelbacher hat mich nicht nur durch unsere Jahrzehnte währende Freundschaft, sondern auch durch Verfeinern der vielen Fußnoten und gemeinsames „Meta-Lektorat“ mehr unterstützt, als ihr wohl selbst bewusst ist. An die geschätzten Leser*innen deshalb die Bitte, diese auch zu lesen – wir haben uns erlaubt, einige Bonmots darin zu verstecken. Besonderer Dank geht an Markus Senn für die vielen (bitter notwendigen) Lockdown-Spaziergänge, an Tamara Radak für ihr Abo der *New York Times* und an Jonas Vogt für seines der *ZEIT*. Danke, Christian Lendl, für zahllose Lese- und Vortragstouren durch die Republik, und Ralph Janík für das gemeinsame Zerlegen und Zerdenken der Republik sowie *all things* Menschenrechte, die ihren Niederschlag in diesem Buch fanden.

Zahlreiche Erstleser*innen haben das Buch zu dem gemacht, was Sie nun in Händen halten, und durch ihre kritischen, aber immer liebevollen Hinweise, Anmerkungen und Aufforderungen dafür gesorgt, dass Gedanken geschärft, Sätze geschliffen und Thesen auf den Prüfstand gestellt wurden. Mein Dank geht an Oliver Scheiber, Ruth Simsa, Leopold Lippert, Brian Schmidt, Clemens Binder, Roland Hosner, Doris Landauer, Renate Steger, Michaela Kohlenberger, Ralph Janík, Elisabeth Lechner – dafür, dass sie sich durch so manchen unfertigen Manuskriptteil plagten und ihn durch ihre Expertise wesentlich aufwerteten, vor allem aber, dass sie mir mit Unterstützung, Zuspruch und ihrer Freundschaft zur Seite standen. Alle Fehler in diesem Buch bleiben natürlich meine.

Neben der Forschung meiner geschätzten Kolleg*innen aus dem In- und Ausland bezieht sich dieses Buch immer wieder auf Studien, die ich selbst durchgeführt habe. Das wäre in den meisten Fällen nicht ohne entsprechende Förderungen und Aufträge möglich gewesen, für die ich mich einmal mehr bedanken möchte, insbesondere beim Arbeitsmarktservice Österreich, dem Österreichischen Ministerium für Soziales, Gesundheit, Pflege und Konsumentenschutz, und der Arbeiterkammer Wien. Die konkrete Arbeit an diesem Buch wurde durch die großzügige Förderung der Kulturabteilung der Stadt Wien, MA7 ermöglicht. Mein Dank gilt Daniel Löcker und der Stadt Wien für die Unterstützung.

Bedanken möchte ich mich bei all den Kolleg*innen, allen voran Isabella Buber-Ennser und Bernhard Rengs von der Österreichischen Akademie der Wissenschaften, mit denen ich gemeinsam zahlreiche Studien konzipieren und durchführen durfte. Mein Dank geht auch an die Teilnehmenden des Workshops „Refugee Tales" an der Universität Wien im Mai 2022, deren kritische Kommentare zur Schärfung meines Arguments beigetragen haben. Dem Institut für Sozialpolitik an der Wirtschaftsuniversität Wien bin ich für den Raum dankbar, den es mir gegeben hat – intellektuell und konzeptionell, aber auch physisch. Schon Virginia Woolf wusste, wie wichtig „ein eigenes Zimmer“ für die Autorin ist.

Meinen Mitstreiter*innen bei COURAGE, allen voran Katharina Stemberger und Stefan Sengl, gilt tiefster Dank dafür, so viel Professionalität und noch mehr Menschlichkeit erleben zu dürfen. Sie sehen in mir Dinge, die ich selbst noch nicht kenne, aber mich nur durch sie getraue, wahr- und anzunehmen. Elisabeth Lechner danke ich für ihre Freundschaft und ihren Kampfgeist und Oliver Scheiber für seine Integrität, die mir Vorbild und Richtschnur zugleich ist. Nichts wäre möglich ohne meine Familie, die mich bedingungslos unterstützt, ohne mich immer verstehen zu müssen. Ich danke meinen Eltern und meiner Schwester und dem besten Freund von allen, Alex. Wenn mich die Fluchtforschung eines gelehrt hat, dann dass Heimat dort ist, wo deine Menschen sind.

Vor allem aber gilt mein Dank allen, die es mir ermöglicht haben, während des vierten österreichweiten Lockdowns im bequemen und geschützten Home-Office den Großteil dieses Buchs zu schreiben, während sie das Land und damit auch mich am Laufen gehalten haben. Sie haben – durch Pakete, die mir vor die Wohnungstür gebracht wurden, durch mein Büro, das täglich gereinigt wurde, durch die Supermarktregale, die immer voll waren – überhaupt erst die Bedingungen geschaffen, dass dieses Buch entstehen konnte. Die Zeit und Muße der Wenigen ist das Produkt der harten Arbeit von Vielen. Diese eklatante Ungerechtigkeit kann nie ausgeglichen werden; aber sie kann offengelegt werden, und genau diesen Beitrag will dieses Buch hier, aber auch an anderer Front leisten. Dass viele davon jene Geflüchteten waren, die im Jahr 2015 zu uns gekommen waren oder erst als Erntehelfende, jetzt als Vertriebene aus der Ukraine unser Land mitgestalten, öffnet noch eine weitere Dimension, der die vorangegangenen Seiten Rechnung tragen wollen.

ANMERKUNGEN

1 Ich bedanke mich für dieses eindrückliche Bild bei meinem Kollegen J. Olaf Kleist vom Deutschen Institut für Integrations- und Migrationsforschung (DeZIM) in Berlin, der konsequent und unbeirrbar für Flüchtlingsschutz und -rechte in seinem Heimatland Deutschland eintritt. Viele Gedanken und Überlegungen in diesem Buch gehen auch auf seine unermüdliche Arbeit zurück.

2 Aus dem Sonett „The New Colossus" (1883) von Emma Lazarus, das sich im Sockel der Freiheitsstatue befindet und symbolisch wurde für das Selbstverständnis der Vereinigten Staaten als sicherer Hafen für (religiös) Verfolgte und Vertriebene (solange sie aus West- und Mitteleuropa kamen).

3 Dadurch solle Kritik an dem Euphemismus zum Ausdruck gebracht werden, beschreibe der Begriff doch einen menschenfeindlichen Prozess, durch den Flüchtende daran gehindert werden, ihr Recht auf Asylantragstellung wahrzunehmen, so die Jury.

4 Yousafzai, M. *We are Displaced: My Journey and Stories from Refugee Girls around the World*, 2019.

5 Die Europäische Kommission befürchtete eine Überlastung der Asylsysteme, hätten die Millionen Ukrainer*innen tatsächlich alle (fast zeitgleich) einen Asylantrag stellen müssen.

6 Buber-Ennser, I., Kohlenberger, J., Rengs, B., Al Zalak, Z., Goujon, A., Striessnig, E., Potancokova, M., Gisser, R., Testa, M. R., Lutz, W. „Human Capital, Values, and Attitudes of Persons Seeking Refuge in Austria in 2015." *PLOS ONE*, 11/9, 2016.

7 Dies auch vor dem Hintergrund, dass für Asylzuerkennung nach der Genfer Flüchtlingskonvention klassischerweise persönliche

Verfolgung aus politischen, religiösen oder anderen Gründen nachgewiesen werden muss, was nicht per se in jedem Kriegskontext vorliegt. Im Fall der ukrainischen Vertriebenen scheint dies aber aufgrund zahlreicher russischer Kriegsverbrechen und der gezielten ethnischen bzw. nationalstaatlichen Verfolgung wahrscheinlich.

8 Kleist, J. O. „Wer darf kommen?“ *IPG-Journal*, 3. April 2022.

9 Im Interview mit der deutschen Tageszeitung *Welt* im März 2016 erklärte der damalige Außenminister Sebastian Kurz (ÖVP), dass Grenzsicherung nicht „ohne hässliche Bilder“ gehe, was ihm national wie international einen Aufschrei einbrachte, nicht zuletzt aufgrund der Fotoaufnahme des syrischen Buben Alan Kurdi, dessen Leichnam 2015 an die türkische Mittelmeerküste angeschwemmt wurde.

10 *Warehousing* zeitigt nicht nur drastische Folgen für Schutzsuchende, darunter Chronifizierung psychischer und physischer Belastungen, (sexualisierte) Gewalt und Abbau des Humankapitals, sondern wirkt sich auch nachhaltig negativ auf das lokale Umfeld aus. So führte die anhaltende Krisensituation in den griechischen Lagern zu verstärkten Spannungen und Ressentiments der Inselbewohner*innen und befeuerte Anti-Migrations-Rhetorik und Nationalismen, was in weiterer Folge die Stabilität des europäischen Projekts gefährden kann. Siehe dazu den italienischen Migrationsforscher Lorenzo Vianelli, der die dehumanisierenden Aspekte einer rein auf Logistik bedachten Aufnahme von Asylsuchenden beschreibt. Vianelli, L. „Warehousing Asylum Seekers: The Logistification of Reception.“ *Environment and Planning D: Society and Space*, 39/6, Dezember 2021.

11 Arendt, H. „Es gibt nur ein einziges Menschenrecht.“ *Die Wandlung*, 4, Herbstheft, Dezember 1949.

12 Mit der mittlerweile legendären Phrase des „subjektiven Sicherheitsempfindens“ rechtfertigte der damalige Innenminister Herbert Kickl das 2018 vorgestellte Sicherheitspaket der türkis-blauen Bundesregierung, das aufgrund zurückgehender Kriminalität in der Kritik stand.

13 Siehe Fargues, P. *Four Decades of Cross-Mediterranean Undocumented Migration to Europe: A Review of the Evidence*. Genf: International Orga-

nization for Migration (IOM), 2017. <https://publications.iom.int/books/four-decades-cross-mediterranean-undocumented-migration-europe-review-evidence>.

14 Für Österreich seien hier exemplarisch vielfach ausgezeichnete, couragierte Menschen genannt, etwa die Grazerin Doro Blancke, die sich auf den griechischen Inseln einsetzt, der Rapper Petar Rosandić und sein Verein SOS Balkanroute und der Kampfsport-Weltmeister Ronny Kokert mit seinen Freedom Fighters; stellvertretend für die vielen nationalen und internationalen Initiativen, die seit Jahren unbürokratisch und mit größtem Einsatz dort tätig werden, wo Politik und Verwaltung versagen.

15 Siehe Barutciski, M. „A Critical View on UNHCR's Mandate Dilemmas." *International Journal of Refugee Law*, 14/2–3, April 2002; Loescher, G. „UNHCR and the Erosion of Refugee Protection." *Forced Migration Review*, 10, April 2021. <https://www.fmreview.org/unhcr-convention-50/loescher>.

16 Der damalige Außenminister Sebastian Kurz bezeichnete bei seinem Besuch der Frontex-Mission im Mittelmeer im März 2017 die Rettungsaktionen von NGOs als „Wahnsinn" und diese als „Partner der Schlepper". Von Hilfsorganisationen wie *Ärzte ohne Grenzen* und dem *Roten Kreuz* folgte daraufhin scharfe Kritik an den Äußerungen. Mit Rückgriff auf den Sozialwissenschaftler Wilhelm Heitmeyer sieht die Linguistin Ruth Wodak in solchen und ähnlichen diskursiven Verschiebungen einen Ausdruck der „rohen Bürgerlichkeit". Siehe Wodak, R. *The Politics of Fear: The Shameless Normalization of Far-Right Discourse*, 2015/2021 (zweite, überarbeitete Ausgabe); Wodak, R. „Collective Amnesia: The De-Historization and Normalization of Closed Borders." *Refugee Outreach & Research Network (ROR-n) Blog*, 24. November 2021. <http://www.ror-n.org/-blog/collective-amnesia-the-de-historization-and-normalization-of-closed-borders>.

17 Im übertragenen und sogar im wörtlichen Sinne. Siehe dazu Stachowitsch, S., Binder, C., Dzihic, V. „EU Grenzpolitiken: Zur Externalisierung von Migrationsmanagement und Grenzschutz der EU." *oiip policy Briefs*, Nr. 101, Österreichisches Institut für internationale Politik (oiip), 18. September 2018. <https://nbn-resolving.org/urn:nbn:de:0168-ssoar-59999-7>.

18 Krasner, S. D., Hrsg. *International Regimes*, 1983.

19 Kuzmany, B., Garstenauer, R. „Nichts Neues in Österreich: Wandel und Konstanten in der Bewältigung von Flüchtlingskrisen in den letzten dreihundert Jahren.“ *Aufnahmeland Österreich: Über den Umgang mit Massenflucht seit dem 18. Jahrhundert*, Hrsg. Kuzmany, Garstenauer, 2017.

20 Barnett, L. „Global Governance and the Evolution of the International Refugee Regime.“ *International Journal of Refugee Law*, Vol. 14, Nr. 2–3, 2002; Feller, E. „International Refugee Protection 50 Years On: The Protection Challenges of the Past, Present, and Future.“ *International Review of the Red Cross*, 83/843, September 2001. <https://www.icrc.org/eng/assets/files/other/581-606_feller.pdf>.

21 Kuzmany, B., Garstenauer, R. „Nichts Neues in Österreich“, 2017. Siehe Anm. 19.

22 Für eine kritische Auseinandersetzung mit dem Non-Refoulement-Prinzip und seiner Anwendung siehe Janík, R. „The Right to Asylum in International Law: One Step Forward, Two Steps Back?“ *SSRN*, Dezember 2017/April 2019.

23 Kleist, J. O. „The Refugee Regime: Sovereignty, Belonging and the Political of Forced Migration.“ *Was ist ein Migrationsregime? What Is a Migration Regime?*, Hrsg. Pott, A., Rass, C., Wolff, F., 2018.

24 Betts, A. „The Refugee Regime Complex.“ *Refugee Survey Quarterly*, 29/1, 2010, S. 12–37.

25 Hall, S. *Representation: Cultural Representations and Signifying Practices*, 1997.

26 Kersting, D. „Das demokratische Paradox des Flüchtlingsschutzes. Eine pragmatistische Untersuchung demokratischer Erfahrungs- und Lernprozesse.“ *Zeitschrift für Praktische Philosophie*, 6/2, Dezember 2019, S. 71–106. Hier S. 95.

27 Zur Legitimation von Grenzen und Grenzpraktiken sowie deren moralischer Aufladung siehe u.a. Lamont, M., Molnár, V. „The Study of Boundaries in the Social Sciences.“ *Annual Review of Sociology*, 28, August 2002, S. 167–95; Vollmer, B. A. „A Hermeneutical Approach to European Bordering.“ *Journal of Contemporary European Studies*, 25/1, 2017, S. 1–15.

28 Siehe dazu Rheindorf, M. und Wodak, R. (2018), die sich der Normalisierung restriktiver Politiken im Zuge der sogenannten Flüchtlingskrise 2015 in Österreich widmen. Rheindorf, M., Wodak, R. „Borders, Fences, and Limits – Protecting Austria from Refugees: Metadiscursive Negotiation of Meaning in the Current Refugee Crisis." *Journal of Immigrant & Refugee Studies*, 16/1–2, 2018, S. 15–38.

29 Scherr, A. „Grenzziehungen: Soziologie der paradoxen Forderung nach offenen Grenzen." *Der Begriff des Flüchtlings: Rechtliche, Moralische und Politische Kontroversen*, Hrsg. Kersting, D., Leuoth, M., 2020, S. 137–55. Hier S. 139, eigene Hervorhebung.

30 Ebenda.

31 Sowohl auf europäischer Ebene als auch in der Forschung spricht man deshalb nicht von „illegaler", sondern von „irregulärer" Migration, um deutlich zu machen, dass der Grenzübertritt ohne gültiges Einreisedokument erfolgt. Für den Zweck dieses Buches wurde bewusst der Begriff „illegale" Migration (wenn auch unter Anführungszeichen) gewählt, um die Ebene der emotionalen wie moralischen Aufladung sowie die Instrumentalisierung des Begriffs für nationalpolitische Interessen hervorzustreichen.

32 Zu *crimmigration* siehe beispielsweise Walburg, C. „‚Crimmigration': Die Ausweisung als Mittel der Migrations- und Kriminalitätskontrolle." *Neue Kriminalpolitik*, 18/4, 2016, S. 378–88.

33 Arendt, H. „Es gibt nur ein einziges Menschenrecht." *Die Wandlung*, 1949. Hier S. 757.

34 Meistens deshalb, weil auch an Österreichs Grenzen regelmäßig Pushbacks dokumentiert und judiziert werden. So urteilte das Landesverwaltungsgericht Steiermark, dass es im Herbst 2020 an der südsteirischen Grenze zu völkerrechtswidrigen Zurückweisungen mehrerer Personen nach Slowenien gekommen sei, die „teilweise methodisch Anwendung" fänden. Siehe das Erkenntnis des Landesverwaltungsgerichts Steiermark vom 1. Juli 2021, GZ 20.3-2725/2020, <https://rdb.manz.at/document/ris.lvwg.LVWGT_ST_20210701_LVwG_20_3_2725_2020_00> sowie „Gericht beurteilt österreichischen Pushback von Migranten nach Slowenien als rechtswidrig." *Der Standard*, 5. Juli 2021.

<https://www.derstandard.at/story/2000127963840/gericht-bestae-tigt-beteiligung-oeterreichs-an-illegalem-pushback>.

35 Ich bedanke mich bei Völkerrechtsexperten Ralph Janík von der SFU Wien für dieses prägnante Bonmot.

36 Siehe dazu Cieslik, T. „Die Grenze zwischen den USA und Mexiko." *Die Welt nach 9/11*, Sonderheft der *Zeitschrift für Außen- und Sicherheitspolitik*, Hrsg. Jäger, T., 2011, S. 93–107.

37 Mein Dank gilt hier dem Politikwissenschaftler Clemens Binder vom Österreichischen Institut für Internationale Politik für diesen Input im Rahmen eines gemeinsamen Gastkommentars für die österreichische Tageszeitung *Die Presse*.

38 Siehe dazu u.a. Miller, T. „Why Did Border Security Firms Bet on Biden in 2020?" *The Nation*, 25. März 2021.
<https://www.thenation.com/article/society/border-security-biden>.

39 Ebenda.

40 „GAO-09-244R: Secure Border Initiative Fence Construction Costs." Washington, DC: United States Government Accountability Office, 29. Jänner 2009.
<https://www.gao.gov/new.items/d09244r.pdf>.

41 Pitzke, M. „Wüstenmonument des Scheiterns." *Der Spiegel*, 8. August 2011.
<https://www.spiegel.de/politik/ausland/us-mexikanische-grenze-wuestenmonument-des-scheiterns-a-778235.html>.

42 Streng genommen kann „zirkuläre Migration" auch den mehrfachen Wechsel zwischen mehr als zwei Staaten beschreiben, etwa in einer Art Dreiecksbewegung.

43 Der Vollständigkeit halber muss angeführt werden, dass mit zirkulärer Migration auch negative Effekte verbunden sein können, die begleitende Politikgestaltung abfangen oder mindern kann. Dazu zählen Unsicherheiten in Bezug auf soziale Absicherung, Integrationsfragen und Befristung der Aufenthaltsdauer.

44 Czaika, M., Hobolth, M. „Do Restrictive Asylum and Visa Policies Increase Irregular Migration into Europe?“ *European Union Politics*, 17/3, September 2016, S. 345–65.

45 De Haas, H. „Myths of Migration: Much of What We Think We Know Is Wrong.“ Persönlicher Blog von De Haas, H., 29. März 2017. <http://heindehaas.blogspot.com/2017/03/myths-of-migration-much-of-what-we.html>.

46 Lacey, M. „Arizona Officials, Fed Up With U.S. Efforts, Seek Donations to Build Border Fence.“ *The New York Times*, 19. Juli 2011. <https://www.nytimes.com/2011/07/20/us/20border.html>.

47 Siehe dazu das exzellente Paper von Czaika, M., De Haas, H. „The Effectiveness of Immigration Policies.“ *Population and Development Review*, 39/3, September 2013, S. 487–508.

48 Pitzke, M. „Wüstenmonument des Scheiterns“, 2011.

49 Vallet, É. „Border Walls Are Ineffective, Costly and Fatal – but We Keep Building Them.“ *The Conversation*, 4. Juli 2017. <https://theconversation.com/border-walls-are-ineffective-costly-and-fatal-but-we-keep-building-them-80116>.

50 Und diese Aufstockung ist noch lange nicht abgeschlossen: Von 1500 Beamten im Jahr 2016 soll Frontex bis zum Jahr 2027 auf rund 10.000 Einsatzkräfte anwachsen, die auch in Drittstaaten ihren Dienst versehen. Der Blick auf diese Timeline verdeutlicht, in welche Richtung die europäische Migrationspolitik auch in Zukunft gehen soll.

51 Siehe etwa die Positionierung der sozialdemokratisch geführten Regierung Dänemarks in dieser Frage. Wyssuwa, M. „Warum Dänemark Flüchtlinge im Ausland unterbringen will.“ *FAZ*, 3. Juni 2021. <https://www.faz.net/aktuell/politik/ausland/fluechtlinge-daenemark-will-asylzentren-im-ausland-17371634.html>.

52 Bhagwati, J. „Borders Beyond Control.“ *Foreign Affairs*, 82/1, Februar 2003, S. 98–104.

53 Siehe dazu Rasche, L., Welfens, N. „EU-Migrationspolitik: alte Krisen, neue Lehren", im Rahmen von *EU to go* am 16. September 2021, Hertie School, Jacques Delors Centre.

54 In einer parlamentarischen Anfragebeantwortung hieß es zuletzt, dass „Details darüber, welche der österreichischen Hilfsleistungen derzeit im Lager verwendet werden" dem österreichischen Außenministerium ‚nicht zur Verfügung' stünden. Siehe dazu „Was aus dem Weihnachtsversprechen von Kinderbetreuung auf Lesbos wurde." *Der Standard*, 21. Dezember 2021. <https://www.derstandard.at/story/2000132062673/was-aus-dem-weihnachtsversprechen-von-kinderbetreuung-auf-lesbos-wurde>.

55 Siehe dazu Rosenberger, S. „Umstrittene Relocation aus Moria: Proteste gegen die konservativ-grüne Regierungspolitik in Österreich." *Forschungsjournal Soziale Bewegungen*, 34/4, 2021.

56 In einer Umdrehung wurde jedoch genau diese Hilfe vor Ort, nämlich in Form von Waffenlieferungen und einer Flugverbotszone, vom ukrainischen Präsidenten Wolodymyr Selenskyj gefordert.

57 Für einen lesbaren Überblick dazu siehe de Haas, H. „Migration Transitions: A Theoretical and Empirical Inquiry into the Developmental Drivers of International Migration." *International Migration Institute (IMI) Working Papers*, Nr. 24, Oxford: University of Oxford, 2010.

58 Jüngere Forschungen zeigen, dass dieser Effekt je nach Land und Kontext sehr differenziert betrachtet werden muss. Während der buckelförmig verlaufende Zusammenhang zwischen Entwicklung und Migration auf Staaten wie Bulgarien oder Jamaika zutrifft, kann in Ländern, die zurzeit noch am unteren Ende des Einkommensspektrums angesiedelt sind, wirtschaftliche Entwicklung sehr wohl auch dazu beitragen, Migration zu senken. Faktoren wie geografische Nähe und koloniale Verbindungen wurden in älteren Analysen weniger berücksichtigt, haben aber unmittelbare Auswirkungen auf die Migrationsentscheidungen, die in ärmeren Ländern getroffen werden. Für weiterführende Studien siehe Bencek, D., Schneiderheinze, C. „More Development, Less Emigration to OECD Countries - Identifying Inconsistencies Between Cross-Sectional and Time-Series Estimates of the Migration Hump." *Kiel Working Papers*, Nr. 2145, Dezember 2019.

59 Siehe dazu Czaika, M., Flahaux, M., Mahendra, E., Natter, K., Vezzoli, S., Villares-Varela, M. „International Migration: Trends, Determinants, and Policy Effects." *Population and Development Review*, 45/4, Dezember 2019, S. 885–922.

60 Cresswell, T. „Towards a Politics of Mobility." *Environment and Planning D: Society and Space*, 28/1, Februar 2010, S. 17–31; Sheller, M. „Uneven Mobility Futures: A Foucauldian Approach." *Mobilities*, 11/1, 2016, S. 15–31.

61 Siehe dazu Carling, J., Schewel, K. „Revisiting Aspiration and Ability in International Migration." *Journal of Ethnic and Migration Studies*, 44/6, 2018, S. 945–63, sowie seine Weiterentwicklung durch den niederländischen Migrationsforscher H. de Haas: „A Theory of Migration: The Aspirations-Capabilities Framework." *Comparative Migration Studies*, 9/8, 2021, S. 1–35.

62 Für diese Korrelation gibt es mehrere Erklärungsansätze. Zentral dürfte die sinkende Bedeutung von Kindern als Altersvorsoge sein, ebenso wie der Zugang zu Verhütungsmitteln. Auch der Rückgang von Kindersterblichkeit durch mehr Wohlstand, bessere Gesundheitsversorgung und -aufklärung spielen eine Rolle. Tatsächlich lässt sich beobachten, dass sinkenden Geburtenraten zumeist eine sinkende Kindersterblichkeit vorausgeht. Die Zeitspanne, in der dies geschieht, bezeichnete der US-amerikanische Demograf David E. Bloom als „demografische Dividende", also eine Periode von zwanzig bis dreißig Jahren, in der es mehr Menschen im arbeitsfähigen Alter als Kinder oder Ältere gibt. Diese Periode ist wiederum durch volkswirtschaftliches Wachstum gekennzeichnet. Bloom, D. E., Canning, D., Sevilla, J. *The Demographic Dividend: A New Perspective on Economic Consequences of Population Change*, 2003. <https://www.rand.org/pubs/monograph_reports/MR1274.html>.

63 Dazu tragen auch bereits bestehende Communities von Einwanderer*innen in Zielländern (sogenannte *bridge heads*, dt. „Brückenköpfe") bei, die gleichzeitig beim Ankommen und der Integration unterstützen und somit die persönlichen Kosten der Emigration senken können.

64 Der Begriff „Subsahara-Afrika" wird zunehmend problematisiert, da er eine Homogenität suggeriert, die in dieser Form nicht besteht. Zudem wird er häufig in Abgrenzung vom vermeintlich

weiter entwickelten „Nordafrika“ gebraucht und impliziert eine Zweiteilung des Kontinents, die weder politisch noch wirtschaftlich hält. Im Kontext dieses Buches findet er dennoch Verwendung, weil „Subsahara-Afrika“ eine bestehende Analyse-Einheit bildet, auf die ich in meiner Argumentation zurückgreife.

65 *World Poll Questions*, Washington, DC: Gallup, 2008.

66 OECD. *Connecting with Emigrants: A Global Profile of Diasporas 2015*, 3. November 2015.

67 Buber-Ennser I., et al. „Human Capital, Values, and Attitudes of Persons Seeking Refuge in Austria in 2015.“ *PLOS ONE*, 2016.

68 Siehe dazu Kohlbacher, J., Six-Hohenbalken, M., Hrsg. *Vulnerabilität in Fluchtkontexten*, 2020. Nr. 53 der *Institut für Stadt- und Regionalforschung Forschungsberichte*.

69 Abel, G. J., Sander, N. „Quantifying Global International Migration Flows.“ *Science*, 343/6178, März 2014, S. 1520–22.

70 Czaika, M. „Die Grenzen der Migrationssteuerung.“ Vortrag im Rahmen des World Refugee Day 2018 an der Österreichischen Akademie der Wissenschaften. 20. Juni 2018.

71 Vinke, K., Bergmann, J., Blocher, J., Upadhyay, H., Hoffmann, R. „Migration as Adaptation?“ *Migration Studies*, 8/4, Dezember 2020, S. 626–34.

72 Hoffmann, R., Muttarak, R. „Environment, Migration and Urbanisation: Challenges and Solutions for Low- and Middle-Income Countries.“ *Think20 Italy*, September 2021, Policy Brief. <https://www.t20italy.org/wp-content/uploads/2021/09/TF10_PB04_LM02.pdf>.

73 Abel, G. J., Brottrager, M., Crespo Cuaresma, J., Muttarak, R. „Climate, Conflict and Forced Migration.“ *Global Environmental Change*, 54, 2019, S. 239–49.

74 Steinbeck, J. *Früchte des Zorns*. Trans. Lambrecht , K. 1939/1993, S. 121.

75 Kersting, D., Leuoth, M., Hrsg. *Der Begriff des Flüchtlings: Rechtliche, Moralische und Politische Kontroversen*, 2020.

76 Zur Etymologie des Worts „Asyl" und seiner Weiterentwicklung aus dem religiösen in einen säkularen Kontext siehe auch Tiedemann, P. „Das konstitutionelle Asylrecht in Deutschland: Ein Nachruf." *Zeitschrift für Ausländerrecht und Ausländerpolitik*, 5–6, 2009, S. 161–208.

77 Zu diesen und folgenden Ausführungen siehe Kersting, D., Leuoth, M. Op. cit., 2020.

78 Siehe Mezzadra, S., Neilson, B. *Border as Method, or, the Multiplication of Labor*, 2013.

79 Siehe dazu etwa Weber, L. *Policing Non-Citizens*, 2013; und Anderson, B. „Migration, Immigration Controls and the Fashioning of Precarious Workers." *Work, Employment and Society*, 24/2, 2010, S. 300–17.

80 Mezzadra, S., Neilson, B. Op. cit., 2013.

81 Für Mezzadra und Neilson sind Grenzen und Grenzpraktiken eng mit neoliberalen Praktiken und dem globalen Kapitalismus verbunden. Grenzziehung und Grenzkontrolle würde die Regulierung und Verwaltung von Kapital und Arbeit erleichtern. Tatsächlich lassen sich zahlreiche Verbindungslinien zwischen der Kriminalisierung von Migration und der neoliberalen Marktwirtschaft feststellen, die auf erstere angewiesen ist. Einwanderungsgesetzgebung wird dadurch zunehmend zu einem Instrument der Arbeitskräfteregulierung, sowohl auf dem offiziellen wie auch dem illegalen Markt. Siehe dazu Segrave, M. „Labour Trafficking and Illegal Markets." *The Routledge Handbook on Crime and International Migration*, Hrsg. Pickering, S., Ham, J., 2015, S. 302–15.

82 Für eine Weiterentwicklung des Konzepts und seine Anwendung auf europäische Grenzpraktiken siehe O'Brien, P. „Bordering in Europe: Differential Inclusion." *Border Crossing*, 9/1, 2019, S. 43–62.

83 Kortendiek, N. „Problematische Paradoxe." *ZU Daily*, Interview von S. Paul, 18. August 2021.

<https://www.zu-daily.de/daily/tiefenbohrung/2021/08-18_korten-diek-problematische-paradoxe.php>.

84 Endres de Oliveira, P. „Legaler Zugang zu internationalem Schutz. Zur Gretchenfrage im Flüchtlingsrecht.“ *Kritische Justiz*, 49/2, 2016, S. 2–14.

85 Şahin-Mencütek, Z. „Ukrainian Refugees Need Security: EU’s Temporary Protection Regime Can’t Give It.“ Open Democracy, 11. März 2022.
<https://www.opendemocracy.net/en/pandemic-border/ukraine-refugee-asylum-europe-temporary-protection/>.

86 Sert, D. „The Oxymoron of Perpetual Temporary Protection: Syrians in Turkey.“ *Migraciones Internacionales*, 8/4, 2016.
<http://www.scielo.org.mx/scielo.php?script=sci_arttext&pid=S1665-89062016000200279>.

87 Tondo, L. „One-Year-Old Syrian Child Dies in Forest on Poland-Belarus Border.“ *The Guardian*, 18. November 2021.
<https://www.theguardian.com/world/2021/nov/18/one-year-old-syrian-child-dies-in-forest-on-poland-belarus-border>.

88 Mein Dank gilt dem Historiker Philipp Ther für den persönlichen Austausch. Siehe dazu auch den exzellenten Überblick in Ther, P. *Die Außenseiter: Flucht, Flüchtlinge und Integration im modernen Europa*, 2017.

89 Siehe Greenhill, K. M. *Weapons of Mass Migration: Forced Displacement, Coercion and Foreign Policy*, 2010. Greenhill hält auch fest, dass diese Form der „Kriegsführung“ erfolgreicher sei als andere, im engeren Sinne militärische Druckmittel: In über 50 % der Fälle seien praktisch alle Ziele der Angreifer erreicht worden.

90 Aktuell spricht UNHCR von 3,7 Millionen syrischen Geflüchteten, die in der Türkei untergebracht sind (Stand 18. Juni 2021). Diese Zahl ist aber dennoch mit Vorsicht zu genießen, da sie vorrangig von der Türkei selbst herausgegeben wird. Eine Analyse des Deutschen Instituts für Integrations- und Migrationsforschung (DeZIM) aus dem September 2019 zeigte etwa, dass die tatsächliche Zahl eher bei 2,7 Millionen liegt, was unter anderem auf zahlreiche Doppelregistrierungen bei Umzug, auf Weiterreise oder auf Rückkehr zurückzu-

führen ist. Düvell, F. „Are There Really 3.6 Million Refugees in Turkey or Could There Be Considerably Less?“ *DeZIM Briefing Notes*, Nr. 1, 2019.

91 Siehe dazu Ineli-Ciger, M. „Implications of the New Turkish Law on Foreigners and International Protection and Regulation No. 29153 on Temporary Protection for Syrians Seeking Protection in Turkey.“ *Oxford Monitor of Forced Migration*, 4/2, 2014, S. 28–36.

92 Marokko empfand es als Affront, dass Spanien den Anführer der separatistischen Bewegung Polisaro zur medizinischen Behandlung aufgenommen hatte und sich damit, so die Auffassung, in den Konflikt mit Westsahara eingemischt habe, eine ehemalige Kolonie Spaniens, die von Marokko annektiert wurde.

93 Knaus, G. „Die teuflische Falle aus Minsk.“ *Der Standard*, 13. November 2021. <https://www.derstandard.at/story/2000131116207/die-teuflische-falle-aus-minsk>.

94 Siegmund, J. *Wir Zukunftslosen*, 2022.

95 Schmalz, D. „Die andere Rechtsstaatlichkeitskrise: Menschenrechtsverletzungen an der polnisch-belarussischen Grenze.“ *Verfassungsblog*, 28. Oktober 2021.

96 „Putin Knows What He's Doing with Ukraine's Refugees. This Is the World's Big Test.“ *The New York Times*, 1. April 2022. <https://www.nytimes.com/2022/04/01/opinion/ukraine-russia-war-refugees.html>.

97 Greenhill, K. M. Op. cit., 2010.

98 „Figures at a Glance.“ UNHCR, 2022. <https://www.unhcr.org/figures-at-a-glance.html>.

99 Christides, G., Deeb, B., van Dijken, K., Epp, A., Lüdke, S., Popoviciu, A., Šabić, L., Sapoch, J., Simeonidis, P., Vogele, N. „Die Schattenarmee, die Flüchtlinge aus der EU prügelt.“ *Der Spiegel*, 6. Oktober 2021. <https://www.spiegel.de/ausland/fluechtlinge-wie-eine-

schattenarmee-an-europas-grenzen-menschen-misshandelt-a-131dc319-36e8-4204-8e57-7dc04b1d68f3>.

100 *Report to the Croatian Government on the Visit to Croatia Carried Out by the European Committee for the Prevention of Torture and Inhuman or Degrading Treatment or Punishment (CPT) from 10 to 14 August 2020 (CPT/Inf (2021) 29)*. Straßburg: Europarat, 3. Dezember 2021. <https://rm.coe.int/1680a4c199>.

101 Lüdke, S., Vögele, N. „Anti-Folter-Komitee prangert Gewalt kroatischer Grenzbeamter an." *Der Spiegel*, 3. Dezember 2021. <https://www.spiegel.de/ausland/kroatien-anti-folter-komitee-prangert-misshandlung-von-fluechtlingen-an-a-d907e3cf-03e5-47b5-907e-d9f421a7a01a>.

102 Siehe dazu Kapitel VII im Koalitionsvertrag 2021-2025. *Mehr Fortschritt wagen: Bündnis für Freiheit, Gerechtigkeit und Nachhaltigkeit: Koalitionsvertrag 2021-2025 zwischen der Sozialdemokratischen Partei Deutschlands (SPD), BÜNDNIS 90 / DIE GRÜNEN und den Freien Demokraten (FDP)*. 29. November 2021.

103 Siehe dazu Schmalz, D. Op. cit., 2021.

104 Kersting, D. „‚Flüchtling' – Einführung in einen umkämpften Begriff." *Der Begriff des Flüchtlings: Rechtliche, Moralische und Politische Kontroversen*, Hrsg. Kersting, D., Leuoth, M., 2020, S. 1–40. Hier S. 20.

105 Zuletzt enthielt das im Herbst 2020 vorgestellte EU-Migrationspaket zahlreiche Vorschläge zur Optimierung des GEAS, wie etwa jenen, das bestehende European Asylum Support Office (EASO) in eine vollwertige EU-Asylagentur umzuwandeln.

106 Mein Dank gilt der Asylexpertin Lisa Wolfsegger von der Asylkoordination Österreich für die wertvollen Hintergrundinformationen zur Unterbringung und Ungleichbehandlung von Kinderflüchtlingen.

107 Unabhängige Kommission für den Schutz der Kinderrechte und des Kindeswohls im Asyl- und Fremdenrecht. *Bericht der unabhängigen Kommission für den Schutz der Kinderrechte und des Kindeswohls im Asyl- und Fremdenrecht*. Bundesministerium für Justiz Österreich, 13. Juli 2021. Die (zu) niedrigen Tagsätze für geflüchtete Kinder führ-

ten im Winter 2021 dazu, dass über 700 unbegleitete minderjährige Flüchtlinge nicht altersgerecht (nämlich in kleineren Quartieren in den Bundesländern) untergebracht werden konnten. Erst nach zähem Ringen einigten sich Bund und Länder darauf, die Tagsätze zu valorisieren.

108 Dazu gesellt sich, dass Jugendämter und Familiengerichte zwar zum Schutz aller im Bundesgebiet aufhältigen Kinder berufen sind, ihrem Auftrag bezüglich unbegleiteter minderjähriger Flüchtlinge aber nicht im selben Ausmaß wie für österreichische Kinder nachkommen, etwa, was die Beistellung eines/einer Obsorgeberechtigten für die Dauer des Aufenthalts in Österreich betrifft.

109 Dursun, A., Sauer, B. „The Asylum-Child Welfare Paradox: Unaccompanied Minors in Austria." *Humanities and Social Sciences Communication*, 8, Artikelnr. 208, 2021.

110 Gibney, M. J. „Asylum: Principled Hypocrisy." *Migration: A COMPAS Anthology*, Hrsg. Anderson, B., Keith, M., 2014, S. 168–69. <https://www.compas.ox.ac.uk/2014/migration-the-compas-anthology>.

111 Vollmer, B. A. „A Hermeneutical Approach to European Bordering." *Journal of Contemporary European Studies*, 2017.

112 Fassin, D., Kobelinsky, C. „Comment on juge l'asile: L'institution comme agent moral." *Revue Française de Sociologie*, 53/4, 2012, S. 657–88.

113 Eine Solidarität, die sich entlang nationaler und/oder ethnischer Trennlinien orientiert, grenzt diese gegenüber „Fremden" deutlich ab. Zur Gemeinschaft, der man sich etwa zugehörig fühlt und durch solidarisches Handeln auch zeigt, gehören nur „die Unsrigen". In diesem engen Verständnis ist der Zweck des Sozialstaats, das Eigeninteresse dieser eng definierten Gemeinschaft zu schützen und sie gleichzeitig gegen „Andere" zu verteidigen. Siehe dazu Altreiter, C., Flecker, J., Papouschek U., Schindler S., Schönauer, A. *Umkämpfte Solidaritäten: Spaltungslinien in der Gegenwartsgesellschaft*, 2019.

114 Rheindorf, M., Wodak, R. Op. cit., 2018.

115 Kersting, D. „‚Flüchtling‘ – Einführung in einen umkämpften Begriff.“ *Der Begriff des Flüchtlings*, 2020. Hier S. 21.

116 Mouffe, C. *Das demokratische Paradox*. Trans. Marchart, O., 2008.

117 Dieses Verständnis von Demokratie ist im Kern ein republikanisches und geht auf Immanuel Kant und Jean-Jacques Rousseau zurück. Der Wille des Volkes gilt als „allgemeiner“ Wille. Siehe dazu Kersting, D. „Das demokratische Paradox des Flüchtlingsschutzes. Eine pragmatistische Untersuchung demokratischer Erfahrungs- und Lernprozesse.“ *Zeitschrift für Praktische Philosophie*, 2019.

118 Scherr, A. Op. cit., 2020, S. 142–43.

119 Carens, J. H. „Aliens and Citizens. The Case for Open Borders.“ *The Review of Politics*, 49/2, 1987, S. 251–71.

120 Nowak, M., Walter, A. „Flucht und Asyl in der Geschichte der Menschenrechte.“ *Österreichische Zeitschrift für Geschichtswissenschaften*, 28/2, 2017, S. 170–92. Hier S. 171.

121 Mau, S. *Sortiermaschinen: Die Neuerfindung der Grenze im 21. Jahrhundert*, 2021; Fahrmeir, A., Faron, O., Weil, P., Hrsg. *Migration Control in the North Atlantic World: The Evolution of State Practices in Europe and the United States from the French Revolution to the Inter-War Period*, 2003; Conrad, S. „Globalization Effects. Mobility and Nation in Imperial Germany, 1880–1914.“ *Journal of Global History*, 3/1, 2008, S. 43–66.

122 Wie Steffen Mau darlegt, entstanden zeitgleich vor bzw. mit der Globalisierung auch im Osmanischen Reich und in Indien Regime zur Grenzkontrolle und Mobilitätsregulierung. Siehe Mau, S. *Sortiermaschinen*, 2021.

123 Torpey, J. „Coming and Going. On the State Monopolization of the Legitimate ‚Means of Movement‘.“ *Sociological Theory*, 13/3, 1998, S. 239–59.

124 Siehe dazu Gatrell, P. *The Making of the Modern Refugee*, 2013. Die Ausrufung eines „Zeitalters des Flüchtlings“ geht nicht zuletzt auf die hohe Dichte an Exil- und Exilant*innenliteratur im 20. Jahrhundert zurück, der auch im deutschsprachigen Raum zahlreiche vertriebene Autor*innen angehörten.

125 Mau, S. *Sortiermaschinen*, 2021.

126 Sander, N., Abel, G. J., Bauer, R. *The Global Flow of People*. Version 1.0.19, Februar 2014. <http://download.gsb.bund.de/BIB/global_flow>.

127 Recchi, E., Deutschmann, E., Vespe, M. „Estimating Transnational Human Mobility on a Global Scale." *Robert Schuman Centre for Advanced Studies (RSC) Working Papers*, Nr. 30, 2019. <http://hdl.handle.net/1814/62326>.

128 Vallet, É. „State of Border Walls in a Globalized World." *Borders and Border Walls: In-Security, Symbolism, Vulnerabilities*, Hrsg. Bisonette, A., Vallet, É., 2021, S. 7–24; sowie Vallet, É., Hrsg. *Borders, Fences and Walls: State of Insecurity?*, 2016.

129 Die Souveränität des Nationalstaats sei in Anbetracht grenzüberschreitender Arbeitskraft und globaler Waren- und Finanzströme nur eine (wirkmächtige) Chimäre, so die deutsche Anthropologin und Kulturwissenschaftlerin Heidrun Friese. Siehe dazu Friese, H. „Mobilität, Grenzen und das Paradox der Demokratie." *Konfliktfeld Fluchtmigration: Historische und ethnographische Perspektiven*, Hrsg. Johler, R., Lange, J., 2019, S. 83–104.

130 Linnell, J. D. C., Trouwborst, A., Boitani, L., Kaczensky, P., Huber, D., Reljic, S., Kusak, J., Majic, A., Skrbinsek, T., Potocnik, T., Hayward, M. W., Milner-Gulland, E. J., Buuveibaatar, B., Olson, K. A., Badamjav, L., Bischof, R., Zuther, S., Breitenmoser, U. „Border Security Fencing and Wildlife: The End of the Transboundary Paradigm in Eurasia?" *PLOS Biology*, 14/6, Juni 2016.

131 Jaroszewicz, B., Nowak, K., Żmihorski, M. „Poland's Border Wall Threatens Ancient Forest." *Science*, 374/6571, S. 1063.

132 Forscher*innen der University of Texas fanden heraus, dass unter den Tieren, die von der Grenzmauer beeinträchtigt wurden, auch vier Arten waren, die weltweit vom Aussterben bedroht sind. Siehe Laskey, J. R., Jetz, W., Keitt, T. H. „Conservation Biogeography of the US-Mexico Border: A Transcontinental Risk Assessment of Barriers to Animal Dispersal." *Diversity and Distributions*, 17/4, Juli 2011, S. 673–87. Siehe dazu auch den Überblick des *Guardian*-Kolumnisten Monbiot , G. „How Border Walls Are Triggering Ecological Disaster." *The Guardian*, 15. Dezember 2021.

<https://www.theguardian.com/commentisfree/2021/dec/15/border-walls-triggering-ecological-disaster-humanity-wildlife-habitats-extinction>.

133 Ogden, E. „Border Walls and Biodiversity: New Barriers, New Horizons." *BioScience*, 67/6, Juni 2017, S. 498–505.

134 Liu, J., Li Yong, D., Choi, C., Gibson, L. „Transboundary Frontiers: An Emerging Priority for Biodiversity Conservation." *Trends in Ecology & Evolution*, 35/8, August 2020, S. 679–90.

135 So stand das neu errichtete Lager auf Samos, das als offizielle „Alternative" zu einer Katastrophe wie Moria präsentiert wurde, von Beginn an in der Kritik. Während es zwar bessere Ausstattung durch feste Unterkünfte (statt Zelten), fließendes Wasser, Sanitäranlagen, Sport- und Spielplätze sowie Familienzonen bietet, wurde auch die Überwachung der Bewohner*innen massiv aufgestockt. Eine Live-Überwachung überträgt Videoaufnahmen sogar aus den Schlafsälen in eine Zentrale in Athen, Aus- und Zugang erfolgt über Magnettüren, Fingerabdruck und Chip. Auch Röntgenscanner kommen zum Einsatz. Jene Menschen, die noch nicht offiziell ins Asylverfahren aufgenommen sind und deshalb keinen entsprechenden Ausweis besitzen, dürfen das Lager gar nicht verlassen. Trotz massiver Kritik von Menschenrechtsaktivist*innen plant die EU vier weitere solche Lager auf den griechischen Inseln, jeweils abseits der lokalen Bevölkerung und von Einkaufs- und Erholungsmöglichkeiten. Die segregierende Wirkweise solcher Camps ist offenkundig.

136 Inhetveen, K. *Die Politische Ordnung des Flüchtlingslagers: Akteure-Macht-Organisation. Eine Ethnographie im südlichen Afrika*, 2014.

137 Brown, W. *Mauern: Die neue Abschottung und der Niedergang der Souveränität*, 2018.

138 Siehe dazu Kersting, D. „Das demokratische Paradox des Flüchtlingsschutzes", 2019.

139 Hathaway, J. C. „Taking Refugee Rights Seriously: A Reply to Professor Hailbronner." *Verfassungsblog*, 12. März 2016.

140 Wolff, F. „Mauern wieder denkbar machen." *Verfassungsblog*, 28. November 2021.

141 Das Rechercheprojekt „Billions for Borders“ (dt. „Milliarden für Grenzen“) enthüllte, dass die EU die Türkei mit 83 Millionen Euro für gepanzerte Fahrzeuge und Überwachungsanlagen ausstattete, um damit aggressiven Grenzschutz zu betreiben. Siehe Şentek, Z., Arsu, Ş. „No Way Out.“ *The Black Sea*, 23. März 2021. <https://theblacksea.eu/stories/billions-for-borders/no-way-out>; sowie Vradis, A., Papada, E., Painter, J., Papoutsi, A. *Hotspots and the European Migration Regime: Migration, Hotspots and the European Superstate*, 2018.

142 Siehe dazu Penney, J. „Europe Benefits by Bankrolling an Anti-Migrant Effort. Niger Pays a Price.“ *The New York Times*, 25. August 2018. Zandonini, G. „Biometrics: The New Frontier of EU Migration Policy in Niger.“ *Proceedings of the Conference Externalisation of Borders: Detention Practices and Denial of the Right to Asylum*, 25.–27. Februar 2020.

143 Mau, S. Op. cit. Zitat aus Steffen Maus Buchpräsentation mit Naika Foroutan und Stefan Gosepath, 26. August 2021, in Kooperation mit dem Exzellenzcluster Contestations of the Liberal Script – SCRIPTS, der Stiftung Mercator und Humboldt Labor im Humboldt Forum Berlin.

144 Siehe dazu auch folgenden Überblick zur Erosion des globalen Flüchtlingsschutzes durch Externalisierungspraktiken: Crisp, J. „Externalization and the Erosion of Refugee Protection.“ Blog des Comparative Network on Refugee Externalisation Policies (CONREP), 25. November 2019. <https://arts.unimelb.edu.au/school-of-social-and-political-sciences/our-research/comparative-network-on-refugee-externalisation-policies/blog/externalization-and-the-erosion-of-refugee-protection>.

145 Danke an Philipp Sonderegger für diese Zuspitzung, die die Absurdität der europäischen Externalisierungsdebatte verdeutlicht.

146 Italien unterzeichnete 2017 ein „Memorandum of Understanding“ mit Libyen. Mittel zur „Migrationsprävention“ werden unter anderem aus dem *EU Emergency Trust Fund for Africa* bereitgestellt.

147 Siehe dazu die umfassende und multimedial aufbereitete Reportage von Ian Urbina im Rahmen des *The Outlaw Ocean Projects*. Im Zuge seiner Recherchen fiel Urbina selbst dem (selbsternannten)

libyschen Geheimdienst zum Opfer und wurde gemeinsam mit seinem Team gekidnappt, für mehrere Tage inhaftiert und misshandelt. Urbina, I. „The Secretive Prisons That Keep Migrants Out of Europe." *The New Yorker*, 28. November 2021. <https://www.newyorker.com/magazine/2021/12/06/the-secretive-libyan-prisons-that-keep-migrants-out-of-europe>.

148 Derzeit erhält Frontex in etwa eine halbe Milliarde Euro jährlich zur Sicherung der EU-Außengrenzen.

149 Dieser Vorfall ist auf der Website von *Sea-Watch* dokumentiert. „So-called Libyan Coast Guard Firing Shots at Migrant Boat in Distress." Website von *Sea-Watch* e.V., 5. Juli 2021. <https://sea-watch.org/en/libyan_coast_guard_shots_fired>.

150 Zur ambivalenten Rolle von UNHCR und IOM in diesem „Krieg gegen Migration" an der libyschen Front, siehe Markous, A. *Humanitarian Action and Anti-Migration Paradox: A Case Study of UNHCR and IOM in Libya*. Masterarbeit 2019, S. 26f.

151 Siehe dazu die Anfrage mit Vorrang zur schriftlichen Beantwortung P-005519/2021 an die Kommission, Artikel 138 der Geschäftsordnung, von Othmar Karas (PPE): „Menschenunwürdige und rechtswidrige Praktiken gegenüber Asylsuchenden an den EU-Außengrenzen", 9.12.2021, sowie die Antwort von Kommissarin Johansson vom 21.1.2022. <https://www.europarl.europa.eu/doceo/document/P-9-2021-005519_DE.html>.

152 So argumentiert die US-amerikanische Politologin Kelsey P. Norman etwa, dass Länder wie Marokko, Ägypten und die Türkei bei der Unterbringung und Versorgung von Geflüchteten eine Haltung der „strategischen Gleichgültigkeit" einnehmen würden: Indem sie sich als nicht zuständig gäben, müssten anstelle von staatlichen Akteuren internationale Organisationen wie UNHCR und IOM sowie lokale NGOs die Lücke füllen, um minimale Versorgung aufrechtzuerhalten, obwohl der Staat hohe Summen für ebendiese Versorgung erhalte. Hinzu komme häufig eine Form der Prekarisierung und Ausbeutung durch Schwarzarbeit von geflüchteten Menschen, von der lokale Arbeitsmärkte zunehmend abhängig seien. Siehe Norman, K. P. *Reluctant Reception: Refugees, Migration and Governance in the Middle East and North Africa*, 2020.

153 Die Fluchtforschung zeigt anhand zahlreicher Beispiele wie dem EU-Türkei-Abkommen oder den Milliardenbeträgen, die die Inseln Manus und Nauru von Australien erhielten, dass sich durch Externalisierung eine Art negativer Markt mit Geflüchteten entwickelte. Aufnahmestaaten im Globalen Süden erkannten nämlich rasch, dass sie den Preis für die Aufnahme von Schutzsuchenden weit nach oben verhandeln können. Der Politikwissenschaftler Gerasimos Tsourapas bezeichnet das als *refugee rent-seeking strategies*, die hier Anwendung finden würden. In der Ökonomie versteht man unter *rent-seeking* den Versuch, ein Einkommen ohne entsprechende produktive Gegenleistung zu erzielen, auf Kosten der Allgemeinheit. Genauso verhalte es sich auch in der Mehrheit der Externalisierungsfälle, so Tsourapas, da Drittstaaten selten jene Auflagen (wie etwa menschenrechtskonforme Unterbringung oder Jobgarantie) erfüllten, für die sie vom Globalen Norden bezahlt würden. Im Gegenteil, oft würden noch höhere Summen ohne entsprechende Mehrleistung ausverhandelt, was einem politischen Schutzgeld gleichkomme. Siehe dazu Tsourapas, G. „The Syrian Refugee Crisis and Foreign Policy Decision-Making in Jordan, Lebanon, and Turkey.“ *Journal of Global Security Studies,* 4/4, 2019, S. 464–81; und Freier, L. F., Micinski, N. R., Tsourapas, G. „Refugee Commodification: The Diffusion of Refugee Rent-Seeking in the Global South.“ *Third World Quarterly*, 42/11, 2021, S. 2747–66.

154 Die 2015 geschaffenen Hotspots auf den griechischen Inseln (wie eben das später abgebrannte Lager Moria auf Lesbos) waren nicht zur Dauerunterbringung gedacht. Ankommende Migrant*innen sollten dort nur für die (kurze) Zeit ihrer Registrierung versorgt werden. Denn im EU-Türkei-Abkommen ist auch festgehalten, dass Menschen bei Anspruch auf Schutz aufs griechische Festland gebracht werden; wird dieser Anspruch in einer ersten, raschen Prüfung verneint, sollen sie zurück in die Türkei gebracht werden. Von dort soll für jeden rückgeführten syrischen Geflüchteten aus Griechenland ein anderer syrischer Staatsangehöriger, der Fluchtgründe vorweisen kann, auf die EU-Mitgliedstaaten verteilt werden. Genau dieser Part des Abkommens wurde aber nur schleppend bis gar nicht umgesetzt, was wiederum die Türkei veranlasste, im Laufe der Jahre immer mehr Druck auf die EU auszuüben.

155 Kersting, D. „Das demokratische Paradox des Flüchtlingsschutzes“, 2019.

156 Sassen, S. *Das Paradox des Nationalen: Territorium, Autorität und Rechte im globalen Zeitalter*, 2008; Zolberg, A. R. *A Nation by Design: Immigration Policy in the Fashioning of America*, 2008.

157 Kersting, D. Op. cit., 2020.

158 Polen änderte sein Ausländerrecht dahingehend, dass Geflüchtete wesentlich leichter abgeschoben werden konnten. De facto sollte damit die Zurückweisung unmittelbar nach Grenzübertritt legalisiert werden, was es Schutzsuchenden unmöglich machte, das Recht auf Asylantragstellung wahrzunehmen. Argumentiert wurde dies unter anderem damit, dass Belarus ein „sicheres Herkunftsland“ sei. Ein Rücknahmeabkommen gab es jedoch nicht, wodurch sich die Situation im Grenzgebiet über Monate hinweg weiter zuspitzte.

159 Siehe dazu auch Markus Rheindorf und Ruth Wodak, die diese Dynamik wie folgt skizzieren: „The EU's failure to implement a humanitarian solution serves as rational legitimation for nationalizing the issue and allows political actors to recontextualize Austrian policy as carrying the weight of a European responsibility, claiming credit for setting off the ‚domino effect‘ of national solutions.“ Rheindorf, M., Wodak, R. Op. cit., 2018. Hier S. 33.

160 Arendt, H. Op. cit., 1949.

161 Zur speziellen Konzeption des „Handelns“ bei Hannah Arendt siehe *Vita activa oder Vom tätigen Leben* (1958/1960). Arendt versteht Handeln vor allem als Interaktion zwischen Einzelnen und damit als zentrales gesellschaftliches und menschliches Charakteristikum. Handeln ist eng mit dem öffentlichen Raum und mit Bürgerrechten verknüpft und Kern der politischen Existenz.

162 Mijatović, D. (Commissioner for Human Rights of the Council of Europe). Report following her Visit to Austria from 13 to 17 December 2021. Country Report. 12 May 2022.
<https://rm.coe.int/commdh-2022-10-report-on-the-visit-to-austria-en/1680a6679a>.

163 Siehe Townsend, M. „10,000 Refugee Children Are Missing, Says Europol.“ *The Guardian*, 30. Jänner 2016.
<https://www.theguardian.com/world/2016/jan/30/fears-for-missing-child-refugees>.

164 Arendt, H. Op. cit., 1949.

165 Ebenda.

166 Siehe dazu Krause, U. „Zwischen Historie und Aktualität: Kritische Betrachtung des Abkommens über die Rechtsstellung der Flüchtlinge (1951) mit Beachtung des Protokolls (1967)." *Zeitschrift für Menschenrechte*, 2/2014, S. 102–25.

167 Siehe dazu den Vulnerabilitätskatalog von UNHCR: „FAQ Resettlement." UNHCR Deutschland. <https://www.unhcr.org/dach/de/services/faq/faq-resettlement>.

168 Kohlenberger, J. „Gesundheit." *Flucht- und Flüchtlingsforschung: Handbuch für Wissenschaft und Studium*, Hrsg. Berlinghoff, M., Glorius, B., Kleist, O., Scharrer, T., 2022.

169 Vgl. dazu: Bustamante, L., Cerqueira, R. O., Leclerc, E., Brietzke, E. „Stress, Trauma, and Posttraumatic Stress Disorder in Migrants: A Comprehensive Review." *Braz J Psychiatry*, 40/2, 2017, S. 220–25.

170 Janoff-Bulman, R. *Shattered Assumptions: Towards a New Psychology of Trauma*, 2010.

171 Edmondson, D., Chaudoir, S. R., Mills, M. A., Park, C. L., Holub, J., Bartkowiak, J. M. „From Shattered Assumptions to Weakened Worldviews: Trauma Symptoms Signal Anxiety Buffer Disruption." *Journal of Loss and Trauma*, 16/4, 2011, S. 358–85.

172 Siehe *Global Trends Report: Forced Displacement in 2021.* UNHCR. <https://www.unhcr.org/globaltrends>.

173 HAP I, II und III bezeichnet die sukzessiven „Humanitären Aufnahmeprogramme" für Syrer*innen, die Österreich zwischen 2013 und 2018 durchführte und mittels derer 1250 Menschen Schutz gewährt wurde. Weitere 650 Personen stammten aus anderen Ländern wie etwa dem Irak und wurden im Rahmen einer erweiterten Familienzusammenführung durch die HAPs aufgenommen.

174 Siehe dazu die exzellente Aufbereitung durch die NGO *SOS Mitmensch* im Rahmen der Kampagne zur Wiederbelebung humanitärer

Aufnahmeprogramme:
<https://www.humanitaere-aufnahme.at>.

175 Zur diskursiven Gleichsetzung von Schutzsuchenden mit einer Last oder einem Risiko und der daraus resultierenden Erpressbarkeit der EU siehe unter anderem die Ausführungen zum Polen-Belarus-Konflikt in Kapitel 4.

176 Für eine kritische Auseinandersetzung mit dem im September 2020 vorgestellten EU-Migrations- und Asylpaket, siehe Kohlenberger, J. „EU-Migrationspakt: Kompromisse statt Visionen." *International: Die Zeitschrift für internationale Politik*, 5/2020, S. 7–10; Rasche, L. „EU-Asylreform bleibt eine Großbaustelle: Die Europäische Kommission verfehlt einen Neustart der Asylpolitik." Jacques Delors Centre der Hertie School, 28. September 2020.
<https://www.delorscentre.eu/de/publikationen/detail/publication/eu-asylreform-bleibt-eine-grossbaustelle>.

177 Es gehört zu den Widersinnigkeiten des paradoxen Asylregimes, dass eben eine geordnete Form der Aufnahme von Geflüchteten dafür sorgen würde, dass sich das Chaos, die unkontrollierten und undokumentierten Grenzübertritte aus dem Jahr 2015 nicht wiederholen würden, was aber von politisch Verantwortlichen wohl auch deshalb kategorisch abgelehnt wird, weil man dann nicht mehr vor einer solchen Wiederholung warnen könnte.

178 Siehe dazu „Relocation of Asylum Seekers from Italy and Greece." Nantes: European Migration Law, veröffentlicht am 2. April 2018, aktualisiert am 31. Mai 2018. <http://www.europeanmigrationlaw.eu/en/articles/datas/relocation-from-italy-and-greece.html>.

179 Resettlement darf nicht als Alternative oder „Ersatz" zum territorialen Asylrecht gesehen werden. Solch ein singulärer Fokus kann problematische Rhetorik befeuern, indem er beispielweise als Form des „australischen Modells" (nur sehr begrenzte legale Aufnahme von Geflüchteten direkt aus Herkunftsländern, dafür keine/kaum Aufnahme über den Land- oder Seeweg) ausgelegt wird. Es droht damit die Gefahr, dass individuelle Asylansuchen abseits von Resettlement-Programmen, die immer nur für bestimmte Kontexte, Regionen und Personengruppen in Frage kommen, noch stärker problematisiert oder gar kriminalisiert werden. Statt eines „Entweder-Oder" gälte es, eine zunehmende Komplementarität

der Zugangswege (Resettlement, aber auch territoriales Asylrecht) anzustreben, um globalen Dynamiken und dem zunehmenden Phänomen der gemischten Migration gerecht zu werden. Siehe dazu Parusel, B. „Why Resettlement Quotas Cannot Replace Asylum Systems." *Forced Migration Review*, 68, November 2021, S. 10–12.

180 Im Mai 2021 veröffentlichte die Kommission einen Bericht mit 15 Handlungsanleitungen zur Bekämpfung von Fluchtursachen: Fachkommission Fluchtursachen der Bundesregierung. *Krisen vorbeugen, Perspektiven schaffen, Menschen schützen*. 2021. <https://www.fachkommission-fluchtursachen.de/fileadmin/user_upload/pdfs/FK-Fluchtursachen-Bericht-2021-kurz.pdf>.

181 Henkin, L. *The Age of Rights*, 1990.

182 Gündoğdu, A. *Rightlessness in an Age of Rights: Hannah Arendt and the Contemporary Struggles of Migrants*, 2015.

183 Die BBU wurde vom damaligen Innenminister Herbert Kickl (FPÖ), der schon lange die Betreuung und Beratung von Asylwerbenden durch private Unternehmen und NGOs kritisiert hatte, auf den Weg gebracht. Im Mai 2019 wurde die rechtliche Grundlage dafür, das BBU-Errichtungsgesetz, im Nationalrat beschlossen. Seit Jahresbeginn 2021 obliegt der BBU neben der Betreuung von Asylwerbenden in Erstaufnahmezentren wie Traiskirchen und in den Bundesbetreuungsstellen auch die Rechtsberatung und Rückkehrberatung.

184 Kritisiert wurde vor allem die fehlende Unabhängigkeit, die sich etwa darin zeigt, dass die Bundesregierung Einfluss auf die Bestellung der Geschäftsführung und des Aufsichtsrats der BBU hat. In Letzteren wurden auch Sektionsleiter des Innenministeriums bestellt.

185 Zuletzt basierte etwa Wolfgang Streecks Buch *Zwischen Globalismus und Demokratie* (2021) auf diesem Gedanken. In der bestehenden Asyllogik, in welcher zugrundliegende Paradoxien nicht als solche erkennbar sind, mutet es kaum überraschend an, dass die Idee einer grundsätzlich vorhandenen Schließungstendenz des Nationalstaats so persistent ist und weiterhin solche Erklärungskraft entfalten kann.

186 Siehe Mau, S. Op. cit., 2021.

187 Ebenda. Das direkte Zitat stammt aus Steffen Maus Buchpräsentation mit Naika Foroutan und Stefan Gosepath, 26. August 2021, in Kooperation mit dem Exzellenzcluster Contestations of the Liberal Script – SCRIPTS, der Stiftung Mercator und Humboldt Labor im Humboldt Forum Berlin.

188 Siehe dazu auch die in diesem Zusammenhang häufig verwendete Metapher von Nationalstaaten als „Container", die nur ein beschränktes Fassungsvermögen haben und bei zu hoher Belastung „übergehen" können. Davor müssen sie durch Grenzschließungen und -kontrollen bewahrt werden. Charteris-Black, J. „Britain as a Container: Immigration Metaphors in the 2005 Election Campaign." *Discourse and Society*, 17/5, 2006, S. 563–581.

189 Siehe dazu Kohlenberger, J. *Wir*, 2021.

190 Zur entmenschlichenden Sprache über Flucht und Geflüchtete in europäischen Aufnahmeländern siehe etwa Krzyżanowski, M. „Discursive Shifts in Ethno-Nationalist Politics: On Politicization and Mediatization of the ‚Refugee Crisis' in Poland." *Journal of Immigrant and Refugee Studies*, 16/1-2, 2018, S. 76-96; Matouschek, B., Wodak, R., Januschek, F. *Notwendige Maßnahmen gegen Fremde? Genese und Formen von rassistischen Diskursen der Differenz*, 1995; Vezovnik, A. „Securitizing Migration in Slovenia: A Discourse Analysis of the Slovenian Refugee Situation." *Journal of Immigrant and Refugee Studies*, 16/1-2, 2018, S. 39–56.

191 Cassee, A. *Globale Bewegungsfreiheit: Ein philosophisches Plädoyer für offene Grenzen*, 2016.

192 Siehe dazu auch Schmiederer, E. *Warum wir Fremde nicht wie Feinde behandeln dürfen: Plädoyer für ein besseres Leben*, 2020.

193 Barnett, M. „Humanitarianism with a Sovereign Face: UNHCR in the Global Undertow." *International Migration Review*, 35/1, 2001, S. 244–77.

194 Cox, E., Durrant, S., Farrier, D., Stonebridge, L., Woolley, A., Hrsg. *Refugee Imaginaries: Research Across the Humanities*, 2021.

195 Bauman, Z. „Making and Unmaking of Strangers." *Thesis Eleven*, 43/1, 1995, S. 1–16.

196 Siehe dazu auch die versuchte Aneignung und Interpellation feministischer Ideen durch rechte und nationalistische Parteien, die die britische Soziologin Sara Farris als „Femonationalismus" bezeichnete. Farris, S. R. „Femonationalism and the ‚Regular Army' Called Migrant Women." *History of the Present*, 2/2, 2012, S. 184–99.

197 Die Debatte ist von solch politischer Brisanz und Relevanz, dass das österreichische Innenministerium eine großangelegte, gemischt-methodische Studie namens „Zielland Österreich" durchführt. Siehe dazu die parlamentarische Anfragebeantwortung des damaligen Innenministers Karl Nehammer (ÖVP): „Anfragebeantwortung durch den Bundesminister für Inneres Karl Nehammer, MSc. zu der schriftlichen Anfrage (4204/J) der Abgeordneten Dr. Stephanie Krisper, Kolleginnen und Kollegen an den Bundesminister für Inneres betreffend Studie ‚Zielland Österreich'." Wien: Parlament der Republik Österreich. <https://www.parlament.gv.at/PAKT/VHG/XXVII/AB/AB_04243>.

198 Dieses Narrativ erweist sich übrigens zum allergrößten Teil als Chimäre, siehe dazu Spahl, W., Weiss, S., Kohlenberger, J., Buber-Ennser, I. „Immigration and the Social Welfare State in Austria, Germany, and Switzerland: A Comparative Meta-Study." *Vienna Institute of Demography Working Papers* 18, 2017.

199 Tatsächlich argumentieren Fluchtforscher*innen, dass die Genfer Flüchtlingskonvention Geflüchteten wesentlich mehr als reines Überleben zuspreche, werden durch ihren Wortlaut doch auch Grundbedürfnisse wie das Recht auf Arbeit, Bildung und Eigentum abgedeckt. Somit sind aufnehmende Staaten auch dazu angehalten, Geflüchteten ein selbstbestimmtes Leben zu ermöglichen. Siehe dazu Oudejans, N. *Asylum: A Philosophical Inquiry into the International Protection of Refugees*, 2011.

200 Zu Aspirationen im Fluchtkontext siehe Müller-Funk, L. „Possibilities and Limitations of an Emerging Research Agenda on Migration and Aspirations in Contexts of Displacement and Constrained Mobility." 18th IMISCOE Annual Conference, 8. Juli 2021, Belval, Luxemburg.

201 Nicht von ungefähr setzte das Integrationsministerium im Sommer 2020 einen Fokus auf den Ausbau des Ehrenamts für geflüchtete Menschen. Siehe den Integrationsbericht 2020: Expertenrat für Integration. *Integrationsbericht 2020: 10 Jahre Expertenrat, 10 Jahre Integrationsbericht*, 2020.
<https://www.bundeskanzleramt.gv.at/dam/jcr:3995f770-a9e7-4b5c-b3b6-4b965e1619a6/Integrationsbericht%202020_druckversion.pdf>.

202 Ein Paradox, das durch das Dubliner Abkommen auf die Spitze getrieben wurde. Siehe Nowak, M., Walter, A. „Flucht und Asyl in der Geschichte der Menschenrechte." *Österreichische Zeitschrift für Geschichtswissenschaften*, 2017.

203 Ö1 Morgenjournal. Österreichischer Rundfunk (ORF), 3. März 2022.

204 Fassin, D. *Humanitarian Reason: A Moral History of the Present*, 2012.

205 Cherem, M. „Refugee Rights: Against Expanding the Definition of a ‚Refugee' and Unilateral Protection Elsewhere." *Journal of Political Philosophy*, 24/2, Juni 2016, S. 183–205.

206 Ebenda.

207 Kersting, D. Op. cit., 2020.

208 Singer, P. *Praktische Ethik*. 2. Aufl., 1994, S. 292f. Die erste Fassung der Teich-Analogie erschien in Singer, P. „Famine, Affluence, and Morality." *Philosophy and Public Affairs*, 1/3, 1972, S. 229–43.

209 Ebenda.

210 Siehe z.B. Betts, A., Collier, P. *Refuge: Transforming a Broken Refugee System*, 2018; Gibney, M. J. „Refugees and Justice Between States." *European Journal of Political Theory*, 14/4, 2015, S. 448–63.

211 Hoesch, M. „Allgemeine Hilfspflichten, territoriale Gerechtigkeit und Wiedergutmachung: Drei Kriterien für eine faire Verteilung von Flüchtlingen – und wann sie irrelevant werden." *Welche und wie viele Flüchtlinge sollen wir aufnehmen? Philosophische Essays*, Hrsg. Grundmann, T., Stephan, A., 2016, S. 15–29. Hier S. 25, eigene Hervorhebung.

212 Breitenstein, P. H. „Bilder halten uns gefangen – und andere draußen: Ideen zu einer philosophischen Kritik der politischen Sprache." *Der Begriff des Flüchtlings: Rechtliche, Moralische und Politische Kontroversen,* Hrsg. Kersting, D., Leuoth, M., 2020, S. 179–98.

213 Ebenda.

214 *Österreichisches Bundesgesetz, mit dem die Grundversorgung von Asylwerbern im Zulassungsverfahren und bestimmten anderen Fremden geregelt wird (Grundversorgungsgesetz – Bund 2005 – GVG-B 2005).* StF: BGBl. Nr. 405/1991 (NR: GP XVIII RV 158 AB 215 S. 36. BR: AB 4102 S. 544.), Fassung vom 28. Dezember 2021.

215 Arendt sieht das radikale Böse genährt aus einem Unwillen bzw. Unvermögen der Vorstellungskraft, sich in (konkrete) Andere hineinversetzen zu können. Dies komme einer „empörenden Dummheit" gleich. Arendt, H., Fest, J. *Eichmann war von empörender Dummheit: Gespräche und Briefe,* 2011.

216 Waterhouse, P. „Versuch über Flucht und Recht und Sprache." *Der Begriff des Flüchtlings,* Hrsg. Kersting, D., Leuoth, M., 2020, S. 99–112. Hier S. 110.

217 Selbst akademische Kolleg*innen sind nicht vor dieser Polarisierung gefeit. Als ich im Herbst 2016 einen Vortrag ausgerechnet an der Universität Oxford zu eben diesem Humankapital syrischer, irakischer und afghanischer Geflüchteter in Österreich hielt, wurde ich der „Naziterminologie" bezichtigt (mein deutlich hörbarer Akzent im Englischen dürfte dazu beigetragen haben). Der exakt gleiche Vortrag brachte mir vor einem anderen Publikum den „Vorwurf" ein, Kommunistin zu sein. Die Flüchtlingsdebatte ist und bleibt in fast allen gesellschaftlichen Kontexten hoffnungslos aufgeladen.

218 Kortendiek, N. „Problematische Paradoxe", 2021.

219 In der Schweiz gilt in den ersten drei Monaten nach Asylantragstellung ein generelles Arbeitsverbot, danach obliegt es dem jeweiligen Kanton, ob Arbeitsmarktzugang (und unter welchen Auflagen) ermöglicht wird oder nicht. Schweden hat einen der europaweit liberalsten Zugänge und erlaubt Asylwerbenden direkt nach Antragstellung erwerbstätig zu sein. Siehe Österreichische Gesellschaft für Europapolitik, Hrsg. *Factsheet zur Integration von AsylwerberInnen &*

anerkannten Flüchtlingen in den Arbeitsmarkt. 23. November 2015. <https://www.oegfe.at/wp-content/uploads/2015/11/Fact-Sheet_Arbeitsmarktintegration-von-AsylwerberInnen-und-Fl%C3%BCchtlingen_final-1.pdf>.

220 Siehe dazu die *Richtlinie 2013/33/EU des Europäischen Parlaments und des Rates* vom 26. Juni 2013 zur Festlegung von Normen für die Aufnahme von Personen, die internationalen Schutz beantragen (Neufassung), ABl. L 180 vom 29.6.2013, S. 96–116. <http://data.europa.eu/eli/dir/2013/33/oj>.

221 Marbach, M., Hainmueller, J., Hangartner, D. „The Long-Term Impact of Employment Bans on the Economic Integration of Refugees." *Science Advances*, 4/9, 2018.

222 Siehe dazu auch Knaus, G. *Welche Grenzen brauchen wir: Zwischen Empathie und Angst – Flucht, Migration und die Zukunft von Asyl*, 2020.

223 Karakayali, S. „Wenn eine Gruppe immer putzen muss ..." *nd – Journalismus von links*, Interview, 18. Januar 2021. <https://www.nd-aktuell.de/artikel/1147109.wenn-eine-gruppe-immer-putzen-muss.html>.

224 Fuchs, W., Pilgram, A. „Zuwanderung erhöht Kriminalität und straft Integrationserwartungen Lügen?" *Migration und Integration: Fakten oder Mythen*, Hrsg. Haller, M., 2019, S. 125–37.

225 Kohlenberger, J. Op. cit., 2022.

226 Marbach, M., et al. Op. cit., 2018.

227 Aichholzer, J., Friesl, C., Hajdinjak, S., Kritzinger, S., Hrsg. *Quo vadis, Österreich? Wertewandel zwischen 1990 und 2018*, 2019.

228 Laut Abkommen der Ampelkoalition soll diese Erlaubnis auch offiziell durch das deutsche Aufenthaltsgesetz erfasst sein. Eine zeitliche Befristung ist nicht angedacht, wodurch die neue Regelung noch weiter gehen würde als die bisherige 2plus3-Regel.

229 Siehe etwa Müller-Funk, L. „Adapting to Staying, or Imagining Futures Elsewhere: Migration Decision-Making of Syrian Refugees

in Turkey." *International Migration Institute Working Papers*, Nr. 154, Oktober 2019.

230 Erkenntnis des VfGH vom 23. Juni 2021, V 95-96/2021. Wien: Verfassungsgerichtshof Österreich. <https://www.vfgh.gv.at/downloads/VfGH-Erkenntnis_V_95-96_2021_vom_23._Juni_2021.pdf> Siehe auch den Beschluss des VfGH vom 1. März 2021, E 2420/2020- 11. Wien: Verfassungsgerichtshof Österreich. <https://www.vfgh.gv.at/downloads/VfGH-Beschluss_E_2420_2020_vom_1._Maerz_2021.pdf>.

231 Zur multiplen Prekarität migrantischer Arbeit siehe etwa Neuhauser, J. „Die Funktion migrantischer Arbeit – Zur Aktualität klassischer Segmentationstheorien." *Kurswechsel: Zeitschrift für gesellschafts-, wirtschafts- und umweltpolitische Alternativen*, 3/2019, S. 13–22.

232 Siehe dazu die *Richtlinie 2013/33/EU des Europäischen Parlaments und des Rates* vom 26. Juni 2013 zur Festlegung von Normen für die Aufnahme von Personen, die internationalen Schutz beantragen (Neufassung), ABl. L 180 vom 29.6.2013, S. 96–116, <http://data.europa.eu/eli/dir/2013/33/oj>.

233 Mein Dank gilt der Rechtsanwältin Michaela Krömer, die diese Entscheidung des Verfassungsgerichtshofs durch ihren unermüdlichen Einsatz erwirkt hat, für ihren kritischen Input zu dem Thema. Sie weist zu Recht darauf hin, dass die Frage der Rechtsstaatlichkeit bei der Gewährung von Arbeitsmarktzugang für Asylwerbende eine zentrale ist.

234 Auf materieller Ebene trat diese Möglichkeit der Mobilitätskontrolle innerhalb von Nationalgrenzen durch die Corona-Pandemie zu Tage: Moderne Demokratien kennen wohl keine drastischere Form der Bewegungseinschränkung als einen Lockdown. Tatsächlich sank durch die Maßnahmen zur Pandemiebekämpfung die Mobilität der österreichischen Bevölkerung im ersten Corona-Lockdown im März 2020 auf etwa 30 % ihrer regulären Frequenz. Auch hier handelt es sich im Kern um Fragen des Ein- und Ausschlusses, die demokratisch legitimiert sein müssen.

235 Scherr, A. Op. cit., 2020.

236 Pace, P., Hrsg. *Migration and the Right to Health: A Review of European Community Law and Council of Europe Instruments*, 2007; Bicocchi, L., LeVoy, M. *Undocumented Migrants Have Rights! An Overview of the International Human Rights Framework*, 2007.

237 Unter den Sammelbegriff „undokumentierte Migrant*innen" fallen alle Menschen ohne gültigen Aufenthaltstitel. Vielfach sind dies gar nicht Menschen, die bereits ohne einen solchen (also „illegal") eingereist sind, sondern Personen, die nach Ablauf ihres Touristen- oder Studierendenvisums nicht mehr ausreisten (sogenannte *visa overstayers*). Abgelehnte Asylwerber*innen stellen daneben nur eine kleinere Gruppe dar. Genaue Zahlen zur Größe der undokumentierten Population in Österreich zu erhalten ist naturgemäß schwierig, dementsprechend weit auseinander liegen Schätzungen: Man geht von 17.000 bis 100.000 in Österreich aufhältigen Personen aus. Aus Sicht der Forschung sind diese Zahlen mit großer Vorsicht zu sehen. So hält der Migrationsforscher Albert Kraler fest, dass auf Basis der verfügbaren Evidenz „keine seriöse Quantifizierung" undokumentierter Migrant*innen in Österreich möglich sei. Siehe dazu Kraler, A., Reichel, D., Hollomey, C. „Clandestino Country Report Austria." Forschungsbericht des Projekts ‚Clandestino – Undocumented Migration: Counting the Uncountable. Data and Trends Across Europe', November 2008. Hier S. 2, eigene Übersetzung. Für Schätzungen siehe z.B. „Illegal Immigration in Austria: A Survey of Recent Austrian Migration Research: Austrian Contribution to the European Research Study Project II: ‚Illegally Resident Third Country Nationals in the EU Member States: State Approaches Towards Them and Their Profile and Social Situation.'" November 2005; und Fuchs, M., Schmied, G., Oberzaucher, N., Wohlfahrt, G. „Quantitative und qualitative Erfassung und Analyse der nicht-krankenversicherten Personen in Österreich." Studie des Europäischen Zentrums für Wohlfahrtspolitik und Sozialforschung im Auftrag des Bundesministeriums für Gesundheit und Frauen Österreich (BMGF), 2003.

238 Siehe dazu Karl-Trummer, U., Novak-Zezula, S., Metzler, B. „Managing a Paradox: Health Care for Undocumented Migrants in the EU." *Finnish Journal of Ethnicity and Migration*, 4/2, 2009, S. 53–60.

239 Das Konzept des Managements eines Paradoxons stammt aus der Organisationstheorie und offenbart sich etwa dann, wenn ein Unternehmen zwei widersprüchliche Ziele gleichzeitig verfolgen

soll. Karl-Trummer, Novak-Zezula und Metzler („Managing a Paradox", 2009) nennen etwa den Anspruch, dass ein Auto gleichzeitig so sicher und so schnell wie möglich sein soll, was zum Beispiel dadurch „gemanagt" werden kann, dass sich zwei voneinander unabhängige Abteilungen mit nur jeweils einer dieser Anforderungen befassen. Siehe dazu Simon, F. B. „Paradoxiemanagement oder: Genie und Wahnsinn der Organisation." *Revue für postheroisches Management*, 1/2007, S. 68–99.

240 Es gibt natürlich auch im öffentlichen Sektor Ärzt*innen und Spitäler, die Leistungen fallweise ohne Kostendeckung übernehmen, auch wenn sie über Erste-Hilfe-Leistung im Notfall hinausgehen. Patient*innen haben aber keine Garantie oder Rechtsanspruch darauf. Ob sie abgewiesen werden oder nicht, entscheidet eben der Spaziergänger nach Gutdünken, um in der Teich-Analogie zu bleiben.

241 Zu den ökonomischen Kosten von Ausschluss, Ausgrenzung und Diskriminierung siehe McGhee, H. *The Sum of Us: What Racism Costs Everyone and How We Can Prosper Together*, 2021.

242 Einschließlich einer dicht befahrenen Hauptstraße, die ironisch als „Champs-Élysées" bezeichnet wird. Internationale Kommentator*innen sehen das Lager dennoch eher als „Slum" denn als Stadt.

243 Betts, A., Bloom, L., Weaver, N. „Innovation at Zaatari: How do Refugees Make Tents and Caravans into Homes?" *The Guardian*, 22. Juli 2015.
<https://www.theguardian.com/global-development-professionals-network/2015/jul/22/zaatari-refugee-camp-jordan-creativity-innovation>.

244 Für eine besonders prägnante Kritik an der „Lagerhaltung" von geflüchteten Menschen siehe Zygmunt Bauman, der Flüchtlinge als die „Überflüssigen" in der globalisierten Welt bezeichnet, die außerhalb der „normalen" Gesellschaft untergebracht werden müssen: „Da man sie nicht physisch vernichten kann [...], müssen sie isoliert, neutralisiert und entmachtet werden, damit die Wahrscheinlichkeit, dass sich ihre massiven, jedoch individuell erfahrenen Nöte und Demütigungen zum kollektiven (und gar wirksamen) Protest verdichten könnten, weiter verringert, ja im Idealfall auf Null redu-

ziert wird." Bauman, Z. *Unbehagen in der Postmoderne*. Trans. Schmaltz, W., 1999. Hier S. 107.

245 Kimmelman, M. „Refugee Camp Evolves as a Do-It-Yourself City." *The New York Times*, 5. Juli 2014. <https://www.nytimes.com/2014/07/05/world/middleeast/zaatari-refugee-camp-in-jordan-evolves-as-a-do-it-yourself-city.html>.

246 Waterhouse, P. „Versuch über Flucht und Recht und Sprache." *Der Begriff des Flüchtlings*, 2020.

247 Arendt, H., Fest, J. *Eichmann war von empörender Dummheit*, 2011.

248 Arendt, H. *Eichmann in Jerusalem: Ein Bericht von der Banalität des Bösen*, 2011.

249 Breitenstein, P. H. Op. cit., 2020.

250 Riemann, M. „Schutz (o)der Freiheit? Flucht und politisches Handeln." *Der Begriff des Flüchtlings*, 2020, S. 215–27. Hier S. 221.

251 Siehe beispielhaft dafür Foucault, M. *Was ist Kritik?* Trans. Seitter, W., 1992.

252 Kersting, D. Op. cit., 2020.

253 Krause, U. „Die Flüchtling – der Flüchtling als Frau. Genderreflexiver Zugang." *Flüchtlinge: Multiperspektivische Zugänge*, Hrsg. Ghaderi, C., Eppenstein, T., 2017, S. 79–93.

254 Kersting spricht in diesem Zusammenhang von der Genfer Flüchtlingskonvention als „Produkt manifester einzelstaatlicher Interessen zu Beginn des Kalten Krieges". Siehe dazu Kersting, D. Op. cit, 2020; Betts, A. *Survival Migration: Failed Governance and the Crisis of Displacement*, 2013. Hier S. 9.

255 Siehe dazu Stonebridge, L. *Placeless People: Writing, Rights and Refugee*, 2018, in dem sie diese zwei Kategorien von Geflüchteten einander gegenüberstellt.

256 Butler, J., Spivak, G. C. *Sprache, Politik, Zugehörigkeit*. Trans. Heitz, M., Schulz, S., 2011, S. 46.

257 Balibar, É. „‚Menschenrechte' und ‚Bürgerrechte'. Zur modernen Dialektik von Freiheit und Gleichheit." *Die Revolution der Menschenrechte. Grundlegende Texte zu einem neuen Begriff des Politischen*, Hrsg. Menke, C., Raimondi, F., 2011, S. 279–305; Rancière, J. „Wer ist das Subjekt der Menschenrechte?" *Die Revolution der Menschenrechte*, S. 474–90.

258 Gatrell, P. Op. cit., 2013.

259 Gatrell, P. *A Whole Empire Walking: Refugees in Russia During World War I*, 1999.

260 Stonebridge, L. „Refugee Genealogies: Introduction." *Refugee Imaginaries: Research Across the Humanities*, Hrsg. Cox, E., Durrant, S., Farrier, D., Stonebridge, L., Woolley, A., 2021, S. 15–17. Hier S. 15.

261 Schmalz, D. Op. cit., 2021.

262 Schulze Wessel, J. *Grenzfiguren: Zur politischen Theorie des Flüchtlings*, 2017. Hier S. 43.

263 Loick, D. „Wir Flüchtlinge: Überlegungen zu einer Bürgerschaft jenseits des Nationalstaats." *Leviathan*, 45/4, 2017, S. 574–91.

264 Curthoys, N. „Theories of the Refugee, After Hannah Arendt." *Refugee Imaginaries: Research Across the Humanities*, Hrsg. Cox, E., Durrant, S., Farrier, D., Stonebridge, L., Woolley, A., 2021, S. 36–49. Hier S. 47, eigene Hervorhebung.

265 El-Mafaalani, A. *Das Integrationsparadox: Warum gelungene Integration zu mehr Konflikten führt*, 2018.

266 Miller, D. *The Icarus Paradox: How Exceptional Companies Bring About Their Own Downfall*, 1990.

267 2018 führte die türkis-blaue Bundesregierung einen sogenannten „Arbeitsqualifizierungsbonus" ein. Wer diesen Bonus erhalten und damit auf die Maximalhöhe der Mindestsicherung kommen will, muss entweder die Schulpflicht in Österreich abgeschlossen haben oder aber Deutschkenntnisse auf B1-Niveau nachweisen können. Für Menschen, die sehr gut Englisch sprechen (C1), entfällt diese Schranke. Damit wird auch eine indirekte klassistische und

eurozentrische Barriere aufgezogen, weil Englisch zwar in der westlichen, nicht aber etwa in der arabischen Welt eine *lingua franca* darstellt. Während viele nach Österreich gekommene Geflüchtete aus Syrien oder dem Irak mehrsprachig sind und neben Arabisch zum Beispiel Türkisch sprechen, werden diese Sprachen im Aufnahmeland nicht als „Qualifizierung“ im Sinne des Bonus anerkannt. Ein hohes Englischniveau dagegen ist eher bei gut ausgebildeten „Expats“ aus dem Globalen Norden als bei humanitären Migrant*innen zu finden.

268 Aichholzer, J., et al., Hrsg. *Quo vadis, Österreich?*, 2019.

269 Landesmann, M., Leitner, S. M. „Various Domains of Integration of Refugees and Their Interrelationships: A Study of Recent Refugee Inflows in Austria“. *wiiw Working Papers*, Nr. 168, November 2019. <http://hdl.handle.net/10419/223073>.

270 Kohlenberger, J., Heyne, S., Rengs, B., Buber-Ennser, I. *Soziale Inklusion geflüchteter Frauen: Zur Rolle der Familie und Familienarbeit*, 2022.

271 *Rassismus-Report 2019: Analyse zu rassistischen Übergriffen und Strukturen in Österreich.* Verein für Zivilcourage und Anti-Rassismus-Arbeit (ZARA), 2020.
<https://assets.zara.or.at/media/rassismusreport/ZARA-Rassismus_Report_2019.pdf>.

272 Zu den Bildungsniveaus und -unterschieden zwischen syrischen, irakischen und afghanischen Geflüchteten, die im Zuge des Fluchtherbst 2015 nach Österreich gekommen sind, siehe Buber-Ennser, I., et al. „Human Capital, Values, and Attitudes of Persons Seeking Refuge in Austria in 2015.“ *PLOS ONE*, 2016.

273 Interessanterweise zeigte sich im Zuge der gleichen Studie ein Großteil der Befragten (nämlich 78 %) überzeugt davon, dass Geflüchtete in Österreich allgemein die Möglichkeit hätten weiterzukommen, wenn sie hart genug dafür arbeiteten. Jene Personen, die rasch Arbeitsmarktzugang fanden und damit auch häufiger Diskriminierung wahrnahmen, nämlich Afghan*innen, waren aber insgesamt weniger davon überzeugt als Syrer*innen.

274 Korteweg, A. C. „The Failures of ‚Immigrant Integration‘: The Gendered Racialized Production of Non-Belonging.“ *Migration*

Studies, 5/3, 2017, S. 428–44; Sezgin, Z. „Islam and Muslim Minorities in Austria: Historical Context and Current Challenges of Integration." *Journal of International Migration and Integration*, 20/3, 2019, S. 869–86.

275 Abu-Lughod, L. „Do Muslim Women Really Need Saving? Anthropological Reflections on Cultural Relativism and Its Others." *American Anthropologist*, 104/3, 2002, S. 783–90.

276 Streng genommen nicht persönlich, da solche Fokusgruppen aus methodischen Gründen in den Erstsprachen der Befragten stattfinden.

277 Kohlenberger, J., et al. *Soziale Inklusion geflüchteter Frauen*, 2022.

278 Balibar spricht konkret von einem „Rassismus ohne Rassen". Siehe Balibar, É., Wallerstein, I. *Rasse, Klasse, Nation: Ambivalente Identitäten*. Trans. Haupt, M., Utz, I., 1990. Das Konzept des Kulturrassismus findet sich bereits beim deutschen Philosophen Theodor W. Adorno, der darin vor allem eine Vermeidung des im deutschsprachigen Raums nach der NS-Zeit verpönten Begriffs „Rasse" sah. „Das vornehme Wort Kultur tritt anstelle des verpönten Ausdrucks Rasse, bleibt aber ein bloßes Deckbild für den brutalen Herrschaftsanspruch", so Adorno in „Schuld und Abwehr", *Gesammelte Schriften*, Band 9, 1975, hier S.276. Zentral für den kulturell definierten Rassismus ist die Annahme, dass unterschiedliche Kulturen erstens miteinander unvereinbar seien und zweitens eine inhärente Hierarchie zwischen ihnen bestehe. Dahinter steht ein Verständnis von „Kultur" als homogen, in sich geschlossen, klar abgegrenzt, statisch und unwandelbar.

279 Siehe dazu auch Shooman, Y. *„... weil ihre Kultur so ist": Narrative des antimuslimischen Rassismus*, 2014.

280 Balibar, É., Wallerstein, I. *Rasse, Klasse, Nation*, 1990. Hier S. 28.

281 Vor dem Hintergrund, dass Rassismus in der Forschung wie etwa den *Critical Whiteness Studies* heute primär als prägende gesellschaftliche Bedingung der Gegenwart und nicht als individuelle Haltung verstanden wird, lässt sich im deutschsprachigen Raum eine gleich dreifache Verdrängung beobachten: Erstens historisch, indem solcherlei Problemlagen der Zeit des Nationalsozialismus

zugeschoben werden, zweitens geografisch, als würden rassistische Übergriffe und Polizeigewalt nur in den USA und Ländern mit kolonialer Vergangenheit stattfinden (zu denen sich Österreich bis dato offiziell nicht zählt), und drittens sozial, nämlich als Phänomen an den extremen Rändern wie etwa der Neonazi-Szene, nicht aber institutionell oder strukturell in der Gesellschaft verankert. Das erschwert in weiterer Folge den Diskurs über und Maßnahmen gegen rassistische Ausgrenzung und Diskriminierung. Siehe dazu Opratko, B. *Im Namen der Emanzipation: Antimuslimischer Rassismus in Österreich*, 2019; DiAngelo, R. *White Fragility: Why It's So Hard for White People to Talk about Racism*, 2018.

282 Do Mar Castro Varela, M. „‚Parallelgesellschaften' und ‚Nationalmannschaften' – Überlegungen zur Kritik in der Kritischen Migrationsforschung." *Migrationsforschung als Kritik? Konturen einer Forschungsperspektive*, Hrsg. Mecheril, P., Thomas-Olalde, T., Melter, C., Arens, S., Romaner, E., 2013, S. 65–78.

283 Siehe dazu Turner, J., Bailey, D. „‚Ecobordering': Casting Immigration Control as Environmental Protection." *Environmental Politics*, 31/1, 2021, S. 110-31. Basierend auf ihrer Analyse der Parteiprogramme, Presseaussendungen und Reden von 22 europäischen extrem rechten Parteien zeigen die Autoren, wie der Diskurs des *Ecobordering* aus einer Zusammenziehung von malthusianischen, konservativen und ökofaschistischen Ideen des 19. und 20. Jahrhunderts sowie aus Vorstellungen von Natur und Zugehörigkeit in der Romantik geformt wird. Migrant*innen aus dem Globalen Süden werden dabei als Bedrohung für die „Reinheit" der Natur und die „weißen" Bemühungen um ökologische Nachhaltigkeit konzipiert. Das komme, so die Autoren, einem „Greenwashing" von Anti-Einwanderungspolitik gleich.

284 Tucker Carlson hatte mit der Autorin und Journalistin Cathy Areu über die Gefahr gesprochen, die nicht biologisch abbaubare Heliumballons für Tiere und den Planeten darstellen. Der Zusammenhang mit „illegaler Migration" erschließt sich selbst einer arrivierten Migrationsforscherin nicht unmittelbar. Siehe dazu „Tucker Carlson: ‚I Actually Hate Litter Which Is Why I'm So Against Illegal Immigration'." *Media Matters*, 15. August 2018. <https://www.mediamatters.org/tucker-carlson/tucker-carlson-i-actually-hate-litter-which-why-im-so-against-illegal-immigration>.

285 Beck, R. „We Continue to Tell the Story How Immigration Policy Sabotaged the Earth Day Dream." *NumbersUSA*, 20. April 2018. <https://www.numbersusa.com/blog/we-continue-tell-story-how-immigration-policy-sabotaged-earth-day-dream>.

286 Der *Greendex Survey* befragt Konsument*innen in 18 Ländern weltweit nach ihrem Konsumverhalten, CO_2- Fußabdruck, Energieverbrauch, Verkehrsgewohnheiten und anderen Kriterien. Auf Basis dessen wird ein internationales Ranking des nachhaltigen Konsums erstellt. Siehe <http://environment.nationalgeographic.com/environment/greendex>.

287 Zur historischen wie aktuellen Nähe von Nationalismus und Umweltschutz, der resultierenden Vermengung der Diskurse zu ökologischer und „biologischer" Reinheit und den daraus abgeleiteten Segregationstheorien siehe Hultgren, J. *Border Walls Gone Green: Nature and Anti-immigrant Politics in America*, 2015.

288 Anregungen, wie die Herausforderungen in Klimaschutz und Integration gemeinsam bewältigt statt gegeneinander ausgespielt werden können, bietet vielleicht dieser Aufsatz: Kohlenberger, J. „Migrationsgesellschaft klimasozial gestalten." *Klimasoziale Politik: Eine gerechte und emissionsfreie Gesellschaft gestalten*, Hrsg. Armutskonferenz, Attac, Beigewum, 2021, S. 97–105.

289 Die Verfassung von Mandé wurde von der UNESCO in die Liste des immateriellen Kulturerbes der Menschheit aufgenommen. Siehe „Manden Charter, Proclaimed in Kurukan Fuga." <https://ich.unesco.org/en/RL/manden-charter-proclaimed-in-kurukan-fuga-00290>.

290 Für Asylantragszahlen und -aufnahmen siehe Statistik Austria, die Bevölkerungsdatenbank des UNHCR und die Asylstatistik des BMI, sowie folgende Publikation: Marik-Lebek, S., Wisbauer, A. „Flüchtlingsmigration im Spiegel der Bevölkerungsstatistik." *Statistische Nachrichten*, 4/2017, S. 268–75.

291 Möglich wurde das nur deshalb, weil das ungarische Regime den Eisernen Vorhang an der Grenze zu Österreich weitgehend abgebaut hatte. Es gab deshalb kaum Stacheldrahtzäune oder ähnliche Befestigungen. Die „Brücke von Andau" erlangte nicht zuletzt dank der Verfilmung durch Karl Merkatz in der „Bockerer"-Reihe (2000) inter-

nationale Bekanntheit. Siehe Hofmann, B. „Grenze zu Ungarn 1956: Der Stacheldraht fällt." *Das Burgenland als internationale Grenzregion im 20. und 21. Jahrhundert*, Hrsg. Graf, M., Lass, A., Ruzicic-Kessler, K., 2012, S. 86–97.

292 Siehe dazu Knoll, S. „Flucht ins Burgenland: Zwischen Hilfsbereitschaft und Ressentiments." *Burgenland schreibt Geschichte: 1921–2021, Band 1*, Hrsg. Rathkolb, O., Polster, G., Steiger-Moser, S., Kirchknopf, J., Burgstaller, R., 2021, S. 409–24.

293 Siehe Zierer, B. „Willkommen Ungarnflüchtlinge 1956?" *Asylland wider Willen: Flüchtlinge in Österreich im europäischen Kontext seit 1914*, Hrsg. Heiss, G., Rathkolb, O., 1995, S. 157–71.

294 Gatrell, P. „Refugees in Modern World History." *Refugee Imaginaries: Research Across the Humanities*, 2021. S. 18–35.

295 Graf, M., Knoll, S. „Das Ende eines Mythos? Österreich und die Kommunismusflüchtlinge." *Aufnahmeland Österreich: Über den Umgang mit Massenflucht seit dem 18. Jahrhundert*, Hrsg. Kuzmany, B., Garstenauer, R., 2017, S. 206–29.

296 Kreisky-Archiv, Staribacher-Tagebücher, 1. Dezember 1981; und ÖStA, AdR, BMAA, II-Pol 1981. GZ.166.03.00/355-II.3/81, ORF-Transkript: Hörfunk-Sonderjournal (9 Uhr) vom 13. Dezember 1981: BK Kreisky zur Entwicklung in Polen; Verhängung des Ausnahmezustandes. Information für den Herrn Bundesminister, Wien, 14. November 1981.

297 Zierer, B. *Politische Flüchtlinge in österreichischen Printmedien. Dargestellt am Vergleich des Ungarischen Volksaufstands 1956 und der Revolution in Rumänien 1989*, 1995.

298 Ther, P. *Die Außenseiter: Flucht, Flüchtlinge und Integration im modernen Europa*, 2017.

299 Von Lüpke, M. „Flüchtlinge nach dem Zweiten Weltkrieg: ‚Wie Vieh abgeschätzt'." *Der Spiegel*, 1. April 2016. <https://www.spiegel.de/geschichte/vertriebene-nach-zweitem-weltkrieg-millionen-suchten-zuflucht-a-1076872.html>.

300 Foroutan, N., Hensel, J. *Die Gesellschaft der Anderen*. 2020.

301 Foroutan, N., Kalter, F., Canan, C., Simon, M. *Konkurrenz um Anerkennung*, 2019. Band I der *Ost-Migrantischen Analogien*. <https://www.dezim-institut.de/fileadmin/user_upload/Projekte/Ost-Migrantische_Analogien/Booklet_OstMig_1_web.pdf>.

302 El-Mafaalani, A. *Wozu Rassismus? Von der Erfindung der Menschenrassen bis zum rassismuskritischen Widerstand*, 2021.

303 *Arbeitsmarktstatistiken 2020: Ergebnisse der Mikrozensus-Arbeitskräfteerhebung und der Offenen-Stellen-Erhebung*. Statistik Austria, 2021.

304 *BMA-Datenportal zu den Themen Arbeitsmarkt und Beschäftigung*. Österreichisches Bundesministerium für Arbeit, 2020. <https://www.dnet.at/bali>.

305 Krenn, M., Saunders, E. „Prekäre Integration: Zu den Besonderheiten eingeschränkter sozialer Teilhabe von MigrantInnen durch prekäre Arbeit." *FORBA Forschungsberichte*, Nr. 4, Forschungs- und Beratungsstelle Arbeitswelt, 2012.

306 Laut OECD war im zweiten Quartal 2020 die Zahl der weltweit ausgestellten Visa- und Aufenthaltsgenehmigungen um über 70 % eingebrochen. Betrachtet man nur europäische OECD-Länder, so liegt der Rückgang immerhin noch bei 59 %. Siehe dazu OECD. „What Is the Impact of the COVID-19 Pandemic on Immigrants and Their Children?" *OECD Policy Responses to Coronavirus (COVID-19)*, 2020.

307 Hierzu muss angemerkt werden, dass die Definition systemerhaltender Berufe (auf Englisch *essential workers* oder *frontline workers*) zwischen einzelnen Staaten stark variierte.

308 Siehe dazu auch Kohlenberger, J. „Schau auf dich, schau auf mich? COVID-19 und seine Auswirkungen auf Schutzsuchende in Europa." *Jahrbuch für Asyl- und Fremdenrecht*, Hrsg. Filzwieser, C., Kasper, L., 2021, S. 203–17.

309 Leichsenring, K., Staflinger, H., Bauer, A. „The Situation of ‚24-Hour Care': From the Perspective of Migrant Caregivers in Austria." *LTC Responses to Covid-19*, London School of Economics and Political Science, 2020. <https://ltccovid.org/2020/04/08/the-situation-of-24-hour-care-from-the-perspective-of-migrant-caregivers-in-austria>.

310 Thym, D. „Travel Bans in Europe: A Legal Appraisal." *EU Immigration and Asylum Law and Policy Blog*, 18. März 2020. <https://eumigrationlawblog.eu/travel-bans-in-europe-a-legal-appraisal-part-i>.

311 Auf die Fluchtmigration hatte die Coronakrise tatsächlich einen verheerenden Effekt. Global betrachtet kam es in den ersten Monaten des Jahres 2020 de facto zu einer Aussetzung des Asylrechts. Dadurch kulminierte der in Kapitel 3 beschriebene Trend, nämlich eine zunehmende Erschwerung bis hin zur Aussetzung der Möglichkeit für Asylwerbende, transnational um Schutz anzusuchen. In der EU führte das neben geschlossenen externen Grenzen und der De-facto-Aussetzung der Personenfreizügigkeit im Schengenraum zur vorübergehenden Einstellung von Asylverfahren und Restriktionen im Mittelmeergebiet. Das hatte wiederum einen starken Rückgang der europäischen Asylantragszahlen zur Folge: von 61.421 in der EU gestellten Asylanträgen im Februar 2020 auf 8730 im April des Jahres. Ab Juni begannen die Zahlen jedoch wieder zu steigen. Siehe dazu die „Latest Asylum Trends", European Asylum Support Office (EASO), aktualisiert im Oktober 2021. <https://easo.europa.eu/latest-asylum-trends>. Siehe außerdem Ghezelsbash, D., Tan, N. F. „The End of the Right to Seek Asylum? COVID-19 and the Future of Refugee Protection." *International Journal of Refugee Law*, 32/4, 2020, S. 668–79.; Kohlenberger, J. „Schau auf dich, schau auf mich? COVID-19 und seine Auswirkungen auf Schutzsuchende in Europa." *Jahrbuch für Asyl- und Fremdenrecht*, 2021.

312 Dobusch, L., Kreissl, K. „Privilege and Burden of Im-/Mobility Governance: On the Reinforcement of Inequalities During a Pandemic Lockdown." *Gender, Work & Organization*, 27/5, September 2020, S. 709–16.

313 Nachtwey, O., Mayer-Ahuja, N. *Verkannte Leistungsträger:innen: Berichte aus der Klassengesellschaft*, 2021.

314 Reckwitz, A. *Die Gesellschaft der Singularitäten: Zum Strukturwandel der Moderne*, 2017; Reckwitz, A. *Das Ende der Illusionen: Politik, Ökonomie und Kultur in der Spätmoderne*, 2019.

315 Der vom Soziologen Ulrich Beck beschriebene „Fahrstuhleffekt" trifft auf die Gruppe der migrantischen Arbeiter*innen kaum zu. Sozialer Aufstieg findet zwar noch statt, aber kaum aus dem Nied-

riglohnsektor in die Mittelklasse. Dadurch kommt es zur Herausbildung einer neuen, sichtbaren (migrantisierten) Klassenstruktur der Gesellschaft. Die Coronakrise hat diese offengelegt und gleichzeitig verfestigt. Siehe dazu Reckwitz, A., Nachtwey, O. *Die Abstiegsgesellschaft: Über das Aufbegehren in der regressiven Moderne*, 2016.

316 Was passieren würde, wenn all diese Berufsgruppen durch Erkrankungen, Quarantäne oder nur durch Homeschooling ausfallen würden, mochte man sich während der Coronakrise weder gesellschaftlich noch persönlich ausmalen, was eventuell erklärt, warum keinerlei Absicherungssysteme dagegen geschaffen wurden (mit wenigen Ausnahmen, wie in isolierten Teams arbeitende Kraftwerksarbeiter*innen der Stadt Wien oder, ausgerechnet, Journalist*innen des Öffentlich-Rechtlichen Rundfunks). Während der Omikronwelle im Winter 2021/22 kam es in zahlreichen europäischen Ländern zu massiven Ausfällen reproduktiver Arbeitskräfte, wodurch etwa Lehrpersonal und Krankenpfleger*innen aus dem Ruhestand zurückgeholt werden mussten.

317 Nachtwey, O. „Arbeiten lohnt sich immer weniger." *Blick.ch*, Interview von S. Zaugg, 19. September 2021. <https://www.blick.ch/wirtschaft/wirtschaftssoziologe-oliver-nachtwey-ueber-die-moderne-unterschicht-arbeiten-lohnt-sich-immer-weniger-id16842547.html>.

318 Die Pandemie führte in westlichen Industrieländern nicht nur zu Arbeitslosigkeit durch Betriebsschließungen, sondern auch zu einem merkbaren Facharbeitermangel, der vielfach auch ein Servicekräftemangel war. Viele Beschäftigte in Gastronomie und Tourismus, aber auch in anderen Branchen, die durch niedrigen Lohn, wenig attraktive Arbeitszeiten und hohe körperliche Belastung gekennzeichnet sind, hatten sich während der Lockdowns anders orientiert. Besonders eklatant wurde dieser Personalmangel in den USA, wo das Phänomen als *Great Resignation* („große Kündigung", angelehnt an die *Great Recession* in der Finanzkrise der Nullerjahre) oder als *Big Quit* bezeichnet wurde. Ob diese Entwicklung die Verhandlungsposition von Arbeiternehmer*innen auf Dauer gestärkt hat, wird sich aber erst weisen. Siehe z.B. Curtis, L. „Why the Big Quit Is Happening and Why Every Boss Should Embrace It." *Forbes*, 16. Juli 2021.

<https://www.forbes.com/sites/lisacurtis/2021/06/30/why-the-big-quit-is-happening-and-why-every-boss-should-embrace-it>.

319 Kohlenberger, J, Zilinskaite, M., Hajro, A., Vafiadis, I., Bikic, S. *Systemrelevant, aber unsichtbar: Arbeitsbedingungen migrantischer und geflüchteter Amazon-Zusteller*innen während der COVID-19-Pandemie*, 2021. <https://wien.arbeiterkammer.at/interessenvertretung/arbeitsmarkt/Studie_Amazon-PaketzustellerInnen_2021.pdf>.

320 Siehe dazu Neuhauser, J., El-Roumy, M., Wexenberger, Y. *Als ich diese Halle betreten habe, war ich wieder im Irak: Migrantische Systemerhalter_innen bei Hygiene Austria und der Post-AG*, 2021. <https://emedien.arbeiterkammer.at/viewer/image/AC16357630/1>.

321 Siehe dazu u.a. Neuhauser, J., Birke, P. „Migrantisierung von Prekarität – Am Beispiel der Fleischindustrie, Logistik und Maskenproduktion in Deutschland und Österreich." *Momentum Kongress*, 14.–17. Oktober 2021, Hallstatt. <https://www.momentum-kongress.org/system/files/congress_files/2021/paper_momentum_birke_neuhauser.pdf>.

322 *Integrations- und Diversitätsmonitor Wien 2020*. <https://www.wien.gv.at/menschen/integration/daten-fakten/monitoring.html>.

323 Richter, M. „Gesundheit ist eine zutiefst ungleich verteilte Ressource". *Die Zeit*, Interview von R. Pausch, 5. April 2020. <https://www.zeit.de/gesellschaft/2020-04/risikogruppen-coronavirus-einkommen-gesundheit-vorerkrankungen-gesellschaft>.

324 Sapolsky, R. „Sick of Poverty." *Scientific American*, 293/6, Dezember 2005, S. 92–99.

325 *Rassismus-Report 2020: Analyse zu rassistischen Übergriffen und Strukturen in Österreich*. Verein für Zivilcourage und Anti-Rassismus-Arbeit (ZARA), 2021. <https://assets.zara.or.at/media/rassismusreport/ZARA-Rassismus_Report_2020.pdf>.

326 Guhl, J., Gerster, L. *Crisis and Loss of Control: German-Language Digital Extremism in the Context of the COVID-19 Pandemic*, Institute for Strategic Dialogue (ISD), London, 2020.

<https://www.isdglobal.org/wp-content/uploads/2020/12/ISD-Mercator-Report-English.pdf>.

327 Dass migrantische und geflüchtete Menschen auf diesen stark radikalisierten, teils gewaltbereiten und staatsfeindlichen Demonstrationen unterpräsentiert waren, wurde dagegen medial kaum thematisiert.

328 In seinem ersten offiziellen Statement warnte der Integrationsrat der Stadt Wien, dem ich selbst angehören darf, deshalb eindringlich vor einer Ethnisierung und Kulturalisierung von spezifisch österreichischen pandemischen Problemlagen, wie einer im internationalen Vergleich geringen Impfbereitschaft. Eine Auswertung der Statistik Austria im Auftrag des österreichischen Gesundheitsministeriums zeigte im Dezember 2021, dass die Impfquote unter Personen mit türkischer und afghanischer Staatsbürgerschaft (wesentlich) höher lag als jene unter Österreicher*innen. <https://www.wien.gv.at/integrationsrat>.

329 „Global Passport Power Rank 2021", Passport Index, 2021. <https://www.passportindex.org/byRank.php>.

330 Siehe dazu Gosepath, S., Hrsg. *Philosophie der Menschenrechte.* 1998, und *Aufgeklärtes Eigeninteresse*, 1992.

331 Zum *ius soli* und *ius sanguinis* siehe Beham, M., Fink, M., Janík, R. *Völkerrecht verstehen*, 2021.

332 Mau, S. *Sortiermaschinen,* 2021. Hier S. 160.

333 Bauman, Z. „On Glocalization: Or Globalization for Some, Localization for Others." *Thesis Eleven*, 54/1, S. 37–49, 1998. Hier S. 45.

334 Siehe dazu Banerjee, P., Basu, A., Chaudhury, R., Ghosh, A. Hrsg. *The State of Being Stateless: An Account of South Asia*, 2019.

335 Dies gilt fast ausschließlich für Österreich. In den meisten anderen westeuropäischen Ländern werden Doppelstaatsbürgerschaften weitaus weniger rigide gehandhabt. Siehe Valchars, G., Bauböck, R. *Migration & Staatsbürgerschaft*, 2021.

336 Volf, P., Bauböck, R., Hrsg. *Wege zur Integration: Was man gegen Diskriminierung und Fremdenfeindlichkeit tun kann*, 2001. Hier S. 16.

337 Ebenda.

338 Wolff, F. „Mauern wieder denkbar machen." *Verfassungsblog*, 2021.

339 Der Grieche Margaritis Schinas wurde von der Kommission Ursula von der Leyens 2019 mit diesem Portfolio bedacht. Zu seinen Aufgaben zählen Migration, Gleichheit und Diversität. Das beinhaltet neben migrationspolitischen Fragen auch den Kampf gegen Antisemitismus und den religiösen Dialog innerhalb Europas.

340 Das betrifft ihre Wahrnehmung von außen. Naturwissenschaftler*innen war natürlich schon lange vor COVID-19 klar, dass nichts fix und alles im Fluss ist, dass sich der wissenschaftliche Erkenntnisstand stetig ändert und ändern muss. Siehe dazu grundlegend Kuhn, T. *The Structure of Scientific Revolutions*, 1962.

341 Clement, V., Kumari Rigaud, K., De Sherbinin, A., Jones, B., Adamo, S., Schewe, S., Sadiq, N., Shabahat, E. „Groundswell Part 2: Acting on Internal Climate Migration." 2021. <https://openknowledge.worldbank.org/handle/10986/36248>. Ein besonderes *pet peeve* für Migrationsforscher*innen stellt die Tatsache dar, dass dieser Bericht wie kein anderer medial falsch dargestellt und für das Schüren von Bedrohungsszenarien durch Massenflucht missbraucht wurde – und das, obwohl seine Autor*innen ihre Prognosen ausschließlich auf Binnenmigrationsbewegungen beschränken.

342 Bauman, Z. *Postmoderne Ethik*. Trans. Bielefeld, U., Boxberger, E., 1995.

343 Bauman, Z. „Ein Mensch, der denkt, zwischen Scylla und Charybdis: Die Rede von Zygmunt Bauman, der in der Paulskirche den Theodor W. Adorno-Preis 1998 erhielt." *Frankfurter Rundschau*, 14. September 1998. Hier S. 12. Eigene Hervorhebung.

344 Bauman, Z. Op. cit., 1995. Hier S. 373.

345 Scherr, A. Op. cit., 2020. Hier S. 139.

346 Bauman, Z. *Flaneure, Spieler und Touristen: Essays zu postmodernen Lebensformen*. Trans. Suhr, M., 1997. Hier S. 102.

347 Bauman bezieht sich hier auf den französischen Philosophen und Autor Emmanuel Levinas, in dessen Werk das Antlitz des Anderen eine zentrale Denkfigur darstellt. Für weiterführende Lektüre siehe Fischer, N., Reifenberg, P., Sirovátka, J. *Das Antlitz des Anderen: Zum Denken von Emmanuel Levinas*, 2019.

348 Arendt, H. *Elemente und Ursprünge totaler Herrschaft*, 2003.

349 Arendt, H., Fest, J. Op. cit., 2011. Hier S. 45.

350 Es zählt zu den zynischen Wirkweisen des Fluchtparadoxes, dass eben diese „Willkommenskultur" mittlerweile vielfach zu einem Schimpfwort verkommen ist. Siehe Hamann, U., Karakayali, S. „Practicing Willkommenskultur: Migration and Solidarity in Germany." *Intersections: East European Journal of Society and Politics*, 2/4, 2016.

351 Siehe dazu Simsa, R. „Beiträge der Zivilgesellschaft zur Bewältigung der Flüchtlingskrise in Österreich: Herausforderungen und gesellschaftliche Rahmenbedingungen." *Sozialwissenschaftliche Rundschau*, 3/2016, S. 343–61.

352 So wurden etwa die AMS Kompetenzchecks für geflüchtete Frauen mit dem Public Service Award der Vereinten Nationen ausgezeichnet.

353 Siehe zudem die Berechnungen von Prettenthaler et al., die zeigen, dass der volkswirtschaftliche Gesamteffekt von Asylberechtigten netto ein positiver, wenn auch geringer ist. Prettenthaler, F., Janisch, D., Gstinig, K., Kernitzkyi, M., Kirschner, E., Kulmer, V., Niederl, A., Winkler, C. *Ökonomische Effekte von Asylberechtigten in Österreich: Analyse der arbeitsmarktrelevanten Zahlungsströme*, 2017.

© Elodie Grethen

JUDITH KOHLENBERGER

ist Kulturwissenschaftlerin und Migrationsforscherin am Institut für Sozialpolitik der WU Wien, wo sie zu Fluchtmigration, Integration und Zugehörigkeit forscht und lehrt. Im Herbst 2015 war sie an einer der europaweit ersten Studien zur großen Fluchtbewegung beteiligt. Ihre Arbeit wurde in internationalen Journals veröffentlicht und mit dem Kurt-Rothschild-Preis 2019 sowie dem Förderpreis der Stadt Wien ausgezeichnet. Neben ihrer wissenschaftlichen Tätigkeit ist sie im Integrationsrat der Stadt Wien tätig und engagiert sich als Gründungsmitglied von *COURAGE – Mut zur Menschlichkeit* für legale Fluchtwege.

Gedruckt mit freundlicher Unterstützung durch die Kulturabteilung der Stadt Wien, das Land Burgenland sowie den Zukunftsfonds der Republik Österreich

Stadt Wien

Kulturland Burgenland

ZukunftsFonds der Republik Österreich

www.kremayr-scheriau.at

ISBN 978-3-218-01345-1

Schutzumschlaggestaltung, typografische Gestaltung und Satz: Sheila Ehm
Schutzumschlag Illustration Labyrinth: Shutterstock/Yu_Zhdanova
Lektorat: Paul Maercker
Druck und Bindung: FINIDR s.r.o., Český Těšín